大学生思想政治教育探赜

邢　亮　著

A Probe into the Ideological and
Political Education of College Students

中国社会科学出版社

图书在版编目（CIP）数据

大学生思想政治教育探赜／邢亮著．—北京：中国社会科学出版社，2020.9

ISBN 978-7-5203-7107-0

Ⅰ．①大…　Ⅱ．①邢…　Ⅲ．①大学生—思想政治教育—中国—文集　Ⅳ．①G641-53

中国版本图书馆CIP数据核字（2020）第164096号

出 版 人　赵剑英
责任编辑　王　衡
责任校对　王　森
责任印制　王　超

出　　版　中国社会科学出版社
社　　址　北京鼓楼西大街甲158号
邮　　编　100720
网　　址　http://www.csspw.cn
发 行 部　010-84083685
门 市 部　010-84029450
经　　销　新华书店及其他书店

印　　刷　北京明恒达印务有限公司
装　　订　廊坊市广阳区广增装订厂
版　　次　2020年9月第1版
印　　次　2020年9月第1次印刷

开　　本　710×1000　1/16
印　　张　16.75
插　　页　2
字　　数　251千字
定　　价　86.00元

代　序

书香做伴度韶华　人生有诗与远方

喜欢在万籁俱寂的夜晚，或是风轻云淡的周末，泡一杯浓淡适宜的香茗，捧一本爱不释手的好书，或字斟句酌，或囫囵吞枣，信马由缰，不负韶华。最喜读书度日，与书相伴，快乐一生相随。

读书点亮人生：书香做伴逐梦想

书籍是人类进步的阶梯，读书助我追逐人生的每一个梦想。记得第一次接触书，还是没上学时。那时最痴迷的是在夏日的朗夜，躺在用草席铺就的平房顶上，眼望高天数星斗，耳听爷爷讲故事，而爷爷的身边经常放着一本书，母亲则在一旁用蒲扇为我驱赶蚊虫。一次我问母亲，为什么爷爷知道得那么多？母亲说，爷爷上过学，是村里那个年纪里少有的秀才。我似乎明白了什么，望着爷爷烟袋锅里随着抽烟的节奏不时地忽闪忽闪的炭火，像极了天上的启明星。那时就有一个梦想，长大了要像爷爷一样多读书，肚子里装着永远听不完的故事。那时家里没什么可读之书，于是我就经常在姐姐放学后翻她的书包找课本看。尽管不识字，但是喜欢翻看插画。一次看到书中插画里一财主模样的人手里拿着块月牙形带黑点的东西，姐姐告诉我那是西瓜，那时我的梦想就是有一天能看见真西瓜、吃上甜西瓜。

1971 年我上了小学，有自己的课本可供阅读，尽管不知翻看了多少遍，但每每看完总是很仔细地用皮纸包起来放好，不让姐姐们随便翻动。可是仅有课本还不够看，于是就迷上了小人书。那时家里穷得只在过年时才能吃顿饺子，没有钱买小人书，只好向家庭条件稍好的同学借小人书看，《黄继光》《邱少云》《列宁在1918》等小人书在我脑海里留下了深刻印象。羡慕别的小朋友有自己的小人书，一次我实在忍不住就拿了家里的5角钱买了2本小人书，后被母亲发现揍了一顿，须知5角钱在当时是一家8口人一个月的油钱。那时我的梦想就是将来自己有钱买小人书看，看个够。1978年，我上了初中，因浏览的书较多，我写的作文往往真实生动，经常被老师当作范文在全班朗读。当时还有点不好意思，其实心里满是小得意。那时改革开放刚起步，已经恢复了高考，我曾在作文中想象着大学是有着“金光灿灿大门”的很大一个地方，有永远看不完的书。那时我的梦想就是上大学，并在作文中留下了“不是理想实现日、桌上饭菜怎能香!”的自编警句。1981年，父亲用自行车驮着一袋玉米、一袋小麦作为半年的口粮把我送到了县高中。升学的压力大了，看的书更多的是学校规定范围内的书籍，但仍挤时间读完了胶东作家冯德英的《苦菜花》《山菊花》和《迎春花》。最记得语文老师让我们倒背如流的古诗词，引导我们认知“独上高楼，望尽天涯路”“衣带渐宽终不悔，为伊消得人憔悴”和“蓦然回首，那人却在灯火阑珊处”读书与人生的三种境界。读书使我受益匪浅，送我走进了梦寐以求的大学之门，从此迈入了唯读书不能辜负的人生之旅。

读书助力工作：最是书香能致远

缘，妙不可言。也许冥冥中真的一生与读书有缘。毕业后我留校在宣传部门工作。当时有的朋友不屑于这项工作，觉得是“一无权，二无钱，一张嘴讨人嫌”。我却喜爱这份工作，因为有大量的书可满足我的读书愿望，于是一干就是12年。回首这段时光，奠定了我人生读书的价值取向：一是为成就职业事业而读书；二是为丰富曼妙人生而读书；三是为实现人生价值而读书。

我读书随性，但有一种书是必读的，那就是和工作有关的书。我大学所学专业是思想政治教育，加上从事的工作与宣传思想工作有关，所以兴趣和需要驱使我阅读了大量党和国家最新出版的理论与方针、政策方面的书，浏览了不少与专业和工作相关的书。读的书多了，知识面就广了，结合自己所熟悉的工作，就开始试着写点文章。因为是结合工作，是有感而发，是深思熟虑，所以第一次投出去的文章就发表了。从此一发而不可收，每年最少能发表一篇以上的文章。读书使人充实，更使人进步。2000 年，学校首次搞竞聘上岗，凭着多年读书学习的积淀，经过笔试、面试等诸多环节，终于从众多竞争者中脱颖而出，成为学校首批竞争上岗的副处级干部。2006 年，又是通过竞争上岗，走上了正处级领导岗位。真的感谢当时的干部选拔机制让读书人能够出彩，更感谢良好的读书习惯让我充实让我进取。

培根说："读书足以怡情，足以博采，足以长才。"读书，是一种可贵的生活品质，更是一种诗意美好的人生境界。除了阅读专业书籍，我读书还很杂。闲暇时光我还阅读各种小说、报告文学、报刊文摘等，最爱看纪实性的报告文学，觉得它既真实、又文艺。读书使我充实，读书使我受益，渐渐我养成了每天都要读书的习惯，如果哪一天不读书就像少了点什么一样。2000 年，我离开了宣传部门，先后又经历了 5 个工作岗位，不论在何种岗位都不忘读书，并把读书体会形成文字，运用到实际工作和生活中去。那时信息产业还不像如今这么发达，放假回家返校后，我就会急急忙忙地来到办公室，拿起假期来的各种书报翻看，"就像饥饿的人扑在面包上"。出差时，必带上一本喜爱的书，以飨我的旅途生活。俗话说：熟读唐诗三百首，不会作诗也会吟。除了写点理论文章，欲望的冲动使我偶尔也玩写并发表点小说，因为不是自己的擅长，故而纯属自娱自乐，丰富闲情逸致。读书使我受益终身，让我体味到了工作之乐、生活之趣。

读书修养人生：书中有诗与远方

孔子曰："三十而立，四十而不惑，五十而知天命。"人生如梦，倏然间我已由当年的懵懂少年变成了半百之人。时光流逝，斗转星移，唯有喜爱读书的习惯没有变。工作之余，周末期间，习惯摒弃世间俗事，捧一本喜爱的书籍，倒一杯芬芳的香酩，沉浸在书的意境里，思考着自己感兴趣的问题，人生快哉，莫不如此。书读得多了，视野开阔了，总是有一种把自己的思考表达出来的愿望，于是就变成了带着墨香的文字，或长篇“大作”，或“豆腐”短文，或理论，或文艺，总之是“母不嫌子丑”。近年来，在读书学习的同时，每年结合工作感悟都能发表一些理论文章，结合生活体验偶尔发表些许小说。多年养成的习惯，读书、思考、写作已成为我的一种爱好、一种乐趣、一种习惯、一种需要，成为生活中不可或缺的组成部分，融入血液中，铭刻在骨子里。有时周末走在去办公室的路上，同事问为什么周末到办公室，我笑笑：到办公室看看书，玩呗！有时爱人不理解地问：你写理论文章不觉得枯燥么？我自嘲：因为喜欢，故不枯燥，这样的生活多充实呀。至亲有时会疑惑：你写恁多文章不评职称岂不可惜？我揶揄道：读书学习是个人的一种爱好，利于工作，陶冶情操，没有功利的目的，真要为评职称读书写作，反而没了读书的乐趣，没了写作的欲望。朋友约我：周末打打小牌、喝喝小酒，多好！我自讽：我不太喜欢每逢周末即打牌、喝酒，既不擅长，也无兴趣，自觉那是浪费时间。读书，让我体验到了“爱好读书，就能把无聊的时间变成喜悦时刻”的境界，品尝到了“读书破万卷、下笔如有神”的洒脱，感悟到了“书籍——当代真正的大学”的真谛。明代洪应明在其所著《菜根谭》里写道：“宠辱不惊，看庭前花开花落；去留无意，望天上云卷云舒。”这也许是我喜读书、爱动笔的写照吧。

又是一个周末。悠然信步至书桌前，泡上一杯温热的茶，捧起一本喜爱的书，茶香满口，书香缭绕，间或有文字从指缝间流出，固化在电脑屏幕上。任世间纷扰，岁月仍是静好……

（2017 年发表于《鲁东大学报》第 584 期）

目　　录

第一章
思想政治理论课程育人

培育时代新人是思想政治理论课的重要使命

习近平同志在全国教育大会讲话中指出，“培养什么人，是教育的首要问题”。[①] 我国是中国共产党领导的社会主义国家，这就决定了我们的教育必须把培养社会主义建设者和接班人作为根本任务，培养一代又一代拥护中国共产党领导和我国社会主义制度、立志为中国特色社会主义奋斗终生的有用人才。这是教育工作的根本任务，也是教育现代化的方向目标。马克思主义学院学习贯彻习近平重要讲话和全国教育大会精神，就要聚焦立德树人根本任务，在改进中加强思想政治理论课，为培养社会主义事业建设者和接班人提供理论支撑、思想保证和精神动力。

一　认真学习习近平重要讲话和全国教育大会精神，统一思政课教师的思想和行动

学习贯彻全国教育大会精神，首要任务就是认真学习领会、全面准确把握习近平总书记关于教育的重要论述，作为思想政治理论课教师要在此基础上特别学习领会好习近平关于加强和改进思想政治理论课的重要论述和教育部《新时代高校思想政治理论课教学工作基本要

① 习近平：《坚持中国特色社会主义教育发展道路　培养德智体美劳全面发展的社会主义建设者和接班人》，《人民日报》2018 年 9 月 11 日第 1 版。

求》《高校思想政治理论课建设标准》等文件精神，深刻领会科学内涵和精神实质，指导改进思想政治理论课教学工作。学院将以“两学一做”学习教育、教研室集体讨论式备课、安排高层次专题讲座、习近平新时代中国特色社会主义思想青年学习会等为主要渠道、基本方式和重要载体，引导思政课教师和广大学生认真学习习近平重要讲话和全国教育大会精神，进一步解放思想，更新观念，把思想和行动统一到全国教育大会精神上来，统一到习近平关于教育改革发展系列新理论新思想新观点上来，统一到培养社会主义事业建设者和接班人的根本任务上来。

二 发挥思政课的优势深化马克思主义理论教育，为学生一生成长奠定科学的思想基础

思想政治理论课承担着对大学生进行系统的马克思主义理论教育的任务，是巩固马克思主义在高校意识形态领域指导地位、坚持社会主义办学方向的重要阵地，是全面贯彻党的教育方针、落实立德树人根本任务的主干渠道和核心课程，是加强和改进高校思想政治工作、实现高等教育内涵式发展的灵魂课程。马克思主义学院贯彻落实全国教育大会精神，就要根据思想政治理论课的特点和优势，在发挥思政课程的课程思政功能、用马克思主义理论武装学生方面担负应有的责任。

思想政治理论课是全体大学生的公共必修课，具有覆盖面广、思政性强的特点。《马克思主义基本原理概论》《中国特色社会主义理论体系概论》《中国近现代史纲要》《思想道德修养与法律基础》《形势与政策》五门课程在对大学生进行思想教育、政治教育和理论教育方面具有其他课程所不具备的独特优势。学院将结合贯彻全国教育大会精神，根据教育部《新时代高校思想政治理论课教学工作基本要求》《高校思想政治理论课建设标准》等文件精神，通过教师培训、集体备课、建立示范课堂、修订培养方案等多种措施提升教师的教书

育人意识，落实思政课的价值引导功能，对大学生进行系统的马克思主义理论教育，引导他们树立“四个意识”、增强“四个自信”、明确“四个正确认识”。各门思政课程在传授理论知识的同时，强化育人功能，做到在坚定理想信念上下功夫，引导大学生树立共产主义远大理想和中国特色社会主义共同理想，立志在民族复兴的新时代担当有为；在厚植爱国主义情怀上下功夫，让爱国主义精神在大学生心中牢牢扎根，引导他们热爱和拥护中国共产党，立志听党话、跟党走，立志扎根人民，奉献国家；在加强品德修养上下功夫，教育引导大学生培育和践行社会主义核心价值观，踏踏实实修好品德，成为有大爱大德大情怀的人；在增长知识见识、培养奋斗精神和增强综合素质上下功夫，引导大学生立志高远、潜心学问、提升综合素质与能力。

三 提升思政课的亲和力和针对性，满足学生成长发展的需求和期待

世界观、人生观和价值观是人生的总开关，精神和价值的取向，决定了人会走什么路。思想政治理论课有助于帮助大学生树立正确的世界观、人生观和价值观。贯彻落实全国教育大会精神，就要坚持问题导向，在改进中加强思想政治理论课。

习近平总书记指出，思想政治理论课要坚持在改进中加强，提升思想政治教育亲和力和针对性，满足学生成长发展需求和期待。① 这既指出了当前高校思想政治理论课存在的突出问题，也为今后加强和改进思想政治理论课指明了方向。提升思想政治理论课的亲和力与针对性，今后要更加重视加强教学管理、创新教学方法，促进思想政治理论课有虚有实、有棱有角、有情有义、有滋有味，增强学生的获得感。一是教学目标要有“高度”。立德树人、培养社会主义事业建设者和接班人，这是思想政治理论课的目标定位。要按照习近平总书记高度概括的“四个服务”的目标方向和明确要求，从保障“中国特

① 习近平：《习近平谈治国理政》（第二卷），外文出版社 2017 年版，第 378 页。

色社会主义事业后继有人”的政治高度来开展思政课教学。全体教师要围绕这一崇高目标组织教学，引导学生树立“四个正确认识”、坚定“四个自信”、增强“四个意识”。二是教学内容要有“深度”。思想政治理论课的对象是人，重点是思，方向是政，载体是课。马克思主义理论是真理，思想政治理论课要达成教育目的、教学目标，就要把思政课讲深、讲透、讲明白，讲出真理的味道、真理的魅力、真理的力量，这就要求思政课教师在马学马、在马信马、在马研马，以深厚的理论功底和宣教魅力讲深讲透讲明白马克思主义中国化的最新成果和中国特色社会主义的成功实践，用马克思主义基本理论去回应现实问题，用理论的彻底性、科学性去征服学生、赢得学生。三是教学过程要有“温度”。必须“围绕学生、关照学生、服务学生”，把握青年学生的思想特点、发展需求和学习状态，抓住学生的兴趣点、触动点和共鸣点，强化师生互动，用好肢体语言，关心关爱学生，做到以理服人，以情感人，情理交融，春风化雨。四是教学方法要有“效度”。运用包括理论讲授、专题教学、案例研讨、演讲辩论、多媒体教学、MOOC 教学、微电影展示、情景剧教学等多种为学生喜闻乐见的教学方法，变抽象的“基本原理”为具体的“生动道理”，使思政课因生动性而有亲和力，因说服力而有针对性。

四 加强思政课教师队伍建设，更好地担负起学生健康成长指导者和引路人的责任

教师是人类灵魂的工程师，思政课教师在引导学生健康成长成才方面尤其担负神圣使命。贯彻落实全国教育大会精神，马克思主义学院将根据学科建设和教学工作需要，围绕习近平同志“四个相统一”的具体要求，加强思政课教师队伍建设。

一是坚持教书和育人相统一。思政课是对大学生进行思想政治教育的主渠道和主阵地，其课程属性和基本要求决定了思政课必须坚持正确政治方向，强化思想政治理论课的价值引领功能。要求教师把教

书与育人有机结合起来，不仅要教给学生马克思主义基本原理和中国化的最新成果，更要教会学生运用理论分析、研究、解决问题的能力和懂得做人的道理，树立正确的世界观、人生观和价值观。二是坚持言传和身教相统一。传道者自己首先要明道、信道。我们在师资引进过程中，坚持政治合格的标准不放松；统筹安排在岗教师参加教育部、省教育工委等组织的各种培训，提高业务能力和政治素质，确保教师“在马言马、在马信马、在马用马”。三是坚持潜心问道和关注社会相统一。以学科建设为龙头，建立科研工作激励机制，以科学研究的高水平促进教学工作的高质量；加强教师的教学研究活动，强化实践教学环节，增强课堂教学的理论阐释力和解释重大社会问题的现实说服力。四是坚持学术自由和学术规范相统一。把在教师中开展政治纪律、课堂纪律教育作为学院的常态性工作、经常性要求常抓不懈，建立集体教育与个别谈话相结合、正面引导与警示教育相结合、随机听课与监督制度相结合的教育管理机制，引导广大教师正确认识和处理言论自由与政治纪律、学术自由与课堂纪律的关系，增强“四个意识”，在大是大非问题上与党中央保持高度一致。

（2018 年发表于《鲁东大学报》第 606 期）

大学生“四个正确认识”的内在逻辑与思想政治理论课的担当

习近平总书记在全国高校思想政治工作会议上强调，要教育引导学生正确认识世界和中国发展大势，正确认识中国特色和国际比较，正确认识时代责任和历史使命，正确认识远大抱负和脚踏实地。[①]“四个正确认识”立意高远、内涵丰富、逻辑严密、针对性强，是今后加强和改进大学生思想政治教育的行动指南。思想政治理论课是大学生思想政治教育的主渠道，如何将“四个正确认识”融入思想政治理论课教学中去，引导大学生坚定理想信念、树立“四个自信”、明确责任担当、做到务实笃行，是思想政治理论课用好主渠道、种好责任田、立德树人有担当的重要课题。

一　大学生“四个正确认识”的内在逻辑

“四个正确认识”从历史到现实，从国际到国内，从国家到个人四个维度阐明了加强和改进大学生思想政治教育的目标指向、时代要求、价值旨归和达成目标的实践路径，内涵丰富、逐次递进、逻辑性强，形成了完整科学的内容体系。

① 习近平：《习近平谈治国理政》（第二卷），外文出版社2017年版，第377页。

（一）正确认识世界和中国发展大势，引导大学生树立共产主义远大理想和中国特色社会主义共同理想，是大学生思想政治教育的目标指向

高校的根本任务是立德树人，我国高校是中国特色社会主义高校，肩负着培养德智体美全面发展的社会主义事业建设者和接班人的重大任务。育人为本，德育为先。高校根本任务的实现，必须坚持党的教育方针，坚持把德育放在首位，把培养具有共产主义远大理想和中国特色社会主义共同理想的德才兼备的合格人才作为大学生思想政治教育的着眼点和目标指向。理念上的成熟是政治上成熟的标志，树立远大理想和共同理想必须建立在对人类社会发展历史规律和中国社会发展历史规律的充分认识上，必须建立在对世界和中国发展大势——人类社会发展的历史必然性和中国特色社会主义的历史必然性的充分认识上。唯其如此，才能引导大学生树立远大理想和共同理想并为之奋斗。

正确认识和把握人类社会发展的历史必然性。人类社会发展的历史规律揭示了人类社会发展具体社会形态更替的一般规律、根本动力，揭示了人类社会发展的目标指向是实现人与自然、人与社会和谐发展的共产主义社会。辩证唯物主义和历史唯物主义认为，推动人类社会发展的根本动力是生产力和生产关系、经济基础和上层建筑之间的矛盾运动，这也是贯穿人类社会发展始终的基本矛盾，推动着人类社会不断地由低级向高级发展，最终发展指向共产主义。人类从原始社会、奴隶社会、封建社会、资本主义社会到社会主义社会，直至实现共产主义社会，都是人类社会基本矛盾发展的必然结果，是人类社会发展的规律，是人类社会发展的大势，不以人的意志为转移。同时，唯物辩证法认为，任何事物的发展都是前进性与曲折性的统一。在前进中有曲折，在曲折中向前进，是一切新事物发展的途径。人类社会的发展也是长期性、复杂性和曲折性的辩证统一。了解了事物发展的一般规律、根本动力和人类社会发展的历史规律，有助于大学生更好地理解社会形态更替的一般规律、特殊形态和曲折历程，从而树立坚定的共产主义远大理想。马克思、恩格斯站在历史唯物主义的高

度，通过建立马克思主义哲学、政治经济学和科学社会主义理论，形成了系统完整科学的马克思主义理论，并以科学理论为指导，以人类社会发展历史为依据，通过对社会矛盾及发展动力的科学分析，揭示了人类社会发展的历史规律，科学预测了共产主义的历史必然性。引导大学生正确认识世界发展大势，树立远大的共产主义理想，就要坚持用马克思主义理论武装大学生头脑，统一思想认识。“要坚持不懈地传播马克思主义科学理论，抓好马克思主义教育，为学生一生成长奠定科学的思想基础。”①

正确认识和把握中国社会发展的历史必然性。习近平指出，“一个国家实行什么样的主义，关键要看这个主义能否解决这个国家面临的历史性课题”。② 自1840年鸦片战争以来的百年历史进程中，中华民族面临的最大课题是反帝反封建求得民族独立和人民解放。中国人民在共产党的正确领导下，取得了反帝反封建和人民解放的胜利，走上了社会主义道路。人民选择了共产党，历史选择了社会主义。新中国成立以来，中华民族面临的最大课题是建设和发展社会主义，实现中华民族的伟大复兴。虽历经曲折，但不忘初心，中国共产党既坚持科学社会主义又立足基本国情，在总结自身经验教训并借鉴国外发展经验的基础上走出了一条独具中国特色的社会主义现代化建设道路，实现了从站起来、富起来到开始强起来的伟大飞跃，迎来了实现中华民族伟大复兴的光明前景。中国已经进入新时代，开始向社会主义现代化强国迈进，这是中国社会发展的大势。引导大学生正确认识中国社会发展大势，要就坚持用毛泽东思想、中国特色社会主义理论体系特别是习近平新时代中国特色社会主义思想武装大学生头脑，通过学习中国近现代史、形势与政策等，认识和把握中国特色社会主义的历史必然性，树立中国特色社会主义共同理想并为之奋斗。

---

① 习近平：《加快建设世界一流大学和一流学科》，《习近平谈治国理政》（第二卷），外文出版社2017年版，第377页。

② 习近平：《毫不动摇坚持和发展中国特色社会主义》，《习近平谈治国理政》（第一卷），外文出版社2018年版，第22页。

（二）正确认识中国特色和国际比较，引导大学生树立中国特色社会主义的道路自信、理论自信、制度自信和文化自信，是大学生思想政治教育的时代要求

大学生思想政治教育具有时代性。中国特色社会主义是改革开放以来党的全部理论和实践的主题，决胜全面建成小康社会、建设社会主义现代化强国、实现中华民族伟大复兴的中国梦是时代的主旋律。如果说正确认识世界和中国发展大势，引导大学生树立共产主义远大理想和中国特色社会主义共同理想，是大学生思想政治教育的目标指向，那么大学生思想政治教育赋予时代内涵，就是要正确认识中国特色和国际比较，引导大学生树立中国特色社会主义的道路自信、理论自信、制度自信和文化自信，这是大学生思想政治教育的着力点和时代要求。自信是建立在自身实力和比较鉴别的基础上。引导大学生正确看待中国的建设和他国的发展、正确看待中国特色和国际比较，才能帮助他们全面客观地认识当代中国和外部世界，认识中国特色社会主义的优越性和生命力，更加坚定“四个自信”。

引导大学生深刻理解中国特色社会主义。习近平总书记强调，“宣传阐释中国特色，要讲清楚每个国家和民族的历史传统、文化积淀、基本国情不同，其发展道路必然有着自己的特色”。[①] 中华民族的近现代历史已经并将继续证明：只有社会主义才能救中国，只有社会主义才能发展中国，中国走上社会主义道路是历史的选择、人民的愿望。辉煌的历史让中国人民有信心走社会主义道路、建设现代化强国。马克思主义与中国实际相结合产生了两次飞跃，产生了毛泽东思想和中国特色社会主义理论体系，并指导中国人民取得了社会主义革命和全面建成小康社会的巨大成就，正在向建设社会主义现代化强国迈进。伟大的实践让中国人民对中国特色社会主义理论充满信心与期待。“一个国家走什么样的道路，只有这个国家的人民最有发言权。”[②]

---

① 习近平：《把宣传思想工作做得更好》，《习近平谈治国理政》（第一卷），外文出版社 2018 年版，第 155 页。

② 《习近平主席在出席亚太经合组织第二十六次领导人非正式会议时的讲话》，人民出版社 2018 年版，第 6 页。

历史和实践已经证明中国特色社会主义制度是当代中国发展进步的根本制度保障，中国特色社会主义制度的最大优势是中国共产党领导，中国人民有信心跟党走，实现中华民族的伟大复兴。文化自信是一个国家、民族发展文化更先进、更持久的体现。中华优秀传统文化博大精深、源远流长，是中华民族生生不息、不断进步的根与魂。在当代中国马克思主义的指导、中国特色社会主义的旗帜、中华民族伟大复兴的梦想、社会主义核心价值观的引领、中华优秀传统文化的根基，共同构筑了中国精神、中国价值和中国力量，为人民不断前行提供精神指引。党的十九大明确了我国进入新时代的社会主要矛盾是人民日益增长的美好生活需要和不平衡不充分的发展之间的矛盾，明确了全面建成小康社会和到本世纪中叶建设社会主义现代化强国的奋斗目标，明确了我国处于并将长期处于社会主义初级阶段的基本国情没有变。正确认识中国特色社会主义，才能引导大学生既充满自信，又头脑清醒，不忘初心，牢记使命。

引导大学生在国际比较中增强“四个自信”。国际比较有纵向的有横向的。从纵向来看，1840 年鸦片战争以来近百年，我国积弱积贫，沦为半殖民地半封建社会，几代中国人探索救国救民之路，直到诞生了中国共产党领导人民打败了帝国主义和国民党反动派，建立了新中国，开始探索社会主义建设。改革开放近 40 年来，我国经济建设和社会发展取得了举世瞩目的成就。党的十九大明确了中国进入新时代，小康社会即将全面建成，正在向社会主义现代化强国迈进。中国人民在中国共产党的领导下，从站起来、富起来走向强起来，中华民族从来没有像今天这样如此接近伟大复兴。而同期欧美资本主义国家通过殖民侵略掠夺积累了原始资本，成为发达国家。冷战结束后，资本主义国家纷纷调整政策，生产力得到较大发展，一定程度上显示出较强的生命力。进入 21 世纪以来，随着时间的推移，西方资本主义国家不可克服的基本矛盾日益显现，经济放缓的同时社会问题突出。从横向看，中国特色社会主义进入新时代，科学社会主义在 21 世纪的中国焕发出强大生机活力，在世界上高高举起了中国特色社会主义伟大旗帜。“中国特色社会主义道路、理论、制度、文化不断发展，拓展了发展中国家走向现代化的途径，给世界上那些既希望加快发展又希望保持自身独立性的国家和民族提供了全新选择，为解决人类问题贡献了中国智慧和中国方案。”①

（三）正确认识时代责任和历史使命，引导大学生把个人的理想追求融入国家和民族的事业中，是大学生思想政治教育的价值旨归

正确认识时代责任和历史使命，蕴含着价值取向和任务要求，深刻地影响着大学生的思想和行为。只有引导大学生把个人的理想追求融入国家和民族的事业中去，担负时代责任、不辱历史使命、实现个人自由发展与社会全面进步的有机结合，才能使大学生个人发展和国家需要同心同向，个人价值和社会价值有机统一，大学生思想政治教育才会实现充满生机活力和完成立德树人任务的有机统一。正确认识时代责任和历史使命，引导大学生把个人的理想追求融入国家和民族的事业中，是大学生思想政治教育的切入点和价值旨归。

明确大学生的时代责任和历史使命。习近平同志强调，“当代青年要树立与这个时代主题同心同向的理想信念，勇于担当这个时代赋予的历史责任。”② 党的十九大提出，中国特色社会主义进入新时代，目前我们正处在决胜全面建成小康社会的关键时期，到本世纪中叶将实现富强民主文明和谐美丽的社会主义现代化强国，实现中华民族伟大复兴的中国梦。我国高等教育肩负着培养德智体美全面发展的社会主义事业建设者和接班人的重大任务。当代大学生正值中国决胜全面建成小康社会、开始迈向社会主义现代化强国的时期，把个人追求与国家命运结合起来，刻苦学习，奋发成才，实现个人发展与国家发展的完美统一，为实现社会主义现代化强国、实现中华民族伟大复兴的中国梦作出自己应有的贡献，这是当代大学生的时代责任和历史使命。

---

① 习近平：《决胜全面建成小康社会　夺取新时代中国特色社会主义伟大胜利——在中国共产党第十九次全国代表大会上的报告》，人民出版社 2017 年版，第 10 页。

② 《习近平总书记在中国政法大学考察时的重要讲话引起热烈反响——在激扬奋斗中绽放青春光芒》，《人民日报》2017 年 5 月 4 日第 2 版。

用中国梦激扬青春是大学生思想政治教育的时代要求。“实现中华民族伟大复兴，是中华民族近代以来最伟大的梦想。”① “中国梦”是中国人对于国家、民族和个人未来前景的美好梦想，是国家富强、民族振兴、人民幸福，是国家的梦、民族的梦、人民的梦，与中华民族每个人的前途命运息息相关。“中国梦”靠走中国道路、弘扬中国精神、凝聚中国力量来实现，也需要当代大学生负责担当、有所作为。大学生思想政治教育要“用中国梦激扬青春梦，为学生点亮理想之灯、照亮前行的路，激励学生自觉把个人的想想追求融入国家和民族的事业中，勇做走在时代前列的奋进者和开拓者”。②

（四）正确认识远大抱负与脚踏实地，引导大学生把理想抱负落实到实际行动中，是大学生思想政治教育达成目标的实践路径

习近平总书记强调，“人类的美好理想，都不可能唾手可得，都离不开筚路蓝缕、手胼足胝的艰苦奋斗。”③ 不积跬步，无以至千里，大学生思想政治教育要帮助大学生树立为建设和发展中国特色社会主义，为实现中华民族伟大复兴而奋斗的人生理想，就要引导大学生认清树立远大抱负的必要性和艰巨性，唯有认识远大抱负的必要性才能自觉珍惜韶华，唯有认识远大抱负的艰巨性才会脚踏实地。正确认识远大抱负与脚踏实地，引导大学生把远大抱负落实到实际行动中，让勤奋学习成为青春飞扬的动力，让增长本领成为青春搏击的能量，这是大学生思想政治教育的落脚点和达成目标的实践路径。

抱负是人生奋斗的目标和追求的理想。目标是前进的动力，一个人树立的目标越高远，他的奋斗动力就越强劲。人生贵追求，志当存高远。古往今来大量的事实告诉我们，那些在历史上大有作为、彪炳史册的人，无不是胸怀远大并把个人理想与国家命运紧紧连在一起且为之不懈奋斗的人。当代大学生应当树立远大抱负，这是事关未来人

① 习近平：《努力建设巩固国防和强大军队》，《习近平谈治国理政》（第一卷），外文出版社 2018 年版，第 219 页。

② 习近平：《习近平谈治国理政》（第二卷），外文出版社 2017 年版，第 377 页。

③ 习近平：《习近平谈治国理政》（第一卷），外文出版社 2018 年版，第 52 页。

生价值和社会贡献的重要前提。同时应该看到，"我们的事业越前进越发展，新情况新问题就会越多，面临的风险和挑战就会越多，面对的不可预料的事情就会越多"。[①] 面对向奋斗目标迈进的征途中可能遇到的各种艰难险阻，唯有脚踏实地，方能心想事成。脚踏实地的奋斗是通向理想彼岸的唯一桥梁，也是实现人生理想的根本途径。

实现远大抱负需要撸起袖子加油干。习近平总书记对青年大学生提出了"勤学、修德、明辨、笃行"的要求。成功之道在于勤学，大学生正确认识远大抱负和脚踏实地，就要珍惜大学期间的青春韶华和学习条件，以勤学奠定未来事业之基。修德方能正心，大学生要以修德坚定未来事业之心，树高远情怀，塑健全人格。明辨才能启慧，大学生要以明辨开启未来事业之智，修炼分辨主次先后的慧眼、判断真假善恶的慧心、驾驭人生事业的慧智。笃实是将难事做易、大事做实的有效方法，大学生要以笃实拓展未来事业之路，将对未来的构想付诸为恒久的行动、踏实的奋斗。

二　思想政治理论课要引导大学生树立"四个正确认识"

思想政治理论课是党在高校开展思想政治教育的传统优势，是中国特色社会主义高校的重要特征，承担着开展系统的马克思主义理论教育、为大学生一生成长奠定科学思想基础的重大任务，是大学生思想政治教育的主渠道。引导大学生树立"四个正确认识"，需要思想政治理论课充分发挥主渠道作用，为培养社会主义事业建设者和接班人担当作为。

（一）思想政治理论课要把"四个正确认识"的内容与要求渗透到教学过程中，担负起为大学生一生成长奠定科学思想基础的责任

把"四个正确认识"作为习近平新时代中国特色社会主义思想的

① 习近平：《习近平谈治国理政》（第一卷），外文出版社 2018 年版，第 23 页。

重要组成部分列入思想政治理论课教材。教材是讲授思想政治理论课的依据，进入教材是“四个正确认识”进入思想政治理论课课堂，内化为大学生世界观、人生观和价值观重要组成部分的重要途径。党的十九大提出的习近平新时代中国特色社会主义思想是马克思主义中国化的最新成果，进入思想政治理论课教材与课堂是对大学生进行习近平新时代中国特色社会主义思想教育的政治任务和教学要求。引导大学生树立“四个正确认识”是习近平总书记在2016年12月全国高校思想政治工作会议上提出来的，是习近平新时代中国特色社会主义思想的重要组成部分，是习近平新时代中国特色社会主义思想在高等教育领域的具体体现与要求。高校应根据教育部关于习近平新时代中国特色社会主义思想进教材、进课堂的统一部署，结合习近平总书记关于引导大学生“四个正确认识”的具体要求和思想政治理论课教育教学实际，创造性地把“四个正确认识”作为习近平新时代中国特色社会主义思想的重要组成部分列入思想政治理论课教材，并在教学大纲中明确教学目的要求、教学内容设计、教学重点难点、教学方式方法等，为“四个正确认识”进入课堂，引导大学生树立科学理想信念、坚定“四个自信”、明确个人责任担当、脚踏实地逐梦想提供依据、奠定基础。

把“四个正确认识”以专题讲座的形式进入思想政治理论课课堂。习近平总书记要求引导大学生树立“四个正确认识”，明确了当代大学生思想政治教育的目标指向、时代要求、价值旨归与实践路径，阐明了今后加强和改进大学生思想政治教育的着眼点、重力点、切入点和落脚点。根据习近平总书记的要求，结合教学大纲的规划，思想政治理论课的各门课程应根据自身特点，把“四个正确认识”以专题讲座的形式进入思想政治理论课课堂，强化引导大学生树立“四个正确认识”的效果。根据《马克思主义基本原理概论》《中国近现代史纲要》的内容特点，在引导大学生正确认识世界和中国发展大势方面担当作为；根据《毛泽东思想和中国特色社会主义理论体系概论》《形势与政策》的内容特点，在引导大学生正确认识中国特色和国际比较方面有所作为；根据《毛泽东思想和中国特色社会主义理论体系概论》《形势与政策》《中国近现代史纲要》的内容特点，在引导大学生正确认识时代责任和历史使命方面担负责任；根据《马克思主义基本原理概论》《思想品德修养与法律基础》的内容特点，在引导大学生正确认识远大抱负与脚踏实地方面大有可为。

（二）思想政治理论课教师要从讲政治的高度不断提升素质，担负起大学生健康成长指导者和引路人的责任

加强思想政治理论课老师的专题教育培训，使之成为“四个正确认识”教育的专家。习近平总书记强调，“高校教师要坚持教育者先受教育，努力成为先进思想文化的传播者、党执政的坚定支持者，更好地担负起学生健康成长指导者和引路人的责任”。[①] 马克思主义具有与时俱进的理论品格，思想政治理论课内容具有系统性与时代性有机统一的特性，思想政治理论课教师的思想素质、政治觉悟、知识水平、教学方法等都需要不断更新、与时俱进。思想政治理论课教师要引导大学生树立“四个正确认识”，必须不断学习提高，做到先学、弄懂、真信、践行、会讲，才能成为深受大学生喜爱、能够指点人生迷津的行家里手。开设思想政治理论课是中国特色社会主义高校的重要特征，国家和地方教育主管部门每年都举办各种主题的思想政治理论课教师培训。今后学习贯彻党的十九大精神、推进习近平新时代中国特色社会主义思想“三进”工作将成为思想政治理论课教师培训的重点内容。高校应系统地安排思想政治理论课教师有计划地参加相关培训班，提升他们的政治素质、业务水平。在此基础上，思想政治理论课教师主动加强学习，把如何对大学生进行习近平新时代中国特色社会主义思想教育、如何引导大学生树立“四个正确认识”作为当前学习提高的重点，在理论武装自己、提高教学能力等方面下功夫，成为思想政治理论课的教学能手、塑造大学生灵魂的教育专家。

以习近平“四个统一”作为建设标准，引导思想政治理论课教师成为“四个正确认识”的实践者与教育者。习近平总书记对高校教

① 习近平：《习近平谈治国理政》（第二卷），外文出版社 2017 年版，第 379 页。

师教书育人工作提出了要求："坚持教书和育人相统一，坚持言传和身教相统一，坚持潜心问道和关注社会相统一，坚持学术自由和学术规范相统一。"① 思想政治理论课教师要坚持教书育人，既要传授系统的理论知识，又要引导大学生树立"四个正确认识"；坚持言传身教，以自身的真学、真懂、真信、笃行，影响和带动大学生树立"四个正确认识"；坚持理论联系实际，能够为大学生解答社会热点、难点和疑点问题，深化"四个正确认识"的教育效果；加强科学研究，促进课堂教学，为引导大学生树立"四个正确认识"奠定牢固的理论基石。

（三）思想政治理论课要坚持在改进中加强、提升亲和力和针对性，担负起满足大学生成长发展需求和期待的责任

以引导大学生树立"四个正确认识"为切入点，在提升思想政治理论课的亲和力上下功力。思想政治理论课属理论课程，如果不强化授课艺术、提高亲和力，将影响教育的吸引力和实效性。"四个正确认识"从历史到现实、国际到国内、社会到个人、理想到实践四个维度对大学生思想政治教育提出了明确要求，把个人理想追求与国家民族事业结合起来，把远大抱负与脚踏实地结合起来，既大道至简，又联系个人，逻辑严密，亲和力强。高校思想政治理论课要以引导大学生树立"四个正确认识"为切入点，在提升思想政治理论课的亲和力上下功力。一是开展互动探讨式教学，调动大学生参与教学、深入思考的积极性。围绕世界和中国发展大势、中国特色和国际比较、时代责任与历史使命、远大理想和脚踏实地等方面引导大学生深刻分析、理性思考、深入探讨，最后教师进行分析点评，引导大学生统一到"四个正确认识"上，使"四个正确认识"成为大学生通过自身认知自觉得出的结论，以启发式教学代替结论式教学。二是把树立"四个正确认识"与大学生自身发展结合起来，增强教育效果。树立"四个正确认识"是习近平总书记对大学生健康成长成才提出的明确

① 习近平：《习近平谈治国理政》（第二卷），外文出版社2017年版，第379页。

要求，是培养社会主义事业建设者和接班人的政治要求，也是大学生自身成长发展的内在需要，这是引导大学生树立“四个正确认识”与大学生自身利益需要的共鸣点。思想政治理论课教师要把树立“四个正确认识”与大学生自身发展结合起来，使教育者与受教育者、教育目标与自身发展同向同行，形成协同效应。

借鉴“四个正确认识”的逻辑方法，在提升思想政治理论课的针对性上下功夫。一是坚持理论联系实际，针对大学生对重大社会热点问题的困惑，采取历史的、唯物的和辩证的方法对大学生进行有理论深度、有说服力的阐释，引导大学生牢固树立“四个自信”。二是坚持知识教育和能力培养相结合，针对大学生对重大社会思潮的困惑，采取比较的方法进行深层次的剖析，引导大学生树立“四个正确认识”。三是坚持以学生为本的理念，针对大学生对成长成才的渴望，把思想政治理论的系统教育与大学生职业生涯的科学谋划结合起来，引导大学生在“四个正确认识”的基础上明确自己的责任担当，在追求家国情怀的基础上实现个人的梦想。

（2018 年发表于《湖北经济学院学报》第 8 期）

改革开放以来思想政治理论课建设的历史脉络及现实思考

今年是改革开放40周年，认真疏理、总结高校思想政治理论课建设的历史脉络和基本经验，对进一步加强和改进新时代高校思想政治理论课具有重要意义。

一 改革开放以来高校思想政治理论课建设的历史脉络

1978年我国实行改革开放以来，高校思想政治理论课建设经历了六个发展阶段。

（一）“政治理论课”恢复，出台“78方案”

高校思想政治理论课是在“文化大革命”前高校政治理论课（马列主义理论课）的基础上发展而来的。1978年，教育部下发《关于加强高等学校马列主义理论教育的意见》，明确了马克思主义理论教育课的必修课地位，确定在全国高校本科生中开设辩证唯物主义与历史唯物主义、政治经济学和中共党史，文科专业加开国际共产主义运动史，称“78方案”，标志着高校思想政治理论课全面恢复。1980年教育部印发《改进和加强高等学校马列主义课的试行办法》，对如何贯彻落实“78方案”进行了具体部署。

（二）“政治理论课”改革起步，形成“86 方案”

1984 年 9 月，中宣部、教育部印发的《关于加强和改进高等院校马列主义理论教育的若干意见》指出，现行的课程设置和教材必须进行改革，以适应教育“三个面向”的需要。1985 年 8 月，中共中央下发《关于改革学校思想品德和政治理论课程教学的通知》，要求高校政治理论课对学生进行历史教育、马克思主义基本理论教育、社会主义建设与改革理论政策和实践知识教育以及有比较地介绍当代其他各种社会思潮。国家教委据此决定，从 1986 年起，以中国革命史、中国社会主义建设、马克思主义原理、世界政治经济和国际关系的新四门课程逐步代替原有的四门课程，即“86 方案”。这是改革开放后提出的第一个成型的思想政治理论课方案，突出了中国革命、建设和改革的理论与实践教育。

（三）“思想教育课”课程体系的确立

在政治理论课程体系调整的同时，思想教育课程体系也初步确立。1982 年教育部发出《关于高等学校逐步开设共产主义思想品德课的通知》，“共产主义思想品德课”正式走进高等学校课堂，这是后来高校“两课”中思想品德课开设的起点。1984 年，教育部正式将“共产主义思想品德课”作为必修课纳入教学计划。1986 年 7 月，中宣部、国家教委印发《关于对高等学校学生深入进行形势与政策教育的通知》，把“形势与政策”作为一门单独课程纳入高校思想政治教育的教学计划和课程体系。1987 年 9 月，国家教委下发《关于在高等学校开设“法律基础课”的通知》，高校思想政治教育又增设一门新的课程。

1987 年 10 月，国家教委下发《关于高等学校思想教育课程建设的意见》，决定“形势与政策”“法律基础”为必修课，“大学生思想品德修养”“人生哲理”“职业道德”为选修课，思想教育课程体系初步确立。1993 年徐州会议把“思想教育课”改名为“思想政治教育课”，把“大学生思想品德修养”和“人生哲理”课合并为“思想道德修养”，作为必修课在大一开设，高校思想政治教育课程体系基本确立。新确立的思想政治教育课程体系与原有的政治理论课程体系构成了高校思想政治理论教育的两大模块。

（四）“两课”课程体系整合，提出“98 方案”

1995 年 10 月，国家教委印发《关于高等学校马克思主义理论课和思想品德课教学改革的若干意见》，把“思想政治教育课”改名为“思想品德课”，并把它与“马克思主义理论课”放在一起，简称“两课”。这是官方文件第一次出现“两课”的提法。

1998 年 6 月，中宣部、教育部印发《关于普通高等学校“两课”课程设置的规定及其实施工作的意见》，对“两课”设置作出新的调整，即“98 方案”。“98 方案”思想品德课程板块的设置沿用原有体系，马克思主义理论课部分调整幅度较大。本科生中开设马克思主义哲学原理、马克思主义政治经济学原理、毛泽东思想概论、邓小平理论概论、形势与政策。“98 方案”显著特点是把马克思主义中国化的最新成果作为一门课程列入教学课程体系。

（五）“思想政治理论课”课程体系确立，实施“05 方案”

2004 年 10 月，中共中央、国务院下发《关于进一步加强和改进大学生思想政治教育的意见》，将“马克思主义理论课和思想品德课”正式定名为“思想政治理论课”，不再使用“两课”这一简称。2005 年 2 月，中宣部、教育部下发《关于进一步加强和改进高等学校思想政治理论课的意见》，就课程设置作出了新的调整，即“05 方案”。“05 方案”规定本科生开设“马克思主义基本原理概论”“毛泽东思想、邓小平理论和‘三个代表’重要思想概论”（2008 年秋季调整为“毛泽东思想和中国特色社会主义理论体系概论”）“思想道德修养与法律基础”和“形势与政策”。这个课程体系一直沿用至今。

在“05 方案”的实施过程中，为加强和改进高校思想政治理论课推出了系列举措。一是增设了新的学科，2005 年 12 月，增设了马克思主义理论一级学科及所属二级学科，使新的课程设置有了可资依托的学科。二是强调了机构建设，2008 年 8 月，中央在高校思想政治理论课工作会议上提出，全国高校都要独立设置直属学校领导的思想政治理论课教学科研二级管理机构。三是制定了建设标准，2011 年 1 月，教育部印发了《高等学校思想政治理论课建设标准（暂行)》，为思想政治理论课建设及评估确定了基本标准。

（六）党的十八大后，思想政治理论课建设进入新时代

2015 年 7 月，中宣部、教育部印发《关于普通高校思想政治理论课建设体系创新计划》，把高校思想政治理论课的教材建设、队伍建设、教学方法、学科建设、评价标准和二级机构建设等方面提升到体系化的高度，明确指出高校思想政治理论课建设体系创新计划的指导思想、基本原则和目标任务，并且确定了重点建设内容。2015 年 9 月，教育部印发修订后的《高等学校思想政治理论课建设标准》，具体部署了思想政治理论课建设体系创新计划。2017 年 9 月，教育部印发《高等学校马克思主义学院建设标准（2017 年本)》，进一步强化了高校思想政治理论课的机构建设，为思想政治理论课建设提供了强有力的组织保证。

为切实加强新时代高校思想政治理论课建设，全面推进习近平新时代中国特色社会主义思想“三进”工作，2018 年 4 月，教育部印发《新时代高校思想政治理论课教学工作基本要求》，就明确指导思想、坚持基本原则、严格落实学分、合理安排教务、规范建设教研室、创新集体备课形式、严肃课堂教学纪律等十六个方面提出了明确要求。这是党的十九大之后印发的直接针对思想政治理论课建设的重要文件。

二　加强和改进新时代高校思想政治理论课建设的现实思考

改革开放 40 年来，高校思想政治理论课建设在探索中前进，取得了诸多宝贵经验，为进一步加强和改进新时代高校思想政治理论课

建设提供了有益启示。

（一）准确把握高校思想政治理论课的重要地位和特殊定位

高校思想政治理论课承担着对大学生进行系统的马克思主义理论教育的任务，是巩固马克思主义在高校意识形态领域指导地位、坚持社会主义办学方向的重要阵地，是全面贯彻党的教育方针、落实立德树人根本任务的主渠道和核心课程，是加强和改进高校思想政治工作、实现高等教育内涵式发展的灵魂课程。

思想政治理论课是思想教育、政治教育和理论教育的高度统一。思想政治理论课的政治定位是思想政治课，在重大问题的认识上必须同党中央保持一致，在基本内容和基本观点上由国家统一规范。思想政治理论课的学术定位是理论课，在讲授时不单纯是政治表态，更是对思想性、政治性很强的问题讲出学术逻辑和理论高度，增强学术魅力与理论说服力。

（二）思想政治理论课要体现国家意志，强化价值引领功能

思想政治理论课在培养德智体美全面发展的社会主义事业建设者和接班人、培养担当民族复兴大任的时代新人方面担负重要责任。要坚决贯彻教育部《新时代高校思想政治理论课教学工作基本要求》等文件精神，通过讲授思想政治理论课，帮助大学生从整体上把握马克思主义的立场、观点和方法，正确认识人类社会发展的基本规律；帮助大学生了解马克思主义基本原理同中国实际相结合的历史进程，掌握马克思主义中国化的重大理论成果，坚定在党的领导下走中国特色社会主义道路的理想信念；帮助大学生了解国史和国情，深刻领会中国为什么要选择马克思主义、中国共产党、社会主义道路、改革开放；帮助大学生了解社会主义道德，增强社会主义法制观念，提高思想道德法律素养。

（三）持续推进马克思主义中国化的最新成果“三进”工作

思想政治理论课要以教材教师教学建设为抓手，摒弃“水课”，

打造“金课”，“三进”工作才能卓有成效。思想政治理论课教材已经纳入马克思主义理论研究和建设工程重点教材系列，使马克思主义中国化的最新成果“进教材”有了保证。“进课堂”在形式上可以做到，但真正实现教材体系向教学体系转化需要教师付出极大努力。思想政治理论课教师要站在政治家的高度、理论家的深度、教育家的温度三个“维度”要求自己，突出深耕教材、讲清理论、知行合一、投入情感四个基本要求，坚持案例式、情景式、研讨式、情感式和专题式五种基本教学方式，把握巧开头、主线清、有内涵、互动好、接地气、善总结六个要素，努力培育“配方”新颖、“工艺”精湛、“包装”时尚、有特色的品牌课程，实现教学内容“进头脑”，内化为大学生的自我认知和自觉行动。

（四）聚焦大学生关注的热点难点问题，增强亲和力和针对性

思想政治理论课如果不能聚焦大学生关注的热点难点问题，就会因脱离实际而丧失亲和力，就会因不解决问题而缺乏针对性。思想政治理论课教师要针对重大思想政治理论问题进行科学解读，特别是对主流意识形态进行科学阐释、对主要社会思潮进行深刻剖析、对重大社会问题进行正确解答，使社会主义意识形态为大学生真心理解、广为接受、主动践行。一是坚持理论联系实际，针对大学生对重大社会热点问题的困惑，采取历史的、唯物的和辩证的方法进行有理论深度、有说服力的阐释，引导他们把理想信念与“四个自信”建立在科学理论的基石之上。二是坚持知识教育和能力培养相结合，针对大学生对重大社会思潮的困惑，采取比较的方法进行深层次的剖析，引导大家树立“四个正确认识”。三是坚持以人为本的理念，针对大学生对成长成才的渴望，把思想政治理论的系统教育与大学生职业生涯的科学谋划结合起来，引导大学生明确自己的责任担当，在追求家国情怀的基础上实现个人梦想。

（五）高度重视马克思主义理论学科和马克思主义学院建设

2005年，国家为了给高校思想政治理论课教学提供有力的学科

支撑，增设了马克思主义理论一级学科。思想政治理论课教学中提出的问题可以促进马克思主义理论学科建设，马克思主义理论学科建设的研究成果可以有力支撑思想政治理论课教学质量提升，形成良性互动。学科建设的实质是科学研究的加强，学院要加强学科建设内涵的学习研究，搞好学科建设的顶层设计，凝练学科建设的主要方向，建设好学科带头人和骨干队伍，形成学科建设的激励机制，不断打造更高层次的学科平台，为提升思想政治理论课教学质量提供有力支撑。思想政治理论课教师是学科建设的主体力量，要树立“一身二任、一岗双能”的要求，努力提升理论素养、科研能力和教学水平。2017年9月，教育部印发了新的《高等学校马克思主义学院建设标准》，为高校马克思主义学院建设立下了规矩。我们要以此为依据，推进思想政治理论课建设、马克思主义理论学科建设和马克思主义学院建设统一设计、协调推进、共同发展。

（2018年发表于《鲁东大学报》第614期）

新时代提升高校思想政治理论课亲和力谫论

思想政治理论课是高校全面贯彻党的教育方针、落实立德树人根本任务的主干渠道和核心课程，是坚持社会主义办学方向、对大学生系统进行马克思主义理论教育、思想政治教育的重要阵地和灵魂课程。习近平总书记在2019年学校思想政治理论课教师座谈会发表重要讲话指出，“推动思想政治理论课改革创新，要不断增强思政课的思想性、理论性和亲和力、针对性”。[①] 这既指出了当下高校思想政治理论课存在的突出问题，也为在改进中加强高校思想政治理论课指明了方向。办好思想政治理论课，首先要增强亲和力，让学生喜欢这门课程。中国特色社会主义进入新时代，加强和改进高校思想政治理论课就要适应新时代的要求，聚焦立德树人根本任务，坚持问题意识，靶向解决问题，着力在提升思想政治理论课的亲近感和影响力上下功夫，努力培养能够担当民族复兴大任的时代新人。

一　新时代对高校思想政治理论课提出的新要求

（一）新时代高校思想政治理论课改革创新的着眼点是为培养担当民族复兴大任的时代新人提供理论武装和价值引领

培养什么人始终是高等教育的战略性问题，我国高校的根本任务

---

① 《习近平主持召开学校思想政治理论课教师座谈会强调：用新时代中国特色社会主义思想铸魂育人　贯彻党的教育方针落实立德树人根本任务》，《人民日报》2019年3月19日第1版。

是培养德智体美全面发展的社会主义建设者和接班人。“培养社会主义建设者和接班人，是我们党的教育方针，是我国各级各类学校的共同使命。大学对青年成长成才发挥着重要作用。高校只有抓住培养社会主义建设者和接班人这个根本才能办好，才能办出中国特色世界一流大学。”[①] 在中国特色社会主义的新时代，高校的时代责任就是培养担当民族复兴大任的时代新人。党的十九大提出要以“培养担当民族复兴大任的时代新人为着眼点”，坚持用社会主义核心价值观引领人才培养。[②] 习近平总书记强调，“马克思主义是我们立党立国的根本指导思想，也是我国大学最鲜亮的底色”。“我们的高校，必须坚持以马克思主义为指导，全面贯彻党的教育方针。要坚持不懈传播马克思主义科学理论，抓好马克思主义理论教育，为学生一生成长奠定科学的思想基础。”[③] 高校思想政治理论课是培养社会主义建设者和接班人、培养担当民族复兴大任时代新人的重要阵地、主要渠道、核心课程和灵魂课程。高等教育的根本任务和高校思想政治理论课的地位作用决定了新时代高校思想政治理论课要紧紧围绕立德树人的根本任务，坚持从完成思想政治理论课的历史使命和时代责任出发，坚持以培养担当民族复兴大任的时代新人为着眼点，不断在改进中得到加强，满足大学生成长发展的需求和期待，为培养社会主义事业建设者和接班人提供理论武装和价值引领。

（二）新时代高校思想政治理论课改革创新的着重点是提升思想性、理论性、亲和力与针对性

新时代高校思想政治理论课改革创新，如何改革？怎样创新？习近平总书记在全国高校思想政治工作会议明确指出了要推动思想政治理论课改革创新，不断增强思政课的思想性、理论性和亲和力、针对性，为新时代进一步改进和加强高校思想政治理论课指明了大

---

① 习近平：《在北京大学师生座谈会上的讲话》，人民出版社 2018 版，第 5 页。

② 习近平：《决胜全面建成小康社会　夺取新时代中国特色社会主义伟大胜利——在中国共产党第十九次全国代表大会上的报告》，人民出版社 2017 年版，第 42 页。

③ 习近平：《习近平谈治国理政》（第二卷），外文出版社 2017 年版，第 377 页。

方向和着重点。思想性是指思政课是意识形态教育而不仅仅是知识传授，思政课要系统向学生传授马克思主义及其相关思想。理论性是指思政课从根本上讲是理论性强的课程，要坚持“内容为王”、以理服人。亲和力是一种油然而生的亲近感和润物无声的影响力，是影响教育效果的重要因素。高校思想政治理论课要完成培养担当民族复兴大任时代新人的使命责任，就要做到“配方”先进、“工艺”精湛、“包装”时尚，让大学生愿意亲近思政课、认真学习思政课、深刻领会思政课，达到春风化雨、润物无声的教育效果。针对性是指坚持问题导向对确定的对象采取具体措施，是提升教育质量的经常性工作。高校思想政治理论课要完成培养担当民族复兴大任时代新人的使命责任，就要做到坚持问题导向，针对思想政治理论课教学存在的吸引力不够、说服力不强、指导性不足、实践性薄弱等问题，有针对性地持续改进和加强，真正发挥好思想政治理论课在人才培养过程中的重要阵地、主要渠道、核心课程和灵魂课程的作用。因此，新时代高校思想政治理论课在改进中加强的着重点是提升亲和力和针对性。

（三）新时代高校思想政治理论课改革创新的落脚点是打造思想政治理论课“金课”

2018 年 8 月，教育部下发了《关于狠抓新时代全国高等学校本科教育工作会议精神落实的通知》，要求“各高校要全面梳理各门课程的教学内容，‘淘汰’水课，‘打造’金课。”教育部长陈宝生 2018 年在新时代全国高等学校本科教育工作会议上提出，“对大学生要合理‘增负’，提升大学生的学业挑战度，合理增加大学本科课程难度、拓展课程深度、扩大课程的可选择性，激发学生的学习动力和专业志趣，真正把‘水课’变成有深度、有难度、有挑战度的‘金课’。”什么是“金课”？教育部高等教育司吴岩司长提出了“两性一度”的金课标准，即高阶性、创新性、挑战度。“高阶性”是知识能力素质的有机融合，是要培养学生解决复杂问题的综合能力和高级思维。“创新性”是课程内容反映前沿性和时代性，教学形式呈现先进性和互动性，学习结果具有探究性和个性化。“挑战度”是指课程有一定难度，需要跳一跳才能够得着，老师备课和学生课下有较高要求。相反，“水课”是低阶性、陈旧性和不用心的课。①

思想政治理论课作为人才培养的“灵魂课程”，要真正成为帮助大学生树立正确的世界观、人生观和价值观的“金课”，除了具有高阶性、创新性、挑战度外，还要具有亲和力足、说服力强、指导性高、实践性好四个特性。只有亲和力足才能使思想政治理论课成为大学生喜爱的课程，只有说服力强才能使思想政治理论课真正用科学理论武装大学生，只有指导性高才能坚持以生为本解决大学生的思想和实际问题，只有实践性好才能让大学生在社会实践中深化对理论的理解并指导认识社会现实问题。没有吸引力、没有说服力、不解决学生实际问题、理论与现实相脱节的课程必然是不受大学生欢迎、没有实际效果的“水课”。新时代高校思想政治理论课在改进中加强的落脚点是打造思想政治理论课“金课”。

二　新时代影响高校思想政治理论课亲和力提升的主要因素

（一）“理论性”的内容特点影响亲和力

思想政治理论课是思想课、政治课、理论课，最突出的特点是理论性。一方面思想政治理论课的教学内容自身具有较强的理论性。“马克思主义基本原理概论”“毛泽东思想和中国特色社会主义理论体系概论”“中国近现代史纲要”“思想道德修养和法律基础”四门公共必修课和“形势与政策”公共选修课，它们既具有自身的理论体系、内容架构，又相互构成了完整的高校意识形态教育的理论体系、学理逻辑。另一方面思想政治理论课的教学目标要求突出理论性。思想政治理论课要引导大学生“牢固树立‘四个意识’，坚定‘四个自信’，培养德智体美全面发展的中国特色社会主义建设者和

---

① 吴岩：《建设中国“金课”》，《中国大学教学》2018 年第 12 期。

可靠接班人，培养担当民族复兴大任的时代新人。”[①] 思想政治理论课不单纯是知识的灌输，而是要强化思想和价值的引领，最根本的是要教给学生掌握和运用马克思主义基本原理与方法分析和解决实际问题的能力。只有在理论上充分讲清讲透，通过展示课程内容的学术特性和理论品位来吸引学生、说服学生，才能使学生内心认同、真心信仰、用心运用马克思主义的世界观和方法论，真正落实立德树人的根本任务。

思想政治理论课的这些“理论性”特点影响亲和力。从授课对象看，思想政治理论课是公共必修课程，授课对象涵盖文理工农医商等学科各个专业的全体大学生，覆盖面广，学生的理论基础参差不齐，理论兴趣千差万别。“要考虑到教育对象的不同情况、文理科的不同专业背景、原有的思想政治理论素养基础、个人学习理论的兴趣状况等，这些都是实施教学过程要认真研究和对待的影响要素。”[②] 从认知规律来看，人们对事物的认识总是由感性认识再到理性认识，大多数人更喜欢和易于接受通俗易懂、生动具体的东西。大多数专业的学生会感到思想政治理论课的理论性和抽象性较强，学习的吸引力和理解力较弱。思想政治理论课如果不能够做到深入浅出、通俗易懂、寓理于事，将会因缺少亲和力而影响大学生学习的兴趣与效果。

（二）“灌输式”的教育方法影响亲和力

灌输是马克思主义理论教育的一个基本原则。列宁在《怎么办?》一书中针对社会民主党内存在的崇拜自发论的工联主义倾向，明确指出“工人本来也不可能有社会民主主义的意识，这种意识只能从外部灌输进去”。[③] 思想政治理论课对大学生进行系统的马克思主义理论教育，就需要运用多种手段和方法把马克思主义理论从外部“灌输”

① 教育部：《新时代高校思想政治理论课教学工作的基本要求》（教社科〔2018〕2号）。

② 徐艳国：《高校思政课建设应坚持战略思维》，《学习时报》2019年1月11日。

③ 《列宁选集》（第1卷），人民出版社1972年，第247页。

到大学生头脑中去。但“灌输是原则，不是某个具体方法”“启发式、开放式的灌输往往效果较好，而强制式的、封闭式的灌输往往效果较差。”[①]“强灌硬输”从教育学上看不符合教育规律，从心理学上讲不易被大学生所接受。

当前，我国高校思想政治理论课仍然存在着片面、单向灌输的现象，这在较大程度上影响了思想政治理论课的亲和力与实效性。教育部出台的《新时代高校思想政治理论课教学工作基本要求》提出：思想政治理论课“课堂教学方法创新要坚持以学生为主体，以教师为主导，加强生师互动，注重调动学生积极性主动性。”“努力实现思想政治理论课教学‘配方’先进，‘工艺’精湛，‘包装’时尚。”教育部文件强调生师互动、调动积极性主动性，这既说明过去和当下的思想政治理论课教学方法还一定程度上存在着“填鸭式”的灌输现象，也指明了今后高校思想政治理论课教学方法的创新方向。提升思想政治理论课的亲和力，灌输应作为一种教育原则而不是具体的教学方法，着力通过教学改革增强互动吸引学生，增强他们学习的积极性、主动性和创造性，实现从被动灌输的“让我学”到对我的成长有用的“我要学”。

（三）“封闭式”的教育思维影响亲和力

开放式教育是现代教育的重要特点，是增强教育亲和力与实效性的内在需要和客观要求。“开放式教育是多元、民主、自由、创新的教育，是培养创新型人才的有效途径。”[②] 现代信息技术的发展倒逼世界经济全球化、区域一体化进程加快，世界高等教育呈现出开放式教育的特点，在保持教育自身定力、独立自主的同时，增强相互交流借鉴、合作共赢成为时代潮流。在开放的世界、开放的教育面前，闭目塞听的“封闭式”教育将影响教育的亲和力和影响力，在现代信

① 张元龙：《正确理解灌输原则 努力提高灌输效果》，《浙江师大学报》1992年第4期。

② 乔万敏、邢亮：《开放式教育：创新型人才培养的新视角》，《教育研究》2010年第10期。

息技术面前也将成为不可能。

以开放的视野审视我国高校思想政治理论课教学，一定程度上还存在着“封闭式”教育现象。一是课堂理论讲授较多、社会实践环节薄弱。我国思想政治理论课在理论讲授环节具有悠久的传统和丰富的经验，为思想政治理论课成为马克思主义理论教育的重要阵地提供了坚实的保证。相比较而言思想政治理论课的实践教学环节比较薄弱，从学分安排看，思想政治理论课 16 个学分中实践教学只占 2 个学分，从实践层面看，虽然各高校进行了大量创新性的探索，但总体上还没有形成较系统、成熟、稳定的实践教学模式，效果也不完全尽如人意。二是理论讲授自说自话较多，对主要社会思潮深刻剖析不足，对重大现实问题科学阐释不够。真理在比较鉴别中才有说服力，理论联系了实际才有生命力。“封闭式”的教学模式存在的主要问题是联系实际不够、比较鉴别不足、在理论说教上兜圈子，在联系实际中深化对理论的理解并解决实际问题的环节薄弱，从而降低了思想政治理论课对大学生的亲和力与说服力。

（四）“结论式”的考核方式影响亲和力

高校思想政治理论课考核方式在改进中不断完善，但一定程度上仍然存在着“重知识测验，轻能力考核，少素质评价”“重理论，轻实践”“突出终结性考核，忽视成长性、过程性评价”[①] 等问题。这些问题不解决，培养的学生将会形成死记硬背、答案标准的思维定式，运用理论分析问题和解决问题的能力不足，理论素养、科学素养、实践能力、解决问题的能力比较欠缺。

思想政治理论课要聚焦立德树人，不仅要“授之以鱼”、教授学生“学会”，而且要“授之以渔”、教授学生“会学”。“要采取多种方式综合考核学生对所学内容的理解和运用，注重考查学生运用马克思主义立场观点方法分析、解决问题的能力，力求全面、客观反映学

---

① 孙强：《高校思想政治理论课考核方式的不足与重构》，《辽宁教育行政学院学报》2011 年第 11 期。

生的马克思主义理论素养和思想道德品质。”[①] 这是今后改进完善思想政治理论课考核方式的基本要求。

三 新时代提升高校思想政治理论课亲和力的基本路径

（一）思想政治理论课要讲出真理的“味道”，依靠内容的真理性内生亲和力

思想政治理论课的亲和力由马克思主义的真理性内生而来。真理是人们对于客观事物及其规律的正确认识。马克思主义是真理，它揭示了物质世界和人类社会运动、变化、发展的一般规律。“马克思主义学说具有无限力量，就是因为它正确。”[②] 马克思主义为人们认识世界、改造世界提供了科学的世界观和方法论，科学性是马克思主义的本质特征。马克思主义是真理，还在于它具有与时俱进的理论品质，“马克思主义的整个世界观不是教义，而是方法。它提供的不是现成的教条，而是进一步研究的出发点和供这种研究使用的方法”。[③] 马克思主义随着时代和实践的进步而不断创新发展，这是其永保真理性的根本所在。毛泽东思想和中国特色社会主义理论体系是马克思主义中国化的理论成果，在中国革命、建设和改革开放的伟大实践中同样闪耀着真理的光芒。中国近现代史是一代代中国人民为救亡图存、追求真理和实现中华民族伟大复兴的历史，大学生要认识近现代中国社会发展和革命、建设、改革的历史进程和内在规律，深刻认识历史和人民是怎样选择了马克思主义、中国共产党、社会主义道路和改革开放。思想道德素质和法治素养是大学生应该具有的基本素质，开展马克思主义的世界观、人生观、价值观、道德观和法治观教育，有助

---

① 教育部：《新时代高校思想政治理论课教学工作的基本要求》（教社科〔2018〕2号）。

② 《列宁选集》（第2卷），人民出版社1975年版，第309页。

③ 习近平：《在纪念马克思诞辰200周年大会上的讲话》，人民出版社2018年版，第26页。

于引导大学生懂得做人、做事的真谛与道理，成为能够担当民族复兴大任的时代新人。

马克思主义的真理性通过思想政治理论课的科学讲授来体现。当代大学生基本上是“00后”，追求新奇特是他们的一个重要特征。马克思曾经说过，“理论只要能说服人，就能掌握群众；而理论只要彻底，就能说服人”。[①] 思想政治理论课要讲出亲和力和真理性，要把握好“四度”：一是教学目标要有“高度”。立德树人、培养社会主义事业建设者和接班人，这是思想政治理论课的目标定位。要按照习近平总书记高度概括的“四个服务”的目标方向和明确要求，从保障“中国特色社会主义事业后继有人”的政治高度来开展思想政治理论课教学。全体教师要围绕这一崇高目标组织教学，引导学生树立“四个正确认识”、坚定“四个自信”、增强“四个意识”。二是教学内容要有“深度”。要处理好方法多样性与理论透彻性的关系，“无论课堂教学如何热闹，师生互动如何紧密，课堂上的理论透彻性是个根本前提，最终的落脚点都要聚焦到课堂效果提升和学生满意度提高上”。[②] 马克思主义理论是真理，思想政治理论课要达成教育目的、教学目标，就要把思想政治理论课讲深、讲透、讲明白，讲出真理的味道、真理的魅力、真理的力量，这就要求思想政治理论课教师在马学马、在马信马、在马研马，以深厚的理论功底和宣教魅力讲深讲透讲明白马克思主义中国化的最新成果和中国特色社会主义的成功实践，用马克思主义基本理论去回应现实问题，用理论的彻底性、科学性去征服学生、赢得学生。三是教学过程要有“温度”。必须“围绕学生、关照学生、服务学生”，把握青年学生的思想特点、发展需求和学习状态，抓住学生的兴趣点、触动点和共鸣点，强化师生互动，用好肢体语言，关心关爱学生，做到以理服人，以情感人，情理交融，春风化雨。四是教学方法要有“效度”。运用包括理论讲授、专题教学、案例研讨、演讲辩论、多媒体教学、MOOC 教学、微电影展

---

① 《马克思恩格斯选集》（第 1 卷），人民出版社 1995 年版，第 9 页。

② 徐艳国：《高校思政课建设应坚持战略思维》，《学习时报》2019 年 1 月 11 日。

示、情景剧教学等多种为学生喜闻乐见的教学方法，变抽象的“基本原理”为具体的“生动道理”，使思想政治理论课因生动性而有亲和力，因有说服力而凸显真理性。

（二）思想政治理论课要讲出艺术的“魅力”，依靠宣教的艺术性增强亲和力

习近平总书记指出，“思想政治理论课要坚持在改进中加强，提升思想政治教育亲和力和针对性，满足学生成长发展需求和期待。”① 为今后加强和改进思想政治理论课指明了方向。提升思想政治理论课的亲和力与针对性，要更加重视加强教学管理、创新教学方法，增强学生的满意度与获得感。一是坚持通俗易懂的原则，针对课程特点和授课对象，把深奥的理论变成浅显的道理。思想政治理论课是一门面向全体大学生的公共必修课，同时思想政治理论课理论性很强，有些理论对非专业的大学生来说比较深奥，这就需要授课教师具有把深奥的理论变成浅显的道理的本领，深入浅出，寓理于事，让大学生在通俗易懂的授课中受到潜移默化的理论教育、真理教育。二是坚持亲切亲近的方法，深化教学改革，培育“配方”新颖、“工艺”精湛、“包装”时尚有特点的“金课”。对多数非专业的大学生来说，对理论课程往往有一定的敬畏心理，导致对思想政治理论课程不愿亲近、不愿主动、深不下去。名师讲堂、技能大赛、观摩交流、专题教学、实践教学等是增强思想政治理论课亲和力的重要渠道和有效方式，可以帮助思想政治理论课成为好学管用、方法科学、形象美好、学生喜爱的课程。三是坚持说理不说教的导向，改革评价体系，以“有虚有实、有棱有角、有情有义、有滋有味”为根本标准。以往思想政治理论课学生不亲近，一个重要的方面就是学习内容、考试考核理论性、记忆性强，要着眼考查学生的认识问题、解决问题的能力，在考试考查中多增加实践性内容，以主观题的考查为主体，适当考查理论知识的掌握，让大学生在考试考查中充分展示理解能力与分析能力，增强

---

① 习近平：《习近平谈治国理政》（第二卷），外文出版社 2017 年版，第 378 页。

学习思想政治理论课的获得感。

（三）思想政治理论课教师切实言传身教，依靠践行的示范性深化亲和力

教师是人类灵魂的工程师，思想政治理论课教师担负着大学生学习成才指导者和健康成长引路人的重大责任。增强思想政治理论课的亲和力，需要思想政治理论课教师按照马克思主义政治家、理论家、教育家的标准作为努力方向，做到真学真懂真信真做，成为大学生愿意追随的马克思主义的坚定信仰者和忠实践行者。

思想政治理论课教师要真学马克思主义，做到学习与研究相统一。要按照马克思主义理论家的标准去学习、去工作，并把它作为自己的职业理想和终身追求；要学习马克思主义经典作家的经典原著，做到原汁原味，深刻领会；要树立终身学习的理念并付诸行动，掌握马克思主义创新发展的最新成果；结合思想政治理论课教学实践和中国特色社会主义伟大实践加强理论研究和教学研究，以理论研究促进理论学习、提升教学水平。

思想政治理论课教师要真懂马克思主义，做到教书与育人相统一。一是掌握广博的马克思主义理论知识，熟练运用马克思主义理论分析问题和解决问题，以己之昭昭方能使人昭昭。二是按照马克思主义教育家的标准作为努力方向和追求目标，在深入学习马克思主义理论的基础上，认真学习、深刻掌握、熟练运用思想政治工作规律、教书育人规律和学生成长规律，不断提高教书育人的能力和水平。三是坚持正确的政治方向，强化价值引领功能，把教书与育人有机结合起来，不仅要教给学生马克思主义基本原理和中国化的最新成果，更要教会学生运用理论分析、研究、解决问题的能力和懂得做人的道理，树立正确的世界观、人生观和价值观。

思想政治理论课教师要真信马克思主义，做到言传与身教相统一。传道者自己首先要明道、信道，只有真正信仰马克思主义，才能成为马克思主义的优秀传播者和忠实践行者。对于马克思主义，思想政治理论课教师要学其理、信其道、践其能，做到在马信马、在马传

马、在马用马。在思想上坚定共产主义远大理想和建设中国特色社会主义共同理想；在组织上加入中国共产党，践行全心全意为人民服务的宗旨；在工作中积极参加各级组织的培训学习，提高政治素质和业务能力；在岗位上以自己的信仰引导学生信仰，以自己的行动影响学生成为坚定的马克思主义者。

思想政治理论课教师要践行马克思主义，做到理论与实践相统一。思想政治理论课教师践行马克思主义，除了言传与身教相统一外，还要坚持学术自由和学术规范相统一。一是在课堂上严守政治纪律，在政治观点上与党中央保持高度一致，为学生的健康成长提供正能量；二是发挥共产党员的先锋模范作用，不忘初心、牢记使命，践行全心全意为人民服务的宗旨；三是在学术研究中始终坚持以人民为中心的立场，坚持学术研究的科学性和革命性的有机统一，坚持学术自由和学术规范的有机统一；四是能够运用马克思主义理论对师生关注的重大理论问题和社会现实问题予以科学的阐释和信服的回应。

（四）思想政治理论课能够真正解疑释惑，依靠“管用”的获得感巩固亲和力

“学马列要精、要管用。”① 高校思想政治理论课的授课对象是全体在校大学生，“学马列要精，要管用”显得更为重要。在理论学习上作为非专业的大学生要通过思想政治理论课教学以深刻领会马克思主义的精髓要义。同时思想政治理论课要帮助大学生科学阐释他们关注的重大社会现实和自身成长的困惑。思想政治理论课如果不能解答这些问题，就会因缺乏针对性而丧失亲和力。一是坚持理论联系实际，针对大学生对重大社会热点问题的困惑，采取历史的、唯物的和辩证的方法进行有理论深度、有说服力的阐释，引导广大学生把理想信念与“四个自信”建立在科学理论的基石之上。二是坚持知识教育和能力培养相结合，针对大学生对重大社会思潮的困惑，采取比较的方法进行深层次的剖析，引导大家树立“四个正确认识”。三是坚

① 《邓小平文选》（第三卷），人民出版社 1993 年版，第 382 页。

持以人为本的理念，针对大学生对成长成才的渴望，把思想政治理论的系统教育与大学生职业生涯的科学谋划结合起来，引导大学生明确自己的责任担当，在追求家国情怀的基础上实现个人梦想。

（2019 年发表于《高校辅导员学刊》第 4 期）

新时代增强高校思想政治理论课针对性谫论

“教育是国之大计、党之大计，承担着立德树人的根本任务。思政课是落实立德树人根本任务的关键课程。”① 习近平总书记在学校思想政治理论课教师座谈会上指出，“推动思想政治理论课改革创新，要不断增强思政课的思想性、理论性和亲和力、针对性”。② 其中增强针对性是推动思想政治理论课改革创新的重要指向之一。推进新时代思想政治理论课改革创新，要深刻领会、准确把握习近平总书记的重要讲话精神，聚焦立德树人根本任务，坚持问题意识，有针对性地解决突出问题，真正落实好“思想政治理论课是落实立德树人根本任务的关键课程”③ 的定位要求。

一　新时代视阈下高校思想政治理论课存在的突出问题

“坚持问题导向是马克思主义的鲜明特点。”④ 新中国成立以来，思想政治理论课不断改革创新，为完成立德树人根本任务提供了坚实

---

① 中共中央办公厅、国务院办公厅：《关于深化新时代学校思想政治理论改革创新的若干意见》，《中国教育报》2019 年 8 月 15 日第 1 版。

② 《习近平主持召开学校思想政治理论课教师座谈会强调：用新时代中国特色社会主义思想铸魂育人　贯彻党的教育方针落实立德树人根本任务》，《人民日报》2019 年 3 月 19 日第 1 版。

③ 同上。

④ 习近平：《在哲学社会科学工作座谈会上的讲话》，人民出版社 2016 年版，第 14 页。

的思想基础、有力的政治保障和稳固的理论支撑。中国特色社会主义进入了新时代，新时代要求高校的人才培养也要坚持与时俱进。高校思想政治理论课同新时代培养德智体美劳的社会主义建设者和接班人、培养担当民族复兴大任的时代新人要求相比，总体上还存在着诸多不相适应之处，主要表现在：吸引学生的亲和力不足、理论教育的说服力不强、贴近学生的指导力不高、联系实际的解释力不够等问题。

（一）吸引学生的亲和力不足，思想政治理论课还没有真正成为大学生喜爱的“金课”

思想政治理论课要达成教书育人的教学目标，首先要增强亲和力，让大学生喜爱上这门课程。亲和力是一种油然而生的亲近感和润物无声的影响力，是影响课程教育效果的重要因素。大学生对高校思想政治理论课的喜欢程度总体上不容乐观，“56.13%的受询学生对思想政治理论课的态度是‘高度重视，热情有加’，但也有高达43.42%的学生认为参加思想政治理论课只是出于对学分的需要，所以勉强应付，还有1.45%的学生对思想政治理论课采取消极对待态度，有严重的厌学情绪”。[①] 从调查结果来看，半数左右的学生对思想政治理论课的喜爱程度不高，把学习思想政治理论课当成只是为完成学分需要不得已而为之，显示思想政治理论课对大学生的亲和力不足。影响思想政治理论课亲和力的因素是综合性的，其中思想政治理论课自身“理论性”的内容特点以及“灌输式”的教育方式、“封闭式”的教育思维、“标准化”的考核方式很大程度影响了思想政治理论课的亲和力。

首先，思想政治理论课自身“理论性”的内容特点影响亲和力。五门思想政治理论课教学内容既具有独立的理论体系，又相互构成了完整的高校意识形态教育的理论体系。同时，思想政治理论课是公共

① 梁纯雪、眭依凡：《课程体系重构：基于增强思政理论课针对性和亲和力的调查和思考》，《中国高教研究》2008年第11期。

必修课程，授课对象理论基础参差不齐、理论兴趣千差万别。理论性强的课程内容特点与理论基础薄弱的学习对象特征交织在一起。其次，“灌输式”的教育方式影响亲和力。我国高校思想政治理论课仍然存在着片面、单向灌输的现象，教育部出台的《新时代高校思想政治理论课教学工作基本要求》强调生师互动、调动积极性主动性，这既说明过去和当下的思想政治理论课教学方法还一定程度上存在着“填鸭式”的灌输现象，也指明了今后高校思想政治理论课教学方法的创新方向。再次，“封闭式”的教育方式影响亲和力。开放式教育是现代教育的重要特征，以开放的视野审视我国高校思想政治理论课教学，一定程度上还存在着“封闭式”教育现象：课堂理论讲授课时较多，社会实践环节薄弱；理论讲授自说自话较多，思想交锋环节薄弱。第四，“标准化”的考核方式影响亲和力。高校思想政治理论课考核方式一定程度上仍然存在着“重知识测验，轻能力考核，少素质评价”“重理论，轻实践”“突出终结性考核，忽视成长性、过程性评价”① 等问题。不少学生形成为了考试死记硬背、答案标准的思维定式，而不是形成为了提高能力独立思考、见解独到的学习习惯。

（二）理论教育的说服力不强，学生的理想信念还没有真正建立在科学理论的基础之上

理论性是思想政治理论课的重要特征，坚持以理服人是思想政治教育的重要原则。理论坚实是信仰坚定的基石，思想政治理论课只有通过讲理论来讲思想、讲政治，以透彻的学理分析回应学生，以彻底的理论说服学生，用真理的强大力量引导学生，才能真正成为铸魂育人的“关键课程”。从当下思想政治理论课教学的实情来看，有的学校看似教学改革“热热闹闹”地经验频出，其实缺乏扎扎实实的有效推进，以形式代替内容，以手段代替目标的现象一定程度上仍然存在。

---

① 孙强：《高校思想政治理论课考核方式的不足与重构》，《辽宁教育行政学院学报》2011 年第 11 期。

思想政治理论课理论教育的说服力不够，既有认识不到位的问题，也有能力不足的问题。在对思想政治理论课的认识上，有的教师认为思想政治理论课的理论性较强，大部分学生的理论基础较差、学习兴趣不高，讲理论不如讲案例、讲故事更能吸引学生，进而在长期实践中形成了注重讲案例、讲故事吸引学生，忽视以案寓理、以理服人的思想政治理论课的教学原则。在思想政治理论课的授课能力上，有的教师自身理论素养不够，理论阐释能力不强，难以将理论讲深讲透，只好“另辟蹊径”，强调吸引力忽视说服力，导致思想政治理论课的理论性、学理性不足，从通俗滑向庸俗甚至低俗的现象。从学生自身来看，大学生有着强烈的理论需求，他们的理想信念的牢固树立，正确的世界观、人生观、价值观的形成必须建立在科学理论的基础之上，需要通过老师精彩的理论讲解和精致的学理分析才能完成。从教师素养来看，教师应有深厚的理论功底，才能使思想政治理论课做到内容为王、以理服人、入脑入心。思想政治理论课教学的理论性、学理性不够，理论教育说服力不强，很容易导致形式化、表面化。

（三）贴近生活的指导力不高，在指导学生解决思想和实际问题方面缺乏力度

思想政治理论课是思想课、政治课、理论课，看似很务虚、较枯燥、不接地气，实则同学生的学习、工作与生活休戚相关。《马克思主义基本原理概论》主要教学目标是帮助学生系统地把握马克思主义基本原理，树立正确的世界观、人生观和价值观，学会运用马克思主义的立场、观点和方法观察、分析和解决问题。《毛泽东思想和中国特色社会主义理论体系概论》的教学目的是帮助大学生系统掌握中国化马克思主义的形成发展、主要内容和精神实质，不断增强中国特色社会主义的道路自信、理论自信、制度自信和文化自信。《中国近现代史学习纲要》主要教学目的是通过对中国近代历史重大事件、人物、经济和文化变迁历程的学习，通过对中国近代历史发展规律和特征的探讨，培养学生的爱国情怀和责任意识。《思想道德修养和法律

基础》主要针对大学生成长过程中面临的思想道德和法律问题，开展马克思主义的世界观、人生观、价值观、道德观、法治观教育，引导他们提高思想道德素质和法治素养，成长为自觉担当民族复兴大任的时代新人。可以说，通过思想政治理论课教学，可以帮助大学生用马克思主义的立场、观点和方法，用科学的世界观和方法论指导解决思想问题和实际问题。在实际当中，有的学生往往把思想政治理论课当成纯粹的学习知识的课程、为考试而学习的课程，思想政治理论课教师在帮助指导学生解决思想和实际问题方面缺乏研究，针对性不够，实效性不强。

(四) 联系实际的解释力不够，在帮助学生用科学的世界观和方法论正确认识重大社会思潮和重大现实问题方面还显薄弱

马克思说过，“人的思维是否具有客观的真理性，这不是一个理论的问题，而是一个实践的问题。人应该在实践中证明自己思维的真理性，即自己思维的现实性和力量，自己思维的此岸性”。[①] 马克思主义的理论性和实践性是统一的，只讲理论而不联系实践或只联系实践而不讲理论，都是理论与实际相脱离的表现。思想政治理论课要实现铸魂育人的教育目标，需要坚持理论联系实际的学风，通过理论联系实际，进一步加深对思想政治理论课教学内容的理解，帮助大学生科学认识重大社会思潮和重大现实问题。一方面思想政治理论课教师在进行理论讲授时，要根据课程内容，结合社会实际，对学生关注的重大社会思潮、社会问题进行有说服力的阐释，而不能只在所教理论体系中自话自说，在理论说教中兜圈子，否则理论讲授就会因缺乏针对性而苍白无力。另一方面大学生在课堂上所学的思想政治理论需要在实践中加深认识，知行结合，巩固效果，面对重大社会思潮、社会问题，需要用所学马克思主义的世界观和方法论去分析问题、解决问题。因此，对理论性和实践性的关系处理得好，就能有针对性地提高思想政治理论课的实效性。

---

① 习近平：《关于社会主义市场经济的理论思考》，福建人民出版社 2003 年版，第 16 页。

习近平总书记在学校思想政治理论课教师座谈会上发表重要讲话强调，“要坚持理论性和实践性相统一，用科学理论培养人，重视思政课的实践性，把思政小课堂同社会大课堂结合起来，教育引导学生立鸿鹄志，做奋斗者”。[①] 这既反映了当前高校思想政治理论课在理论与实践相结合方面存在的问题，也指明了改革创新的努力方向。当下思想政治理论课教学存在的主要问题之一，就是理论与现实相脱节，缺乏对社会重大现实问题的关注。思想政治理论课的实践教学比较薄弱，表现在实践教学学分占比较低，学校及教师对实践教学的投入较少；实践教学的内涵没有真正弄清，有的实践教学仍然在课堂上、校园内兜圈子；实践教学的实现模式研究不够，有的实践教学方式不稳定、方法不成熟、效果不理想；实践教学联系热点问题不够，有的实践教学不触及学生关注的重大社会思潮和社会问题，影响了针对性和有效性。

二　新时代增强高校思想政治理论课针对性的实践路径

针对性是指对确定的对象采取具体措施。思想政治理论课承担着对大学生进行系统的马克思主义理论教育的任务，新时代增强思想政治理论课的针对性，就要针对存在的突出问题，精准发力解决问题，使之真正成为立德树人的核心课程、灵魂课程和关键课程。

（一）坚持变深奥理论为通俗道理的方法，增强亲近性，把思想政治理论课变成学生喜爱的课程

思想政治理论课将马克思主义理论深入浅出，以容易理解和接受的通俗易懂的方式呈现给学生，从而达到教育目的，这是一种教育艺

① 《习近平主持召开学校思想政治理论课教师座谈会强调：用新时代中国特色社会主义思想铸魂育人　贯彻党的教育方针落实立德树人根本任务》，《人民日报》2019 年 3 月 19 日第 1 版。

术，也是工作的实践要求。高校思想政治理论课面对大众化的高等教育、公共必修的课程定位、理论性强的课程特点、全覆盖的教育对象，唯有坚持变深奥理论为通俗道理的方法，增强亲近性，才能变成学生喜爱、愿意接受、入脑入心的课程。要做到这一点，关键要坚持以案寓理的讲故事方式和运用通俗易懂的大众化语言。

1. 坚持以案寓理，善于用讲故事的方式讲道理。习近平总书记对思想政治理论课教师提出了“视野要广，有知识视野、国际视野、历史视野，通过生动、深入、具体的纵横比较，把一些道理讲明白、讲清楚”① 的要求。如何把道理讲明白、讲清楚？一条重要的成功经验就是通过讲故事的方式讲道理。故事是文化传统赓续和价值理念传承的重要载体，讲好故事可以把道理讲得使学生愿听、入耳、入脑，使思想政治理论课更加亲和、亲近、有效。善于用讲故事的方式讲道理，一是讲好思想政治理论课教材中涉及的故事。思想政治理论课教材中涉及的故事与教学内容密切相关，有利于帮助学生深刻理解教学内容。要深度挖掘教材故事中蕴涵的科学理论与深刻道理，充分发挥故事在阐释理论与宣讲道理中的作用。二是围绕思想政治理论课教学内容补充相关故事。根据教学内容收集整理充实蕴涵理论与道理的故事，讲好相关的历史故事、现实故事、身边故事、红色故事，做到故事的吸引力与理论的说服力、道理的渗透力的有机统一。

2. 坚持通俗易懂，善于用大众化的语言讲道理。上好思想政治理论课是门艺术，语言表达的大众化与艺术化，有利于缓解理论宣讲学理化与通俗化之间的张力。艺术技巧，这是每个艺术工作者都要学的。因为没有良好的技巧，便不能有力地表现丰富的内容。艺术技巧是多方面的，并不只限于语言。但是对于艺术工作者来说，掌握语言的能力确是非常重要的。思想政治理论课要说服学生，帮助他们树立科学的理想信念和正确的世界观、人生观、价值观，不仅取决于课程

---

① 《习近平主持召开学校思想政治理论课教师座谈会强调：用新时代中国特色社会主义思想铸魂育人 贯彻党的教育方针落实立德树人根本任务》，《人民日报》2019 年 3 月 19 日第 1 版。

内容的科学性、彻底性、实践性和人民性，也有赖于语言表达的通俗性、生动性、创造性和趣味性。善于用大众化的语言讲道理，一是学深悟透马克思主义理论和思想政治理论课内容，这是用大众化语言讲理论、讲道理的前提和基础；二是学习革命领袖的语言艺术，马克思、恩格斯、列宁及毛泽东、邓小平等领袖既是理论大家，也是语言大家，他们在阐释革命理论的同时也注意运用群众的语言进行表述，是思想政治理论课教师学习的榜样。三是深入群众，深入学生，掌握群众创造的语言、学生喜欢的语言，而不能闭门造车、冥思苦想。理论是从实践中来的，大众语言也是从实践中来的。思想政治理论课只有广泛运用学生愿意听、听得懂、记得住的语言，才能为学生所喜闻乐见，教育内容入耳入脑入心。

（二）坚持内容为王的教育定律，凸显真理性，使思想政治理论课真正做到以科学的理论武装学生

马克思说，“理论只要说服人，就能掌握群众；而理论只要彻底，就能说服人。”① 彻底的理论不仅具有科学性和真理性，而且具有方法论意义和价值引导作用。思想政治理论课是向学生进行知识传授、能力培养、灵魂塑造的有机统一，理论性是其重要特征。思想政治理论课立德树人的关键是坚持内容为王、以理服人，引导学生把坚定的理想信念和正确的世界观、人生观、价值观建立于科学的理论基础之上。要做到这一点，就要做到思想政治理论课的改革创新和发挥教师关键作用的辩证统一。

1. 坚持形式服务于内容推进思想政治理论课的改革创新。从思想政治理论课教学的实际来看，重形式轻内容、重手段轻目标的现象仍然存在。有的学校表面上把思想政治理论课搞得轰轰烈烈、热热闹闹，实际上实实在在、扎实有效不足。思想政治理论课要坚持在改进中加强，在创新中提高，及时更新教学内容，丰富教学手段，不断改善课堂教学状况，防止形式化、表面化。坚持形式服务于内容推进思

---

① 《马克思恩格斯选集》（第一卷），人民出版社 1995 年版，第 9 页。

想政治理论课改革创新，就要做到思想政治理论课内容和形式的有机统一，一切讲案例、讲故事等形式与方法的创新都要落脚到以案寓理、以理服人上，通过教师精彩的理论讲解来激发、激活、满足学生的理论需求。离开了内容为王的原则，思想政治理论课教学往往流于形式化、表面化，甚至滑向娱乐化、浅薄化、庸俗化。

2. 坚持发挥教师关键作用增强思想政治理论课的理论说服力。讲好思想政治理论课的关键在教师。思想政治理论课要讲出马克思主义理论的魅力，回答深层次的重大理论问题，必须发挥教师的理论优势、信仰引导，以理论的彻底性实现以理服人。一是思想政治理论课教师要有深厚的理论功底。没有扎实的理论知识和深厚的理论素养是讲不出马克思主义理论魅力的。要以马克思主义理论学科建设为龙头，通过引导、培育、研修等多种途径，久久为功、驰而不息地提升思想政治理论课教师的理论功底和学识魅力，做到专业的事让专业的人去做，让学识渊博、理论功底深厚的教师讲思想政治理论课。二是思想政治理论课教师要有坚定的理想信念。没有对马克思主义的真诚信仰，是讲不出信仰的味道的。坚持把政治建设放在思想政治理论课教师队伍建设的首位，新引进教师原则上是信仰马克思主义的中共党员；加强现有思想政治理论课教师队伍的理想信念教育，做到对马克思主义理论真懂真信真教；加强教师队伍的党建工作，逐步实现马克思主义学院教师党员占比100%；在思想政治理论课教师评优、晋职、评课、考核等方面切实把政治要求放在首位，实现“一票否决”。通过系统化的措施，实现让有信仰的人讲信仰。三是思想政治理论课教师要有过硬的理论育人能力。思想政治理论课要以理服人，就要做到讲理而不说教，通过学理性、理论性说服学生，不搞“填鸭式”；做到对话而不独白，通过启发式、研讨式教学实现教育目的，不搞“一言堂”；做到互证而不是自证，在理念的比较中、思想的碰撞中统一思想，不搞“自话自说”；做到亲和而不生硬，通过丰富多彩、生动形象的方法增强吸引力，不搞“冷面孔”，使思想政治理论课有高度、有厚度、有温度。

（三）坚持以学生为中心的思想，提升实用性，让大学生在思想政治理论课的学习中拥有获得感

“以学生为中心”是美国著名心理学家罗杰斯于 1958 年在哈佛教育学院学术研讨会上首次提出的，1998 年联合国教科文组织在世界高等教育大会上正式提出。坚持“以学生为中心”的思想，最根本的是要实现从以“教”为中心向以“学”为中心转变，即从“传授模式”向“学习模式”转变，通过转变教学理念、改变教学方法、调整教学内容，实现教与学的良性互动，提高教学质量，培养全面发展的人才。思想政治理论课坚持“以学生为中心”，一方面要在“以学生为中心”的理念指导下改革创新思想政治理论课，另一方面要主动回应学生的重大理论关切深化教育效果。

1. 坚持“以学生为中心”的理念指导思想政治理论课改革创新。坚持“学生为中心”的教育理念，思想政治理论课教师要树立并践行教学的学术观、协作观等观念。树立教学学术观，就是指思想政治理论课教师既是教学者又是研究者，从事的是研究性教学；学生既是学习者也是研究者，从事的是研究性学习，“教”和“学”的中心任务是让学生学会提出疑问，学会研究方法，培养学生主动探究、独立思考和解决问题的能力，培养学生用马克思主义理论认识问题、分析问题和解决问题的能力，实现“教是为了不教”的目的。树立教学协作观，就是指思想政治理论课的教与学需要师生协作，包括学生之间、教师之间和教师与学生之间的协作，通过协作，实现相互合作、相互启发、相互促进、共同提高，促使教与学在更高层次上进行。

2. 坚持正确的价值引导促进学生全面发展。思想政治理论课是立德树人的核心课程、灵魂课程、关键课程。思想政治理论课教师要深入了解、研究学生的现实需要，把思想政治理论课教学与学生的自身发展紧密结合，担负起大学生健康成长指导者和引路人的责任；要坚持正确的价值导向，坚持马克思主义理论和中国特色社会主义理论教育，把“四个正确认识”渗透到教学过程中，担负起为大学生一生成长奠定科学思想基础的责任。一是要引导学生正确认识世界和中国发展大势，帮助他们树远大理想和共同理想；二是引导学生正确认

识中国特色和国际比较，帮助他们坚定跟党走中国特色社会主义道路的信心；三是引导学生正确认识时代责任和历史使命，帮助他们把个人追求融入国家和民族的事业中；四是引导学生正确认识远大抱负与脚踏实地，帮助他们把理想抱负落实到实际行动中。

（四）坚持理论联系实际的原则，增强实践性，让思想政治理论课为学生解决问题提供科学的世界观和方法论

1. 探索思想政治理论课实践教学的成熟模式。思想政治理论课的实践教学是课堂教学、理论教学不可或缺的重要补充，是帮助学生巩固理论知识、加深理论认识的有效途径，是人才培养、全程育人的重要环节，是帮助学生理论联系实际、用马克思主义世界观和方法论分析解决问题的重要平台。2018 年教育部颁发的《新时代高校思想政治理论课教学工作基本要求》对思想政治理论课的实践教学提出了明确要求，高校要结合学校和地方实际，结合各门思想政治理论课的特点，改革创新思想政治理论课的实践教学。一是明确思想政治理论课实践教学的内涵。实践教学是相对于理论教学而言，是对课堂知识传授、理论教育的深化，是深化对理论的理解、坚定理想信念，深化运用理论解决问题、提升学以致用能力的过程。二是探索思想政治理论课实践教学的有效实现形式。相对于思想政治理论课的理论教学，实践教学还相对薄弱，诸多学校进行了有益探索。主要分为社会调研类、活动展示类、深读原著类和现场教学类，或者四种类型的混合类。三是打造成熟、稳定、有效、有特色的思想政治理论课实践教学模式。卓有成效的思想政治理论课教学要有成熟稳定的实践教学模式。高校要在前期探索实践的基础上，根据不同思想政治理论课的特点和学校实际，重点要在精细打磨、突出特色、增强实效、探索模式上下功夫。

2. 坚持主动回应学生的重大理论关切增强教育效果。当今世界是开放的世界，思想政治理论课面对的是开放的教育环境、开放的教育内容、开放的青年学生。以往思想政治理论课的理论说服力、学理引导力不足，很大一个问题是在开放的教育面前我们对青年学生关切

的重大理论问题关注程度不够、解疑释惑力度不够，课堂教学与课外影响、校内教育与校外教育、理论教育与实践教育、线上教育与线下教育之间的张力解决得不好。思想政治理论课必须切实关注并正确解答大学生关切的重大理论问题，做到围绕学生、关注学生、对症下药，才能巩固和深化理论教育效果。一般来说，大学生的理论关切要么是重大现实问题，能否用所学理论解答重大现实问题，并在解答的过程中深化对所学理论的理解；要么是思想中存在的困惑，能否用所掌握的世界观与方法观分析解决思想困惑，并在解决问题的凤凰涅槃中升华理论素养。思想政治理论课教学要常态化地关注学生、了解学生，主动回应大学生对重大社会思潮、重磅现实问题、重要思想困惑的理论关切，并将这些问题从理论上讲清楚，才能打动学生、说服学生，提升思想政治理论课的抬头率、点头率、回头率，增强学生学习的有效度和获得感。

（2020 年发表于《文化软实力》第 4 期）

把思想政治理论课打造成铸魂育人的“金课”

习近平总书记在学校思想政治理论课教师座谈会上发表重要讲话，从党和国家事业长远发展的战略高度出发，深刻阐明学校思想政治理论课的重要意义，就如何办好新时代思想政治理论课作出部署、提出要求，为做好新时代学校思想政治工作、培养担当民族复兴大任的时代新人提供了重要遵循。贯彻习近平总书记在学校思想政治理论课教师座谈会上重要讲话精神，就要进一步明确“思想政治理论课是落实立德树人根本任务的关键课程”，充分发挥思想政治理论课教师的关键作用，大力推动思想政治理论课的改革创新，把思想政治理论课打造成有特色、有成效、学生喜爱的“金课”，用新时代中国特色社会主义思想铸魂育人。

一　习近平总书记的重要讲话为新时代学校思想政治理论课改革创新指明了方向

教育的根本任务是立德树人。中国特色社会主义进入新时代，贯彻党的教育方针，办好思想政治理论课，必须坚持与时俱进、改革创新。2016 年 12 月，习近平总书记在全国高校思想政治工作会议上指出，“高校思想政治理论课要坚持在改进中加强，提升思想政治教育亲和力和针对性，满足学生成长发展需求和期待”。[①] 2019 年 3 月，

① 习近平：《习近平谈治国理政》（第二卷），外文出版社 2017 年版，第 378 页。

习近平总书记主持召开学校思想政治理论课教师座谈会并发表了重要讲话，强调“办好思想政治理论课，最根本的是要全面贯彻党的教育方针，解决好培养什么人、怎样培养人、为谁培养人这个根本问题”。[①] 学习领会习近平总书记的重要讲话精神，一是明确了办好思想政治理论课的必要性和重要性。我们党立志于中华民族千秋伟业，必须培养一代又一代拥护中国共产党领导和我国社会主义制度、立志为中国特色社会主义事业奋斗终生的有用人才。在这个根本问题上，必须旗帜鲜明、毫不含糊。在大中小学循序渐进、螺旋上升地开设思想政治理论课非常必要，是培养一代又一代社会主义建设者和接班人的重要保障。思想政治理论课是落实立德树人根本任务的关键课程。二是明确了办好思想政治理论课关键在教师，关键在发挥教师的积极性、主动性、创造性。三是明确了要推动思想政治理论课改革创新，不断增强思想政治理论课的思想性、理论性和亲和力、针对性。四是明确了办好中国的事情，关键在党。各级党委要把思想政治理论课建设摆上重要议程，抓住制约思想政治理论课建设的突出问题，在工作格局、队伍建设、支持保障等方面采取有效措施。面对新时代、新形势、新任务，学校思想政治理论课如何改革创新，在改进中加强，习近平总书记在学校思想政治理论课教师座谈会上的重要讲话为我们指明了方向。

马克思主义学院承担了全校学生绝大部分的思想政治理论课教学工作，在培养担当民族复兴大任的时代新人、培养社会主义建设者和接班人问题上责无旁贷、不可替代，任务艰巨、责任重大。学习贯彻习近平总书记在学校思想政治理论课教师座谈会重要讲话精神，就要充分认识新时代高校思想政治理论课改革创新的着眼点是为培养担当民族复兴大任的时代新人、培养社会主义建设者和接班人提供理论武装和价值引领；充分认识新时代高校思想政治理论课改革创新的关键

① 《习近平主持召开学校思想政治理论课教师座谈会强调：用新时代中国特色社会主义思想铸魂育人 贯彻党的教育方针落实立德树人根本任务》，《人民日报》2019 年 3 月 19 日第 1 版。

点是建设政治素质过硬、业务能力精湛、育人水平高超的高素质教师队伍；充分认识新时代高校思想政治理论课改革创新的着重点是不断增强思想政治理论课的思想性、理论性和亲和力、针对性；充分认识新时代高校思想政治理论课改革创新的落脚点是打造“配方”先进、“工艺”精湛、“包装”时尚的思想政治理论课“金课”；充分认识新时代高校思想政治理论课改革创新的根本保证是加强学校党委的领导，坚持把思想政治理论课作为重点课程、把马克思主义理论学科作为重点学科、把马克思主义学院作为重点学院，纳入学校发展规划进行重点建设。

二 贯彻“六要”和“八个相统一”的基本要求，抓好思想政治理论课教师队伍建设和教学改革创新

习近平总书记指出，办好思想政治理论课关键在教师，关键在发挥教师的积极性、主动性、创造性，并提出了政治要强、情怀要深、思维要新、视野要广、自律要严、人格要正的基本要求。马克思主义学院目前有专任教师 56 名，承担着全校大学生思想政治理论课的教学任务。他们总体上爱岗敬业、尽职尽责、勇于奉献，但也存在能力需要进一步加强、素质有待进一步提高的问题。学习贯彻习近平总书记“六要”的基本要求，就要大力加强思想政治理论课教师队伍建设，使他们成为马克思主义和中国特色社会主义的坚定信仰者、积极传播者、模范实践者。一是把旗帜鲜明地抓好思想政治理论课教师队伍的政治建设作为首位任务，加强思想政治理论课教师的远大理想和共同理想教育，在思想政治理论课教师引进过程中把好政治关，利用党员学习活动开展党性修养和宗旨意识教育，积极吸收积极分子加入党组织，切实做到让有信仰的人讲信仰。二是把驰而不息地抓好思想政治理论课教师队伍的师德师风建设当作重要任务，积极组织思想政治理论课教师参加全国和省级政治、业务培训，组织教师开展现场教学，宣传学习教师中的先进典型，引导思想政治理论课教师保持深厚

的家国情怀、掌握辩证唯物的思维和方法，做到坚持教书和育人、言传和身教、潜心问道和关注社会、学术自由和学术规范“四个相统一”，引导他们坚持以德立身、以德立学、以德施教，更好地担负起学生健康成长指导者和引路人的责任。三是把雷厉风行地抓好思想政治理论课教师队伍的数量建设当作紧迫任务，按照教育部 1∶350 的生师比要求，在三年内争取配齐配强思想政治理论课教师。经过全方位建设，努力打造一支可信、可敬、可靠，乐为、敢为、有为的思想政治理论课教师队伍。

习近平总书记强调，推动思想政治理论课改革创新，要不断增强思想政治理论课的思想性、理论性和亲和力、针对性，并提出了坚持政治性和学理性、价值性和知识性、建设性和批判性、理论性和实践性、统一性和多样性、主导性和主体性、灌输性和启发性、显性教育和隐性教育“八个相统一”的基本要求。[①] 2018 年教育部陈宝生部长在“新时代全国高等学校本科教育工作会”上强调，对中小学生要有效“减负”，对大学生要合理“增负”，“真正把‘水课’变成有深度、有难度、有挑战度的‘金课’”，第一次提出了“金课”的概念，随后“金课”被写入教育部文件。同年，教育部发出通知，要求高校“全面梳理各门课程的教学内容，淘汰‘水课’，打造‘金课’”。思想政治理论课作为落实立德树人根本任务的“灵魂课程”“关键课程”，除了要具备一般“金课”的标准外，还要具备亲和力足、说服力强、指导性高、实践性好四项特性，才能真正成为学生喜爱的课程、以理服人的课程、解决思想问题的课程、理论有效联系实际的课程。贯彻习近平总书记“八个相统一”的基本要求，就要以改革创新为动力，打造思想政治理论课“金课”，增强思想政治理论课的思想性、理论性和亲和力、针对性。一是树立课程思政的教育观。发挥思想政治理论课在课程思政方面的独特优势，坚持用新时代

---

① 《习近平主持召开学校思想政治理论课教师座谈会强调：用新时代中国特色社会主义思想铸魂育人　贯彻党的教育方针落实立德树人根本任务》，《人民日报》2019 年 3 月 19 日第 1 版。

中国特色社会主义思想铸魂育人。二是坚持“内容为王、以理服人”的教育原则。以透彻的学理分析回应学生，以彻底的理论阐释说服学生、用真理的强大力量引导学生。三是提升思想政治理论课教学的亲和力。亲和力是一种油然而生的亲近感和润物无声的影响力，思想政治理论课要依靠宣教的艺术性增强亲和力，依靠教师践行的示范性深化亲和力，依靠解疑释惑“管用”的获得感巩固亲和力。四是增强思想政治理论课教学的针对性。坚持问题导向，靶向解决问题，有针对性地解决思想政治理论课在亲和力、说服力、指导性和实践性等方面存在的突出问题。

审视当下的思想政治理论课，虽不是“水课”，但离“金课”还有一定差距。打造有特色、有成效、有成熟范式、学生喜爱的思想政治理论课“金课”是新时代对高校思想政治理论课的现实要求。分期分批组织教师参加全国和省级思想政治理论课“金课”培训，邀请国内思想政治理论课“金课”专家来校讲学，让广大教师了解“金课”；开展“贯彻习近平重要讲话、打造思政课‘金课’”为主题的教研活动，让广大教师研讨怎样上好“金课”；举办教师教学技能比赛，并与参加省级教师教学技能比赛相衔接，让广大教师展示和观摩“金课”；落实各种教学工作和教研奖励制度，提升教育教学质量，让广大教师积极参与“金课”实践；以国家和省级精品课程和教学成果奖的申报为动力，让广大教师在打造“金课”的过程中凝聚团队、形成品牌；加强顶层设计，积极探索实践，及时总结凝练，树立推广典型，尽早形成有良好成效、有鲁大特色、有成熟范式的思想政治理论课“金课”。

三 加强马克思主义理论学科建设，为思想政治理论课改革创新提供坚实的学科支撑

为思想政治理论课提供学科支撑，是马克思主义理论学科建设的重要任务。思想政治理论课教学要坚持正确方向、提高育人质量，必

须依靠马克思主义理论学科的有效支撑。要牢固树立教学需要学科、学科支撑教学的理念，以学科建设有效支撑思想政治理论课教学，以高质量的教学促进学科持续发展。

我校有四个马克思主义理论二级学科硕士学位点，目前正在向一级学科学位点建设的目标迈进。经过多年的建设，马克思主义理论学科建设取得了一定成效，2016 年获批山东省重点马克思主义学院。但仍然存在着学科带头人缺乏、骨干教师水平不高、学科方向需要凝练、高水平项目成果不多等问题。贯彻习近平总书记重要讲话精神，坚持以高水平的学科建设支撑思想政治理论课教学，统筹学科建设、学术研究与思想政治理论课教育教学三位一体。一是将学位点师资与本科思想政治理论课师资有机整合，建立融教学与研究为一体的师资团队支撑思想政治理论课教学。根据学科建设需要结合思想政治理论课教学实际，打造教学研究团队，为一级学科建设奠定基础，为思想政治理论课教学提供师资支撑。以思想政治理论课的教学内容为基础，以相同相近教研室为单位，与马克思主义理论二级学科相照应，把本科教学与研究生教学相结合，将思想政治理论课教学与学位点建设结合起来。二是以硕士学位点研究方向为基础，兼顾本科和研究生教学需要，凝练研究方向，开展学术研究，形成特色与优势，推出高质量的研究成果支撑思想政治理论课教学。在凝练研究方向方面，与学位点研究方向相结合、与教师专业背景相适应、与本科教学内容相协调，进一步凝练研究方向，在党史党建研究、思想政治教育方式方法研究、胶东红色文化研究等方面形成特色与优势。在高水平团队建设方面，采取引进与培育相结合的方式，打造学术带头人水平高、骨干教师实力强、教学好科研棒的师资团队。制订学科带头人和骨干教师科研与教学支持计划，成立胶东红色文化教学研究机构。坚持“来自教学、回归教学”的原则，将研究成果尽快转化为教学内容，为思想政治理论课教学提供深度学理支撑。三是紧密围绕思想政治理论课的课程特点和培养目标，抓住思想政治理论课教学中的重大问题和学生关切的焦点问题开展研究，为思想政治理论课教学提供理论力量和真理魅力。教学科研团队只有将相关学术成果运用到实际教学中去，把研究成果转化为教学内容，把学术话语转化为教学话语，把有价值的学术成果融入思想政治理论课教学中，才能为思想政治理论课教学提供新观点、新材料、新方法，促进思想政治理论课教学质量与效果的提高。制订《教学成果、科研成果奖励办法》，鼓励教师在国家社科基金和省科研规划项目等的申报，在国家级报刊、出版社发表高水平教学和科研成果、出版学术著作，在山东省社会科学奖和教育部人文社会科学奖申报等方面积极参与、有所作为。制订《教师参加学术交流、教学培训支持计划》，开阔教师的学术视野，提升教师的教学水平，用高水平的教学研究、学术研究丰富思想政治理论课的教学内容，增强思想政治理论课的学理性和科学性，把思想政治理论课打造成思想性高、理论性强、亲和力足、针对性好的思想政治理论课“金课”。

（2019 年发表于《鲁东大学报》第 619 期）

走近红旗渠

小时候看过电影《红旗渠》，方知河南安阳市林县有一条人造天河红旗渠。暑期，参加教育部思政课教师研修班，真正走近了红旗渠，感受红旗渠“人工天河惊天下”的震撼，感动林县人民“敢教日月换新天”的精神，感悟“问渠哪得清如许”的哲理。

一　震撼红旗渠壮丽之美

乘车前往心慕已久的红旗渠，虽是夏日，天公作美，旭日柔和。沿途漳河水清澈明净，河岸边水草丰美。车至山下，踏着红旗渠入口廊桥向上缓行，再爬上 290 级台阶，来到“天河”堤岸。驻足远望，红旗渠就像一条飘带舞动在山崖峭壁间，又似一座水长城矗立在崇山峻岭中。留意眼前，红旗渠水面宽约 8 米，一边是悬崖百丈，一边是山谷幽深，手工打磨砌石而成的渠堤宽 1 米、高 5 米，刻有“红旗渠”三个大字的高大石碑矗立堤岸。渠水缓缓流动，时而穿越隧道，时而缘山而行，沿着每 8000 米降 1 米的落差逶迤向前。

沿红旗渠堤岸南行，途经敢于碰硬劈山为渠的“两半山”、艰苦创业凿洞通水的“创业洞”、山体凸出荡绳除险的“老鹰嘴”、崖高百丈乱石凌空的“虎口崖”、崖下当房凿石当床的“神工铺”，一路鬼斧神工、山河壮丽。行走间，迎面石壁郭沫若题写的“青年洞”映入眼前。青年洞从地势险恶、石质坚硬的太行山腰穿过，是红旗渠总干渠的咽喉工程、艰险工程，是当年青年突击队员在艰苦条件下以“宁愿苦干，不愿苦熬”的精神开凿的，因此被命名为“青年洞”。

这仅是我们看到的绵延千里红旗渠的一部分。

红旗渠工程历时十年，共削平山头1250座，架设渡槽151座，开凿隧洞211个，挖砌土石达2225万立方米。红旗渠总干渠全长70.6公里，干渠支渠分布惠及全市乡镇。如把这些土石垒筑成高2米、宽3米的墙，可纵贯祖国南北把广州与哈尔滨连接起来。周恩来总理曾说，“新中国有两大奇迹，一个是南京长江大桥，一个是林县红旗渠”。[①] 红旗渠的建成，基本上改变了林县干旱缺水的面貌，为建设社会主义新山区奠定了基础。

二 诠释英雄渠奋斗之魂

红旗渠工程上马的时候，林县经济比较落后，又恰逢自然灾害。但林县人民坚持自力更生、不等不靠。没有工具自己制，没有石灰自己烧，没有抬筐自己编，没有炸药自己造，粮食不够吃就采野菜、下漳河捞水草充饥，摄取维持生活的最低热量，释放出改天换地的最大能量。修渠十年间共烧石灰14.5万吨，造炸药1215吨，制水泥5170吨，编抬筐3万多个，修配、制作水桶18900多副和各种工具117万件，自带小推车、铁绳、手捶等31万多件。

红旗渠有个“创业洞”，由东姚公社民工于经济最困难的时期开凿的。在缺食少穿的情况下，他们发扬艰苦创业的精神，凭一锤一钎、一锹一镐艰难凿挖，以血肉之躯与坚硬的岩石抗争，于1961年9月打通此洞，故名“创业洞”。红旗渠还有一处“神工铺”，修渠期间为争取时间，民工们吃在工地上，住在石檐下，“崖当房，石当床，虎口崖下度时光，我为后人创大业，不建成大渠不还乡”。[②] 为铭记修渠人的丰功伟绩，人们称此处为“神工铺”。

红旗渠跨省调水，山西省人民给予了大力支持。红旗渠修建过程

---

① 郑林华：《“要干好一件事，应该无私无畏”》，《北京日报》2019年4月29日第15版。

② 徐坤：《壮哉红旗渠》，《散文选刊》2009年第10期。

中，其他地区和单位给予了无私支援。红旗渠实行分段包工建造，林县各公社、生产队团结协作，无缝对接，保证了工程建设的高质量。地处林县最南部的临淇公社属于红旗渠非受益地区，为了修建红旗渠这个大局，临淇公社的民工舍小家为大家，承担起开山凿洞的任务，修建了一条长 26 米、高 5 米、宽 6.3 米的隧洞，人们把该洞称为“团结洞”。

吴祖太，是修建红旗渠工程股副股长，负责工程设计。他舍小家为大家，没明没夜地在工地上奔波。1960 年 3 月 28 日下午，他听说王家庄隧洞洞顶裂缝掉土严重，出于对人民群众安危的高度负责，深入洞内察看险情，不幸洞顶坍塌，失去了 27 岁的生命。红旗渠修建十年间，先后有 81 位干部群众献出了宝贵生命，年龄最大的 63 岁，年龄最小的只有 17 岁。

三　求索生命渠力量之源

红旗渠的修建，离不开时任县委书记杨贵。1954 年 5 月上任初始，面对土薄石厚、水源奇缺、十年九旱的林县，他胸怀“功成不必在我”的信念和“让全县人民真正过上幸福日子”的梦想，组织干部翻山越岭、调查研究，定夺百年大计。他亲自带领数十万群众逐梦前行，坚守十年终于修成林县版的“都江堰”。

红旗渠的修建，党的领导发挥了关键作用。单纯从红旗渠工程建设来讲，林县长期缺水、灾年食人是当地几百年的困境，尽管人们奋起抗争，但困境从未得到彻底解决。直到新中国成立有了共产党的领导，才使得十年修渠的浩大工程得以成功。

红旗渠的修建，党员干部发挥了先锋模范作用。他们不但与群众同吃同住同劳动，更是吃苦、吃亏在前，干得比群众多，吃的口粮却比群众少。据当时的补助粮食标准记载，干部比民工少 0.3—0.5 斤。

红旗渠的修建，群众路线是法宝。在后勤保障不足的情况下，林县人民自备口粮上山劳动，没有房子睡悬崖，自制水平仪量河道，自制火药炸大山，悬崖吊绳凌空除险，铁姑娘打钎“凤凰展翅”，群众智慧为工程的进展提供了不竭动力。县委绘就红旗渠建设蓝图，得到了人民群众的广泛认同；工程出现安全事故，失去儿子的大娘选择的是相信党、相信县委、相信杨贵书记；各种资源短缺，依靠并发动群众，才有了大量的技术和管理创新成果。

习近平总书记指出，“红旗渠精神是我们党的性质和宗旨的具体体现，历久弥新，永远不会过时”。[①] 红旗渠，一条流淌在人民心中的“天河”！

（2019 年发表于《鲁东大学报》第 630 期）

① 郑林华：《“要干好一件事，应该无私无畏”》，《北京日报》2019 年 4 月 29 日第 15 版。

第二章

思想政治专题教育

用社会主义核心价值体系引领大学生思想政治教育创新

核心价值体系，是一个政党的行动指南，是一个国家的精神支柱，是一个民族的灵魂。党的十六届六中全会首次明确提出了社会主义核心价值体系这一科学命题。“马克思主义指导思想，中国特色社会主义共同理想，以爱国主义为核心的民族精神和以改革创新为核心的时代精神，社会主义荣辱观，构成社会主义核心价值体系的基本内容。”① 当前，我国社会发展深刻变革、人们思想观念深刻变化，大学生思想政治教育面临很多新问题、新挑战。建设社会主义核心价值体系这一战略任务的提出，为大学生思想政治教育与时俱进、创新发展开辟了新视野。

一　社会主义核心价值体系对大学生思想政治教育的时代意义

社会主义核心价值体系，在我国整体社会价值体系中居于核心地位，发挥着主导作用，是全面建设小康社会、努力构建和谐社会进程中的根本思想基础，是中华民族伟大复兴的共同精神力量，对加强和改进大学生思想政治教育有着深刻的指导意义。

---

① 《中共中央关于构建社会主义和谐社会若干重大问题的决定》，《人民日报》2006年10月19日第1版。

（一）用社会主义核心价值体系指导大学生思想政治教育，是培养社会主义事业合格建设者和可靠接班人的必然要求

培养什么人、如何培养人，是我国社会主义教育事业发展中必须解决好的根本问题。培养社会主义事业合格建设者和可靠接班人是高等教育的根本任务，德智体美劳全面发展是我们党的基本教育方针。高校以育人为本，而育人的核心工作是价值观教育。社会主义核心价值体系的提出，是我们党在思想文化建设上的一个重大理论创新，也是高校落实“立德树人”根本任务、加强和改进思想政治教育的行动指南。马克思主义指导思想、中国特色社会主义共同理想、以爱国主义为核心的民族精神和以改革创新为核心的时代精神、社会主义荣辱观，这四个方面的内容构成了社会主义核心价值体系的基本框架。处于人生重要转折时期的大学生，能否树立起社会主义核心价值观，不仅关系到当代大学生的健康成长、高等教育培养人才的质量，也关系到党和国家的前途命运、社会主义和谐社会的建设大局。这就要求高校用社会主义核心价值体系指导大学生思想政治教育，始终把培养“合格建设者”和“可靠接班人”作为一项事关全局的战略任务，通过卓有成效的工作，把大学生塑造成为社会主义事业的合格建设者和可靠接班人。

（二）用社会主义核心价值体系指导大学生思想政治教育，是大学生思想政治教育有效开展、创新发展的必然要求

创新是事业兴旺发达的不竭动力，创新是大学生思想政治教育体现时代性、把握规律性、富于创造性、增强实效性的保证。“面对新形势、新情况，大学生思想政治教育工作还不够适应，存在不少薄弱环节。”“在继承党的思想政治工作优良传统的基础上，积极探索新形势下大学生思想政治教育的新途径、新方法，努力体现时代性，把握规律性，富于创造性，增强实效性。”① 大学生思想政治教育要适

① 《中共中央国务院关于进一步加强和改进大学生思想政治教育的意见》，《光明日报》2004年10月15日第1版。

应新要求，为培养社会主义事业合格建设者和可靠接班人提供精神动力、思想保证，就必须在求真务实、锐意创新上下功夫。建设社会主义核心价值体系是构建和谐社会的重大课题，标志着我们党对中国特色社会主义的认识已经从制度层面深入到价值层面，深化了对共产党执政规律、社会主义建设规律和人类社会发展规律的认识，也为大学生思想政治教育创新提供了良好机遇。始终不渝地坚持马克思主义在大学生思想政治教育中的指导地位，以社会主义核心价值体系为主体构建大学生思想政治教育内容体系，在外部灌输的基础上引导大学生自主选择社会主义核心价值体系，在尊重差异的基础上用社会主义核心价值体系引领大学校园社会思潮，这是用社会主义核心价值体系指导大学生思想政治教育创新的突破点和着力点。

（三）用社会主义核心价值体系指导大学生思想政治教育，是引领社会思潮、建设和谐社会的必然要求

任何民族、国家和社会的存在与发展，都需要有主导价值观的强力支撑。我国正处于改革发展的重要战略机遇期，各种思想文化相互激荡，人们的价值取向呈现多样化的趋势。面对新形势新任务，只有立足国内现实，把握时代潮流，坚持用社会主义核心价值体系引领多样化的思想观念和社会思潮，才能为构建社会主义和谐社会提供有力的思想保证。当今时代，大学校园成为各种思想文化争夺的主战场之一，一些不良社会思潮借机而入，毒害大学生的精神世界，扰乱大学生的政治信仰和价值观念，干扰了社会主义和谐校园文化的建设。在新的形势下迫切需要科学的、核心的价值体系引领大学校园的社会思潮，使师生树立建设中国特色社会主义的共同理想和坚定信念。社会主义核心价值体系的提出，为高校抵御各种不正确社会思潮提供了理论基础和有力武器。大学校园各种思潮是整个社会思潮的“晴雨表”，用社会主义核心价值体系引领大学生校园社会思潮，往往就牵住了整个社会思潮的“牛鼻子”，有助于社会主义核心价值体系成为社会主导价值观，引导着整个社会正确的主流价值取向。

二 用社会主义核心价值体系引领大学生思想政治教育创新

用社会主义核心价值体系引领大学生思想政治教育是时代的需要，也为大学生思想政治教育创新提供了良好机遇。

（一）始终不渝地坚持马克思主义在大学生思想政治教育中的指导地位

坚持马克思主义在大学生思想政治教育中的指导地位，一方面是由我们国家的社会主义性质所决定的。我国是社会主义国家，中国共产党是中国特色社会主义事业的领导核心，马克思主义是我们党的根本指导思想，这就决定了马克思主义是社会主义意识形态的旗帜，是社会主义核心价值体系的灵魂，决定着社会主义核心价值体系的性质和取向。高校要完成培养社会主义事业合格建设者和可靠接班人的重任，就必须高举马克思主义的旗帜，运用马克思主义基本原理指导大学生思想政治教育工作。另一方面，以马克思主义为指导也是大学生思想政治教育创新的内在需要。马克思主义既是一种政治方向，又是一种世界观和方法论，同时也是价值尺度，她深刻地揭示了人类社会发展的客观规律，是科学的世界观和方法论。加强和改进大学生思想政治教育的首要任务是“以理想信念教育为核心，深入进行树立正确的世界观、人生观和价值观教育。”① 这就决定了马克思主义既是大学生思想政治教育创新的指导思想，又是大学生思想政治教育的重要内容。

坚持运用马克思主义基本原理指导大学生思想政治教育创新，一方面要用发展着的马克思主义指导、引领大学生思想政治教育创新的方向，牢牢把握高校意识形态领域的主导权、主动权。二是要坚持不懈地用马克思主义中国化的理论成果和最新成果武装大学生。毛泽东

① 《中共中央国务院关于进一步加强和改进大学生思想政治教育的意见》，《光明日报》2004 年 10 月 15 日第 1 版。

思想、邓小平理论和“三个代表”重要思想，是马克思主义中国化的三大理论成果，是推进我国社会主义不断自我完善的强大理论武器。“十六大以来，党中央提出的一系列重大战略思想是马克思主义中国化的最新成果。”[①] 要深入开展党的基本理论、基本路线、基本纲领和基本经验教育，开展中国革命、建设和改革开放的历史教育，开展基本国情和形势政策教育，引导大学生正确认识社会发展规律、国家前途命运和自己的社会责任，确立在中国共产党领导下走中国特色社会主义道路、实现中华民族伟大复兴的共同理想和坚定信念。

（二）以社会主义核心价值体系为主体构建科学的大学生思想政治教育内容体系

社会主义核心价值体系为构建大学生思想政治教育内容体系提供了科学指导。大学生思想政治教育包含多层次的内容，最基本的是以社会主义荣辱观为核心的公民基本道德规范教育。大学生作为社会公民，作为国家未来的建设者，首先必须确立良好的道德行为规范，践行社会主义荣辱观，这是培养合格人才的底线。第二个层面是以爱国主义为核心的民族精神和以改革创新为核心的时代精神教育。民族精神和时代精神是社会主义核心价值体系的精髓，是中华民族赖以生存和发展的强大精神支柱和推动时代发展进步的强大精神动力。大学生思想政治教育必须大力弘扬民族精神和时代精神，引导青年大学生成为民族精神的继承者和发扬者，把握改革与创新这个时代最强音，始终走在时代最前列。第三个层面是中国特色社会主义共同理想信念教育。当今中国人民最根本、最现实的利益集中体现在中国特色社会主义的本质属性和奋斗目标之中，我国高等教育的根本任务是培养社会主义事业合格建设者和可靠接班人，中国特色社会主义共同理想和信念教育是大学生思想政治教育的灵魂和核心，要引导大学生自觉认同建设中国特色社会主义的共同理想并树立为之努力奋斗的信念。第四

① 曾庆红：《关于十六大以来党中央一系列重大战略思想对邓小平理论和“三个代表”重要思想的继承发展》，《新华文摘》2007年第10期。

个层面是共产主义远大理想教育。虽然我国还处在社会主义初级阶段，但实现共产主义远大理想始终是中国共产党人的坚定信念。要在大学生中普遍开展“共产主义 ABC”教育的基础上，引导他们中的先进分子树立共产主义远大理想，成为坚定的马克思主义者。

（三）在外部灌输的基础上引导大学生自主选择社会主义核心价值体系

灌输是马克思主义的重要原则。社会主义核心价值体系是直接产生于并从属于科学社会主义理论的一种观念形态，与整个科学社会主义理论体系一样，不可能在人们的思想中自发产生出来，必须“从外面灌输进去”。要旗帜鲜明、坚持不懈地在大学生中广泛深入地宣传、“灌输”社会主义核心价值体系，用社会主义核心价值体系引领大学生思想政治教育创新。同时要充分认识到人“行动的一切动力都一定要通过他的头脑，一定要转变为他的愿望动机，才能行动起来。”[①] 事物的转化，外因是条件，内因是根据，外因只有通过内因才能发生作用。社会主义核心价值体系要真正成为大学生世界观、价值观的有机组成部分，就必须经过大学生主体的选择和确认，形成坚定的自我行为理念，内化为个人的品行特征。因此，要在提高“灌输”艺术魅力的同时，坚持大学生的主体地位，通过大学生自我认知、自我体验、自我教育、自我建构，积极寻求外部“灌输”与自我体验之间的最佳结合点，在外部灌输的基础上引导大学生自主选择社会主义核心价值体系。要尊重大学生的特点和需求，尊重大学生的自主意识和自主选择，尊重大学生的自觉自愿，这是社会主义市场经济条件下大学生思想政治教育创新的重要思路。

（四）在尊重差异的基础上用社会主义核心价值体系引领大学校园意识形态和社会思潮

当前，我国大学和谐校园建设面临着纷繁复杂的社会思潮、文化

---

① 《马克思恩格斯全集》（第 21 卷），人民教育出版社 1972 年版，第 345 页。

形态和价值观念，大学校园中除了社会主义核心价值体系引领的文化和社会思潮外，随着经济全球化的发展、市场经济体制的形成、互联网的普及、国际教育合作的增多，大量西方社会思潮和价值观念、异国宗教文化和行为习惯、生源地亚文化、民族文化、宗教文化等冲击、充斥着大学校园，这使大学生思想活动的独立性、选择性、多变性和差异性日益增强。用社会主义核心价值体系引领大学校园意识形态和社会思潮，就要坚持“和而不同”的辩证原则，弘扬民族优秀文化传统，借鉴人类一切文明成果，倡导和谐理念，培养和谐精神，使校园文化具有丰富、多样、独立的特点，同时，必须坚持马克思主义在高校意识形态中的指导地位，在大学生思想政治教育中发挥社会主义核心价值体系的导向作用；高校哲学社会科学课程和思想理论课程教学必须贯穿社会主义核心价值体系的教育；高校校园和谐文化建设必须尊重差异性和多样性、在大学生中最大限度地形成中国特色社会主义的共同理念和坚定信念。[①] 只有真正在差异和多样中才能更好地凸现社会主义核心价值体系的引领性和整合性。

（2008 年发表于《思想政治教育研究》第 2 期）

---

① 李斌雄、张俊华：《坚持以社会主义核心价值体系引领高校校园社会思潮》，《学校党建与思想政治教育》2007 年第 3 期。

与时俱进弘扬雷锋精神，推进社会主义核心价值体系大众化

今年是雷锋离开我们50周年，也是毛泽东同志题词“向雷锋同志学习”发表49周年。党的十七届六中全会把弘扬雷锋精神作为推进社会主义核心价值体系建设的重要举措，提出“深入开展学雷锋活动，采取措施推动学习活动常态化。”在我国社会主义市场经济体制改革进一步深入，社会主义文化建设新高潮正在兴起的历史时期，深入探讨雷锋精神的实质，创新学习雷锋精神的举措，具有重大现实意义和深远历史影响。

一 雷锋精神的实质是全心全意为人民服务

什么是雷锋精神？老一辈党和国家领导人都做了精辟概括。1963年3月5日，毛泽东亲笔题词：“向雷锋同志学习。”① 刘少奇题词：“学习雷锋同志平凡而伟大的共产主义精神。”② 邓小平题词：“谁想当一个真正的共产主义者就应当向雷锋同志的品德和风格学习。”③ 周恩来把雷锋精神作了精辟的概括：“憎爱分明的阶级立场，言行一致的革命精神，公而忘私的共产主义风格，奋不顾身的无产阶级斗志。”④

江泽民提出：雷锋精神的实质，是全心全意为人民服务，为了人

---

① 《毛泽东思想年编：1921—1975》，中央文献出版社2011年版，第920页。

② 《解放军报》1963年3月6日第1版。

③ 《邓小平军事文集》（第二卷），中央文献出版社2004年版，第340页。

④ 《周恩来选集》（下卷），人民出版社1984年版，第417页。

民的事业无私奉献。[①] 胡锦涛强调：发扬光大雷锋精神，就要像雷锋那样把有限的生命投入到无限的为人民服务中去；像雷锋那样发扬爱国主义精神，树立集体主义思想，坚定社会主义信念；像雷锋那样艰苦奋斗，勤俭创业；像雷锋那样发扬“钉子”精神，努力学习，刻苦钻研，用马克思主义理论和现代科学文化知识武装自己、提高自己、完善自己；像雷锋那样立足本职，忠于职守，在现代化建设事业中做一颗永不生锈的螺丝钉。[②]

今年3月3日，李长春出席全国深入开展学雷锋活动座谈会时指出：在新的历史条件下弘扬雷锋精神，就要学习雷锋爱党爱国的坚定信念，激励人们成为中国特色社会主义共同理想的坚定信仰者；就要学习雷锋助人为乐的宝贵品格，激励人们成为社会主义道德规范的模范践行者；就要学习雷锋敬业奉献的高尚情操，激励人们成为社会主义现代化事业的优秀建设者；就要学习雷锋锐意创新的进取精神，激励人们成为建设创新型国家的自觉推动者；就要学习雷锋艰苦奋斗的优良作风，激励人们成为全面建设小康社会的积极创业者。[③] 这是雷锋精神与时俱进的最新解读，概括讲就是五句话：爱党爱国的坚定信念、助人为乐的宝贵品格、敬业奉献的高尚情操、锐意创新的进取精神、艰苦奋斗的优良作风。

中央几代领导关于雷锋精神的题词与讲话内容是一脉相承的——雷锋精神的实质就是全心全意为人民服务。

二　雷锋精神是社会主义核心价值体系的具体体现

社会主义核心价值体系是兴国之魂，是社会主义先进文化的精

① 《江泽民思想年编（1989—2008）》，中央文献出版社2010年版，第46页。

② 胡锦涛：《在纪念毛泽东等老一辈革命家为雷锋同志题词三十周年大会上的讲话》，《人民日报》1993年3月5日第1版。

③ 李长青：《在全国深入开展学雷锋活动座谈会上的讲话》，《人民日报》2012年3月3日第1版。

髓，决定着中国特色社会主义发展方向。社会主义核心价值体系主要包括：马克思主义指导地位、中国特色社会主义共同理想、以爱国主义为核心的民族精神和以改革创新为核心的时代精神、社会主义荣辱观。

雷锋精神是社会主义核心价值体系建设的宝贵资源和重要内容，以其鲜明可感、易懂可信的特点，立体地对社会主义核心价值体系作了生动诠释：马克思主义指导思想是社会主义核心价值体系的灵魂，雷锋精神体现了勇于探索真理的价值取向和坚定信仰真理的思想觉悟；中国特色社会主义共同理想是社会主义核心价值体系的主题，雷锋精神则体现出将自己的价值理想、人生追求与党、国家和社会主义事业紧密相连；民族精神和时代精神是社会主义核心价值体系的精髓，而雷锋精神充分展现了艰苦奋斗、自强不息、见义勇为、无私奉献等民族精神与革命精神；社会主义荣辱观是社会主义核心价值体系的基础，雷锋精神也充分展示了热爱祖国、服务人民、辛勤劳动、团结互助等崭新境界。

雷锋形象是社会主义核心价值体系的人格化展示，雷锋精神是社会主义核心价值体系的具体化解读，学雷锋活动是社会主义核心价值体系建设的群众化载体。要大力弘扬雷锋精神，用社会主义核心价值体系引领社会思潮，在全社会形成统一指导思想、共同理想信念、强大精神力量和基本道德规范。

三　弘扬雷锋精神需要务实创新与时俱进

发展社会主义市场经济需要雷锋精神。市场经济是法制经济、诚信经济，与雷锋精神并不矛盾。在社会主义初级阶段，发展社会主义市场经济，需要在全社会形成建设有中国特色社会主义的共同理想，坚定跟党走社会主义道路的信心；需要坚持热爱祖国、诚实守信、遵纪守法、助人为乐的精神风貌和行为规范；需要干一行、爱一行、专一行，爱岗敬业的职业精神；需要艰苦奋斗、勤俭节约，建设资源节约、环境友好型社会；需要树立终身学习、钻研学习、创新学习、学以致用的精神，建设学习型、创新型社会。而这些都是雷锋精神题中之意，发展社会主义市场经济需要雷锋精神。

社会思潮需要先进文化的引领。雷锋所做的没有惊天动地的事情，从这个角度讲雷锋是平凡的，学雷锋并不难。雷锋精神包括爱党爱国、助人为乐、敬业奉献、锐意创新和艰苦奋斗等丰富内涵，雷锋一辈子全心全意为人民服务，所以雷锋是伟大的，像他那样一辈子为人民做好事是不容易做到的事情。正如老一辈革命家谢觉哉所说："雷锋同志是平凡的，任何人都可以学到；雷锋同志是伟大的，任何人都要努力才能学到。"① 一种先进的文化总是具有引领社会思潮的作用，一种倡导的精神一定是高于时代的精神。雷锋精神属先进文化，是我们这个社会努力建设的方向；雷锋精神是高尚的精神，是我们这个社会应大力倡导的价值观。加强社会主义先进文化建设，就要坚定不移、理直气壮地弘扬雷锋精神。

学雷锋活动要与时俱进，努力做到"四化"：一是学习活动常态化。采取措施推动学习活动常态化，是党的十七届六中全会提出的一项重要任务，也是针对以往学雷锋活动存在的问题而提出的。单位和个人学雷锋要学本质、不搞形式，经常学、不搞突击，切实解决"雷锋叔叔没户口，三月里来，四月里走"的现象。二是学习活动岗位化。雷锋当过公务员、工人和战士，无论在哪里，都能在平凡的岗位上作出不平凡的成绩。学习雷锋精神，首先要像雷锋那样干一行、爱一行、专一行，努力做好本职工作，这也是最应该做好的为人民服务。在全社会大力倡导立足本职、忠于职守、勤勉敬业、精益求精的螺丝钉精神，把人们学雷锋的积极性引导到立足本职工作，坚持岗位奉献上来，使学雷锋成为一种生活态度，一种习惯行为，一种自然状态。三是学习活动大众化。学雷锋精神人们往往有一个误区，是不是讲无私奉献就不能讲和要个人利益了。提倡雷锋精神，并不否定个人利益，而是要像雷锋那样正确处理国家、集体和个人利益之间的关系，把个人利益的实现建立在维护国家、集体利益的基础上。四是学

---

① 《胡锦涛文选》（第一卷），人民出版社 2016 年版，第 61 页。

习活动时代化。雷锋勤俭节约、艰苦奋斗的优良作风永不过时。在当代提倡艰苦奋斗精神要有新的境界，经济发展了，国家富强了，人民富裕了，仍需要像雷锋那样保持和发扬艰苦奋斗的优良作风，提倡量用为出，节约资源，坚决反对铺张浪费的不良风气。

（2012 年发表于《烟台宣传》第 5 期）

认知　认同　践行

——漫谈大学生社会主义核心价值观教育

党的十八大提出，倡导富强、民主、文明、和谐，倡导自由、平等、公正、法治，倡导爱国、敬业、诚信、友善，积极培育社会主义核心价值观。培育和践行社会主义价值观是高校贯彻党的教育方针，完成立德树人根本任务，培养社会主义合格建设者和可靠接班人的内在要求。如何教育引导大学生认知、认同、践行社会主义核心价值观，是高等教育面临的重大课题。

一　发挥高校优势，针对学生特点，构建社会主义核心价值观常态化教育体系

课堂教学是高校育人的主渠道，校园文化具有重要的育人功能，社会实践是育人成才的重要环节。大学生正处于世界观、人生观和价值观形成和发展的重要时期，高校应当发挥自身育人优势，针对学生成长特点，形成课堂教学、校园文化和社会实践多位一体、常态化的社会主义核心价值观教育体系。

积极推进社会主义核心价值观进教材、进课堂、进大学生头脑。根据大学生成长成才的规律和社会对人才的需求，把对大学生德智体美全面发展的总体要求和社会主义核心价值观的基本内容有机地写入德育等相关学科教材，渗透到其他学科专业教材中，使各学科专业的教材能全面体现、系统融入社会主义核心价值观的内容与要求，并通

过课堂教学让学生认知、认同社会主义核心价值观。突出发挥思想政治理论课作为大学生德育的主阵地作用，将社会主义核心价值观教育融入思想政治理论课教学之中，进而融入高校的德育体系当中，做到常态化、规范化，提高时代性、科学性，增强感染力和实效性。

大力营造培育和践行社会主义核心价值观的浓厚校园文化氛围。在主题上，围绕实现“执着的信念、优良的品德、丰富的知识、过硬的本领”为目标进行设计，把社会主义核心价值观教育与校园文化活动的趣味性、娱乐性和开放性、丰富性有机结合起来，实现春风化雨、滋兰树蕙的教育效果。在形式上，多措并举，喜闻乐见，深入开展核心价值观和校园文化融合耦合的各种主题教育和专题教育活动，如以重大节庆日等为契机开展爱国主义、民族传统、礼节礼仪等主题教育活动，开展高雅艺术进校园、文明行动在身边等活动。发挥校报校刊、广播电视、校史馆、图书馆等在营造优良校园文化环境中的作用，把校园网建设成为社会主义核心价值观的重要网上传播阵地。在实施上，精心设计活动方案，加强活动正面引导，及时推广先进经验，积极营造良好氛围，指导到位，保证实效。

发挥社会实践在培育和践行社会主义核心价值观中的养成作用。把实践环节纳入教育教学计划，组织学生参加各种创新创造、勤工俭学等活动，在劳动锻炼中升华对社会主义核心价值观的体验感受和认知理解。完善大学生志愿服务制度，广泛开展各种服务他人、奉献社会等道德实践活动。坚持校内校外相结合，实施实践育人共同体建设计划，建立一批社会主义核心价值观实践教育基地，推动学校阵地与社会基地、校内课程与校外实践、校内教师与校外导师之间的衔接互动。

二 遵循教育规律，抓住关键环节，强化社会主义核心价值观认知、认同的效果

大学生培育和践行社会主义核心价值观，引导他们在科学认知基础上实现真心认同是关键。这就要求高校遵循教育规律，发挥真理自

身的力量，依靠教育艺术的魅力，创造教育环境的正能量，在提高师资队伍的教育力、社会教育的推动力、法律制度的保障力等关键环节上下功夫。

引导广大教师成为教书育人和践行社会主义核心价值观的典范。“要时刻铭记教书育人的使命，甘当人梯，甘当铺路石，以人格魅力引导学生心灵，以学术造诣开启学生的智慧之门。”① 这是习近平同志对广大教师教书育人、立德树人提出的新要求。把社会主义核心价值观纳入师德师风建设工程，融入教师职前培养和准入、职后培训和管理的全过程，让教师自觉成为社会主义核心价值观的坚定拥护者、积极传播者和模范践行者，提高育人效果。对思想政治理论课教师和学生辅导员重点进行社会主义核心价值观教育艺术的培训，使他们能够真正承担起成为引导大学生培育和践行社会主义核心价值观主力军的任务；对广大教师集中开展社会主义核心价值观认知、认同专题培训，发挥广大教师在培育和践行社会主义核心价值观中的引导带动作用。

营造引导大学生培育和践行社会主义核心价值观的良好社会氛围。社会主义核心价值观教育是一项系统工程，需要学校教育的正确引导，也需要社会教育的巩固深化。应多方配合，完善学校、家庭、社会三结合的教育网络，引导家庭和社会各方面主动配合学校教育，以良好的家庭氛围和社会风气巩固学校教育成果，形成家庭、社会与学校携手育人的强大合力。法律法规是推广社会主流价值的重要保证，法治本身就是社会主义核心价值观的重要内容，应把坚持依法治国、建设法治社会、培育法治公民作为培育和践行社会主义核心价值观的切入点和突破口。加强法制宣传教育，培育社会主义法治文化，弘扬社会主义法治精神，增强全社会学法、守法、用法意识，引导公众在掌握法律知识的基础上形成正确的法律观念，使用法律来规范自己的生活，并经内心认同而升华为法律信仰，成为现代法治公民。坚持依法治国，把社会主义核心价值观贯彻到依法执政、依法行政实践中，落实到立法、司法和行政各个方面，用法律的权威来增强人们培

① 习近平：《习近平谈治国理政》（第一卷），外文出版社 2018 年版，第 175 页。

育和践行社会主义核心价值观的自觉性。建设法治社会，注重把社会主义核心价值观相关要求上升为具体法律规定，充分发挥法律的规范、引导、保障、促进作用，形成有利于培育和践行社会主义核心价值观的良好法治环境。

三 围绕育人根本，坚持成才导向，引导大学生自觉践行社会主义核心价值观

对社会主义核心价值观的认知和认同，最后都要落实并体现到自觉践行社会主义核心价值观上来，做到知行合一，内化为精神追求，外化为实际行动。习近平同志指出："广大青年树立和培育社会主义核心价值观，要在勤学、修德、明辨、笃实上下功夫"，为大学生自觉践行社会主义核心价值观指明了方向。我校的校训是：厚德、博学、日新、笃行，这与大学生培育和践行社会主义核心价值观的基本要求不谋而合，是大学生自觉践行社会主义核心价值观的基本路径。高校的根本任务是人才培养，引导大学生培育和践行社会主义核心价值观，是高校人才培养的重大举措和题中应有之义。这就要求高校围绕育人根本，坚持成才导向，把大学生自觉践行社会主义核心价值观纳入到日常化、具体化、形象化、生活化的轨道上来。

践行社会主义核心价值观要在勤学成才上下功夫。学习成才是大学生的本职任务，包括学会做人、做事、做学问。敬业是社会主义核心价值观针对公民职业道德方面的核心要求。对高校而言，应坚持以人为本，尊重学生的主体地位，关注学生的利益诉求和价值愿望，紧紧围绕育人根本，坚持成才导向，教育引导大学生把践行社会主义核心价值观落实到刻苦学习、成人成才上来。对大学生而言，知识是树立核心价值观的重要基础，勤学是树立核心价值观的重要途径，只有勤于学习，深厚学养，才能形成明辨是非的能力、坚持人生方向的定力，进而真正把社会主义核心价值观内化于心、外化于行。青春韶华要珍惜，大学生应把更多时间精力用在刻苦学习、奋发成才上，自觉把践行社会主义核心

价值观融入努力攀登知识高峰、追求人生真理的过程中。

践行社会主义核心价值观要在修德、修身上下功夫。社会主义核心价值观是国家、社会和个人不同层面的核心价值取向和道德规范，社会主义核心价值观是一种德，既是个人的德，也是国家和社会的德，是一种大德。大学生正处于德行养成的黄金时期，应把修德作为成人成才的一项基本功。怎样修德？关键节点是国家、社会的德与个人的德兼修，学会正确处理国家、集体和个人利益的关系。一是养大德者方可成大业，树立报效祖国、服务人民之志，以祖国的利益、人民的要求、社会发展的需要为目标和方向，将个人的成长、成才融入祖国和人民的伟大事业之中。二是遵循修德规律，从小处起步。热爱劳动，学会勤俭，懂得感恩，乐于助人，谦让他人，宽容天下，自省自律，小节小善积成大德。

践行社会主义核心价值观要在明辨笃实上下功夫。如何做人，如何做事，是大学生面对的基本问题。明辨是非、正确选择是大学生要具备的重要能力。为人要笃，做事要实是对大学生的基本要求。大学生践行社会主义核心价值观要在明辨上下功夫，一是独立思考、善于分析、正确抉择。对教师来说，教育不是灌输，而是点燃火焰；对学生来说，我爱吾师，吾更爱真理。大学生应当并且能够学会独立思考，在大是大非面前保持清醒的头脑，在人生关键路口作出正确选择。二是具备正确的世界观、人生观和价值观。世界观、人生观、价值观是人们对整个世界、人生问题、价值问题的根本看法。有什么样的“三观”，就有什么样的立场、观点和方法，树立正确的“三观”是践行社会主义核心价值观的基石。大学生践行社会主义核心价值观要在笃实上下功夫，因为社会主义核心价值观的认知、认同，最后都要落脚到扎扎实实干事，踏踏实实做人上来，才能让自己的德行、学问、事业日有所长。大学生应把笃实作为做人、为学和创业的行动指南，自觉地做社会主义核心价值观的践行者、示范者，在实现个人梦与中国梦的征途上演绎出彩的人生。

（2014 年发表于《鲁东大学报》第 521 期）

大学生社会主义核心价值观内化机制探析

党的十八大强调“倡导富强、民主、文明、和谐，倡导自由、平等、公正、法治，倡导爱国、敬业、诚信、友善，积极培育和践行社会主义核心价值观”。[①] 大学生培育和践行社会主义价值观，是高校贯彻党的教育方针，完成立德树人根本任务，培养社会主义合格建设者和可靠接班人的内在要求。如何构建科学有效的内化机制，引导大学生全面认知、充分认同、自觉践行社会主义核心价值观，是我国高等教育必须破解的重大课题。

一　大学生社会主义核心价值观内化机制的构成要素及运行原理

内化，一般指通过有意识学习或无意识习得，使某种思想或行为成为人们有机整体的一部分。在思想政治教育学中，内化与外化是哲学上的一对范畴，内化指“受教育者在教育者的帮助下或在其他社会教育因素的作用下，接受社会要求的政治观点、思想体系、道德规范并转化为自己的个体意识，也是个体不仅真正相信、接受和遵守社会的政治思想、道德要求，而且自愿将这些要求作为自己的价值准则与

① 胡锦涛：《坚定不移沿着中国特色社会主义道路前进　为全面建成小康社会而奋斗——在中国共产党第十八次全国代表大会上的报告》，人民出版社 2012 年版，第 31 页。

行为依据的过程”。[①] 机制，原指机器的基本构造和工作原理，或指有机体的构造、功能及其相互关系。机制后来被引申为系统理论在各类工作系统中的具体运用，系统理论认为，任何系统都不是各个构成要素的机械组合或简单相加，而是一个由各构成要素按一定规律组成的有机整体。在长期实践中，机制这一概念逐渐被演化为泛指一个工作系统的组成部分及其相互之间的作用方式和运行过程。

社会主义核心价值观，承载着中华民族的精神追求，体现着当代社会的价值标准，“实际上回答了我们要建设什么样的国家、建设什么样的社会、培育什么样的公民的重大问题”。[②] 大学生是一个国家的希望，承担着民族的未来，在大学生中培育和践行社会主义核心价值观，是高等教育坚持育人为本、德育为先质量要求的重要体现，是高校完成立德树人根本任务，培养德才兼备合格人才的战略举措。大学生社会主义核心价值观内化机制研究的是大学生社会主义核心价值观内化教育过程的构成要素、功能作用以及相互间的关系。以系统理论审视内化教育过程，大学生社会主义核心价值观内化机制一般由内化教育内容、教育主导、教育主体、教育载体、教育方法和教育环境等要素构成，它们相互融合，相互作用，构成了密不可分的有机系统。其中社会主义核心价值观是内化教育的内容，广大高校教师是内化教育的主导，大学生是内化教育的主体，课堂教学、文化活动、社会实践等是内化教育的载体，坚持以人为本、开展启发式教学是内化教育的方法，学校、家庭和社会是影响内化教育效果的基本环境。

大学生社会主义核心价值观内化是一项系统工程，各构成要素在不同时段、不同位置发挥不同作用，形成内化教育合力和科学运行机制。社会主义核心价值观是内化教育的内容和内化机制的核心要素，要坚持科学性与实践性的有机结合，使大学生在理论上认同、在实践中践行社会主义核心价值观。广大教师在内化过程中发挥主导作用，要坚持艺术性和示范性二者兼备，以教育教学的系统科学、人格魅力

① 邱伟光、张耀灿：《思想政治教育学原理》，高等教育出版社 1999 年版，第 80 页。

② 习近平：《习近平谈治国理政》（第一卷），外文出版社 2018 年版，第 169 页。

的正面影响保证内化教育的方向。实现教育目的，受教育者对教育内容的共鸣强度和需求程度二者缺一不可，大学生是内化教育的对象和主体，他们对社会主义核心价值观的认同程度和践行力度是内化教育卓有成效和内化机制有效运行的体现。课堂教学、文化活动和社会实践等是高校实施内化教育的主要渠道，是在大学生中培育和践行社会主义核心价值观的基本途径，应做到常态化与创新性的有机统一。方法是实现教育目标的“桥”，坚持以人为本、开展启发式教学，是大学生社会主义核心价值观内化教育的方法论要求。教育环境也是一项综合系统，学校、家庭和社会共同构成大学生社会主义核心价值观内化教育的环境生态系统，坚持整体优化原则，建设三位一体的内化教育环境生态系统，是巩固和深化大学生社会主义核心价值观内化教育效果不可或缺的重要环节。

大学生社会主义核心价值观内化机制运行流程主要包括接触认知、共鸣认同、需求践行三个环节。首先要通过教育引导，让大学生全面接触、充分了解社会主义核心价值观，这是内化教育的前提；其次是通过教育内容的真理性、教育方法的艺术性和教育对象的选择消化，达到社会主义核心价值观与大学生的内心思想产生共鸣，进而认同内化为大学生世界观、人生观和价值观的重要组成部分；再次是以利益驱动和自身需求为动力，使大学生在现实学习、具体工作和丰富生活中积极、主动、自觉地践行社会主义核心价值观，体现、巩固和深化社会主义核心价值观的内化效果。

二 构建科学的大学生社会主义核心价值观内化机制的实施路径

影响大学生社会主义核心价值观内化过程的构成要素主要有教育内容、教育主体、教育主导、教育载体、教育方法和教育环境，构建大学生社会主义核心价值观内化机制就是使各构成要素各尽其能，各得其所，和谐运行，科学运行。

（一）发挥教师的主导作用，建设人格有魅力、教育有办法的大学生社会主义核心价值观教育师资队伍

加强师德建设，充分发挥广大教师在培育和践行社会主义核心价值观过程中的典范作用。“合格的老师首先应该是道德上的合格者，好老师首先应该是以德施教、以德立身的楷模。”① 在大学生的成长成才过程中，教师既是学问之师，更是品行之师。高校应以贯彻落实《教育部关于建立健全高校师德建设长效机制的意见》为总纲，把社会主义核心价值观教育作为师德建设的重要举措，坚持以核心价值观为引领，采取宣传教育推动、先进典型示范和长效机制保障相结合的办法，促进教师带头培育和践行社会主义核心价值观。一是开展社会主义核心价值观的认知教育。邀请高水平的专家作专题讲座，深刻解读社会主义核心价值观，帮助广大教师深刻认知、真正认同社会主义核心价值观。二是开展践行社会主义核心价值观的典型宣传。注意发现、整理、宣传教师中爱国、敬业、诚信、友善的典型，发挥好示范引领作用。宣传典型应接地气，坚持实事求是，把握好分寸，使先进典型可亲、可爱、可信、可学。三是坚持制度支撑和文化支持，形成加强师德建设、教师带头践行社会主义核心价值观的长效机制。坚持政策保障、制度规范与法律约束多措并举，常态化地把社会主义核心价值教育融入师德建设全过程，纳入学校教育教学重大环节管理过程，作为人才引进、评奖评优、职称职级晋升等的重要指标，形成崇德向善、自觉践行社会主义核心价值观的良好舆论环境和文化氛围。

建设专业队伍，充分发挥思想政治理论课教师在大学生社会主义核心价值观教育中的主力军作用。科学的理论需要科学的阐释，才能内化于心，外化于行。思想政治理论课是高校实施德育的主渠道，对大学生科学世界观、人生观和价值观的养成发挥着至关重要的作用。高校思想政治理论课教师，作为从事大学生思想政治理论教育的专业人员，与其他专业教师和社会人员相比，整体上理论底蕴扎实雄厚、

---

① 习近平：《青年要自觉践行社会主义核心价值观——在北京大学师生座谈会上的讲话》，《人民日报》2014 年 5 月 5 日第 2 版。

理论教育能力较强，是大学生社会主义核心价值观教育的主力军。根据教育部的总体要求，在高校思想政治理论课教师中进行社会主义核心价值观的专题理论教育和教育方法培训，使他们明确大学生社会主义核心价值观教育的总体部署、课程标准、实施要求和基本方法，鼓励引导广大理论教师深入开展社会主义核心价值观理论与实践的研究，推出接地气、有效果、分量重、价值大的研究成果，以研究推动社会主义核心价值观宣传解读和解疑释惑的科学化。

（二）摆正学生的主体地位，引导大学生充分认同、自觉践行社会主义核心价值观

主体性作用的发挥是大学生社会主义核心价值观内化的根本。大学生社会主义核心价值观的内化，就要充分发挥作为教育对象同时又是教育主体的大学生的主观能动性，而主观能动性发挥得如何，主要取决于教育内容的真理性、大学生自身需求的满足度和选择权力的充分尊重上。在社会主义核心价值观内化过程中，大学生对教育内容的认同、教育者的拥戴、方式方法的认可具有主观能动作用。任何对大学生的教育都离不开他们自身的选择、确认与内化才能卓有成效，大学生在社会主义核心价值观内化过程中居于主体地位。

主体性作用主要体现在满足自身需求、尊重选择权力和发挥主观能动性上。摆正大学生的主体地位，发挥其主体性作用，首先要满足其自身需求。大学生有健康成长、顺利成才的诉求，有塑造科学世界观、人生观和价值观的愿望，有爱国、敬业、诚信、友善的天性。在大学生社会主义核心价值观内化过程中，以大学生的需求特点为指向，以社会主义核心价值观内容层次为依据，以满足大学生全面自由发展为出发点，从爱国、敬业、诚信、友善的个人层面价值观教育入手，帮助大学生全面领会社会主义核心价值观的精神实质。其次，充分尊重大学生在教育过程中的选择权力。在社会主义核心价值观的内化过程中，大学生自身是内因，发挥根本性的作用。在具体内容的设计上、授课教师的安排上、方式方法的使用上充分考虑大学生的需求、兴趣、适合度和针对性上，使内外因的作用力一致，大学生与教

育者之间同频共振、琴瑟和鸣。再次，充分发挥大学生在教育过程中的主观能动性。主要是教给方式方法，进行适当引导，让大学生开展自我教育、进行自主内化、达到自觉践行，避免生硬灌输的结论式教育。

（三）构建有效的教育载体，打造以课堂教学为主、多渠道并举的大学生社会主义核心价值观教育有效路径

开展大学生社会主义核心价值观教育，应充分发挥高校自身的特点和优势，“形成课堂教学、校园文化和社会实践多位一体的育人平台”。① 一是积极推进社会主义核心价值观进入高校课堂。根据教育部的总体部署，把社会主义核心价值观的内容融入高校思想政治理论课课程标准、教材编写、考试评价中，充分发挥思想政治理论课的主渠道作用，同时在相关课程中有机渗透社会主义核心价值观教育。二是全面营造培育和践行社会主义核心价值观的校园文化。以重大事件和重要节庆日等为载体，开展社会主义核心价值观主题教育活动。校报校刊、广播电视、网络媒体、文化产品等，坚持正面宣传，传播正能量，形成有利于培育和践行社会主义核心价值观的良好校园文化。三是发挥社会实践在培育和践行社会主义核心价值观中的养成作用。把社会实践纳入教育教学计划，建立实践育人基地，开展志愿服务活动，引导大学生在各种社会实践中升华对社会主义核心价值观的认知理解。

（四）探索科学的教育方法，坚持以人为本、注重启发式引导的大学生社会主义核心价值观教育新模式

科学的教育方法是大学生社会主义核心价值观内化教育的题中应有之义。探索科学的教育方法就是发现教育规律，而教育规律是在教育过程中教育诸要素之间本身所固有的、本质的、必然的联系。教育

---

① 袁贵仁：《坚持立德树人　加强社会主义核心价值观教育——深入学习贯彻习近平同志在北京大学师生座谈会上的重要讲话精神》，《人民日报》2014 年 5 月 23 日第 7 版。

是具有情感的活动，教育活动的艺术魅力对教育目的的实现至关重要。而教育艺术是在教育过程中教师遵照教学规律和审美尺度的要求，综合运用丰富语言、复杂表情、形体动作、辅助设备等各种手段，充分发挥教育情感的功能，为取得最佳教学效果而施行的一套独具风格的创造性教育教学活动。

启发式教育是科学的教育方法在大学生社会主义核心价值观教育中的实际应用，充满了教育艺术的魅力。启发式教育在社会主义核心价值观中的运用，就是在遵照大学生的心理活动规律、思想教育规律、灌输引导规律、认同内化规律等的基础上的风格鲜明、创造性强、艺术力足的教育活动，构建一种以自主学习为中心、以民主管理为核心的课堂模式和管理模式。启发式教育强调的是以人为本、遵从规律、师生互动、教学相长。在课堂讲授中实行启发式教学，就是少一些单向灌输，多一些交流互动；少一些生硬枯燥，多一些生动活泼；少一些现成结论，多一些自我体认；让大学生通过自我分析认同社会主义核心价值观。启发式引导运用到大学生开展以社会主义核心价值观教育为主题的校园文化活动和社会实践活动中，就是采取指导而不是干预、帮助而不是包办的方式，让大学生自主活动、自我体验、自我教育、主动践行社会主义核心价值观。

（五）打造优良的教育环境，构建大学生社会主义核心价值观教育的良好生态系统

社会主义核心价值观教育是一项系统工程，需要学校教育的正确引导，也需要家庭教育和社会教育的巩固深化。应多方配合，形成合力，打造以学校教育为主导、家庭和社会相互配合的良好教育生态。

学校教育在大学生社会主义核心价值观教育中发挥主导作用，学校在进行系统的理论教育的同时，主动与学生家长联系并形成机制，把学生在校的德育、智育和素质教育等情况与家长沟通，同时深入了解学生的家庭背景和家庭教育，在此基础上与学生家长探讨进一步改进教育的方式方法，形成社会主义核心价值观教育的共同体。家庭是学生的第一课堂和永久课堂，父母是学生的第一任老师和终身老师，

家庭对大学生价值观的形成有着直接而深远的影响。作为孩子成长的第一任和永久教师，父母以身作则，在日常言行中倡导、践行社会主义核心价值观，是对孩子进行言传身教式的社会主义核心价值观教育。广大学生家长在日常工作和生活中自觉争作爱国、敬业、诚信、友善的典范，形成民主家风，树立文明新风，建设和谐家庭。社会是对大学生进行社会主义核心价值观教育的最大的、永久性课堂，高校对大学生进行社会主义核心价值观教育应接地气、纳现实，与社会教育相衔接，针对大学生关注的社会现象开展专题教育，解惑释疑，防止学校教育与社会现实出现“二律背反”现象。社会建设是社会主义现代化建设的重要组成部分，全面推进依法治国是习近平同志提出的“四个全面”战略布局的重要内容，自由、平等、公正、法治是社会层面的社会主义核心价值观，因此法治是社会主义核心价值观的重要内容。党和政府积极推进法治社会建设，广大公民自觉参与法治社会建设，为大学生社会主义核心价值观教育提供良好的社会环境和法治环境。

（2015 年发表于《现代教育科学》第 5 期）

把"中国梦"融入大学生思想政治教育的思考

习近平总书记去年底在参观大型展览《复兴之路》时提出，"实现中华民族伟大复兴，就是中华民族近代以来最伟大的梦想"。[①]"中国梦"是当今中国的高昂旋律和精神旗帜，实现中国梦，培育筑梦人，教育应当先。把立德树人作为根本任务，培育为中华民族伟大复兴而奋斗的筑梦人是高校的核心使命。与时俱进是马克思主义的理论品质，是思想政治教育创新发展的力量源泉。"中国梦"的提出，是对高校思想政治教育内容的丰富和创新，是加强和改进思想政治教育的重要契机。把"中国梦"融入大学生思想政治教育之中，是大学生思想政治教育体现时代性、富于创造性和提升教育质量的本质要求。

一　"中国梦"的基本内涵

"中国梦"包含基本内涵、实现路径和本质属性三个逻辑层面。国家富强、民族振兴和人民幸福反映了近代以来中国人民的不懈追求，体现了当代中国人民的共同理想，是"中国梦"的基本内涵，是引领中国人民凝心聚力、奋发进取的精神旗帜。坚持中国道路、弘扬中国精神和凝聚中国力量是中国人民基于历史的反思、现实的探索

---

① 《承前启后　继往开来　继续朝着中华民族伟大复兴目标奋勇前进》，《人民日报》2012 年 11 月 30 日第 1 版。

和对未来的把握而得出的基本结论，是“中国梦”的实现路径，是实现中华民族伟大复兴梦想的根本保证。人民之梦依靠人民和造福人民是党的全心全意为人民服务宗旨和人民福祉有机统一的深刻反映，是“中国梦”的本质属性，是党领导人民建设富强、民主和文明和谐的社会主义现代化国家的核心价值取向。

二 把“中国梦”融入大学生思想政治教育是时代的呼唤

“中国梦”把深奥的理论大众化，把抽象的概念通俗化，提法新颖亲切，易于理解践行，对当代大学生有着显著的凝聚、引导和激励作用。“为实现中华民族伟大复兴的中国梦而奋斗，是中国青年运动的时代主题”。①

“中国梦”丰富了大学生思想政治教育的内容与载体，为大学生思想政治教育的创新发展提供了新的契机。从“中国梦”的基本内涵、实现途径和本质属性来看，“中国梦”是当今中国时代的旋律和发展的旗帜，丰富了大学生思想政治教育的内容，创新了大学生理想信念教育的话语体系，蕴含着促进大学生思想政治教育发展的新机遇。从社会的发展要求来看，我国正处于全面建成小康社会、进行社会主义现代化建设的决定性阶段，阐释“中国梦”、宣传“中国梦”和凝聚力量共圆“中国梦”是时代赋予大学生思想政治教育的重要任务。“中国梦”为创新大学生思想政治教育的内容和载体、进一步开展大学生思想政治教育提供了最佳切入点和着力点。

三 把“中国梦”融入大学生思想政治教育的路径

把“中国梦”融入大学生思想政治教育，应根据时代发展要求、

---

① 习近平：《习近平谈治国理政》（第一卷），外文出版社2018年版，第53页。

大学生自身特点和思想政治教育规律，坚持以人为本，注重常态化和科学化。

（一）发挥思想政治理论课的作用，在教学中融入“中国梦”

思想政治理论课是对大学生进行思想政治教育的主渠道和主阵地，将“中国梦”教育融入思想政治理论课教学之中，可以进一步丰富思想政治理论课的内容，增强思想政治理论课的时代性，提高思想政治理论课的吸引力和感染力，同时又可以把实现“中国梦”的教育有机地融入高校的教育体系当中，融入大学生思想政治教育的主渠道和主阵地当中，做到常态化和规范化，提高科学性，增强实效性。

把“中国梦”融入思想政治理论课教学当中，应做到有机有序。在内容上，“把握好国家富强、民族振兴、人民幸福的基本内涵，把握好坚持中国道路、弘扬中国精神、凝聚中国力量的重要遵循，把握好中国梦是人民的梦这一本质属性”。[①] 在逻辑上，遵循坚守理想信念、走好中国道路、弘扬中国精神、凝聚中国力量和奋斗筑就梦想的基本要求。在操作上，根据课程的内容和特点进行有机渗透，马克思主义基本原理课程侧重于“中国梦”与远大理想的教育；中国特色社会主义理论体系课程侧重于“中国梦”与共同理想的教育；中国近现代史课程侧重于历史的、现实的和未来的“中国梦”教育；思想道德修养与法律基础课程侧重于“中国梦”与“我的梦”教育；形势与政策课程侧重于阐释“中国梦”的重大意义、丰富内涵、精神实质和实践要求。

（二）利用多种途径，寓“中国梦”教育于校园文化和社会实践活动当中

校园文化具有重要的育人功能，社会实践是大学生思想政治教育

---

① 刘云山：《推动形成实现中国梦的强大精神力量》，《中国教育报》2013 年 4 月 9 日第 1 版。

的重要环节。把“中国梦”教育融入校园文化活动和大学生社会实践中去，可以进一步提高校园文化活动的思想性、教育性和时代性，提升大学生社会实践的社会性、实践性与实效性。

寓“中国梦”教育于各项校园活动之中，应根据大学生的特点，精心设计，精心组织，注重实效，做到突出主题、方式多样和喜闻乐见。在主题上，围绕“中国梦与我的梦”进行设计，把中华民族的伟大复兴与大学生个人的成才梦想有机地结合起来，做到上承使命、下接地气。在形式上，利用主题班会与最佳团日、入学教育与职业规划、征文大赛与主题演讲、主题实践与文化活动等多种教育载体，做到主题鲜明、丰富多彩。在实施上，精心设计活动方案，加强活动正面引导，及时推广先进经验，积极营造良好氛围，做到指导到位、保证实效。

（三）围绕人才培养这一根本，做到“中国梦”与“成才梦”的有机统一

“要深入开展社会主义核心价值体系学习教育，用社会主义核心价值体系引领社会思潮、凝聚社会共识。”[①] 把“中国梦”融入大学生思想政治教育，就要认真贯彻党的十八大精神，深化社会主义核心价值观的教育，引导大学生全面理解实现中华民族伟大复兴的“中国梦”的深刻内涵，用“中国梦”打牢共同理想基础，用“中国梦”激发历史责任感，用实际行动勇于追梦并善于追梦，坚定走中国特色社会主义道路的信念，弘扬以爱国主义为核心的民族精神和以改革创新为核心的时代精神，凝聚力量参与“梦之队”，为中华民族的伟大复兴作出应有的贡献。

引导大学生把刻苦学习、奋发成才和勇当追梦人作为核心追求。马克思主义认为，追求利益是人类一切社会活动的动因，个人利益不是一个道德戒律，而是一个科学的事实。“任何人如果不同时为了自

① 胡锦涛：《坚定不移沿着中国特色社会主义道路前进　为全面建成小康社会而奋斗——在中国共产党第十八次全国代表大会上的报告》，人民出版社2012年版，第28页。

己的某种需要和为了这种需要的器官而做事，他就什么也不能做；他们的需要即他们的本性。”[①] 中国梦是国家的梦、民族的梦，也是包括广大青年在内的每个中国人的梦，只有把人生理想融入国家和民族的事业中，才能最终成就一番事业。把“中国梦”融入大学生思想政治教育，必须坚持以人为本，注重人文关怀，把“中国梦”教育同追求成才梦、做好创业梦和实现报国梦有机地结合起来。在“中国梦”主题教育活动中，要注重引导大学生明确：奋斗是成就事业的基石，唯有奋斗才能踏进梦想之门；圆梦行动要从我做起，从现在做起，从学习成才做起。帮助大学生解决好专业学习与思维发展、职业定位与发展方向、社会责任与使命意识等的关系问题，把成才梦、创业梦和报国梦统一于实现中华民族伟大复兴的“中国梦”。

（2013 年发表于《教育探索》第 12 期）

---

① 《马克思恩格斯全集》（第 3 卷），人民出版社 1960 年版，第 514 页。

让优秀传统文化成为大学生健康成长的深厚沃土

文化是民族的血脉，是人民的精神家园，是大学生健康成长的“根”与“魂”。党的十八大以来，党中央高度重视中华优秀传统文化的传承发展。2017 年 1 月，中共中央办公厅、国务院办公厅印发了《关于实施中华优秀传统文化传承发展工程的意见》，为中华优秀传统文化的传承发展，特别是如何把中华优秀传统文化教育落实到国民教育体系中提出了明确的任务与要求。高校担负着立德树人的根本任务和文化传承创新的基本任务，如何根据学校自身特点和学生成长规律，创造性地贯彻落实中央和国务院的文件精神，常态化地在大学生中开展中华优秀传统文化教育，培养富有民族自信心和爱国主义精神的社会主义事业建设者和接班人，需要科学的顶层设计和可操作性的推进措施。

一 中华优秀传统文化是大学生健康成长的“根”与“魂”

民族文化是民族认同的核心，是民族生存发展的基础。一个民族、一个国家，必须知道自己是谁，从哪里来，到哪里去。高校要完成立德树人的根本任务，必须用中华优秀传统文化教育学生，用社会主义核心价值观武装学生，培养大学生成为传承中华优秀传统文化基因的“龙的传人”。

（一）大学生科学世界观、人生观和价值观的牢固树立，需要从中华优秀传统文化中汲取营养

习近平总书记强调，“中国传统文化博大精深，学习和掌握其中的各种思想精华，对树立正确的世界观、人生观、价值观很有益处”。[①]立德树人是高校的根本任务，而世界观、人生观和价值观是人的道德修养、行为指向的思想基础，培养社会主义事业建设者和接班人，必须把德育放在首位，把世界观、人生观和价值观的养成贯穿于教育教学过程的始终。中华优秀传统文化已经成为中华民族的标志性基因，牢牢植根在中国人的内心深处，潜移默化地影响着中国人的思想方式和行为方式。中华优秀传统文化中蕴涵着有益于大学生树立科学世界观、人生观和价值观的丰厚营养。中华优秀传统文化中“讲仁爱、重民本、守诚信、崇正义、尚和合、求大同”等核心思想理念，为大学生正确认识和改造客观世界、树立科学的世界观提供了有益启迪；中华优秀传统文化中“自强不息、敬业乐群、扶危济困、见义勇为、孝老爱亲”等传统美德，为大学生提供了判明是非曲直的价值标准；中华优秀传统文化积淀着多样、珍贵的人文精神，集中表达了独具中国特色的思想观念、风俗习惯、生活方式和情感样式，为大学生科学人生态度的养成提供了宝贵的精神财富。大学生作为“龙的传人”，黑头发、黄皮肤是生理基因，由先天遗传而来；中华优秀传统文化是大学生健康成长、真正成为“龙的传人”的文化基因，需后天养成塑造。大学生要把为中华崛起而读书、为实现人生目标而奋斗融为一体，把为实现中华民族伟大复兴的“中国梦”和个人成长成才的美好理想有机结合，自觉地从中华优秀传统文化中汲取成长成才的丰厚营养。

（二）高校完成立德树人的根本任务，需要用中华优秀传统文化来引导大学生固本塑魂

习近平总书记指出，“我们决不可抛弃中华民族的优秀文化传统，恰恰相反，我们要很好传承和弘扬，因为这是我们民族的‘根’和

---

① 习近平：《习近平谈治国理政》（第一卷），外文出版社 2018 年版，第 405 页。

‘魂’，丢了这个‘根’和‘魂’，就没有根基了”。[①] 高校的根本任务是立德树人，所树的“人”是德智体美全面发展的社会主义建设者和接班人。社会主义核心价值观融国家层面的价值目标、社会层面的价值取向和个人层面的价值准则为一体，是立德树人的价值根据和价值标准。引导大学生积极培育和践行社会主义核心价值观，是立德树人的根本要求，也是立德树人的必由之路。中华优秀传统文化是社会主义核心价值观的深厚沃土，社会主义核心价值观是中华优秀传统文化的继承和升华，高校要培养社会主义事业的建设者和接班人，加强中华优秀传统文化教育，是培育和践行社会主义核心价值观、落实立德树人根本任务的重要基础。尤其在我国经济社会深刻变革、对外开放日益扩大、互联网技术和新媒体快速发展、各种思想文化交流交融交锋愈发激烈的形势下，更加需要用中华优秀传统文化教育学生，让中华优秀传统文化作为中华民族的基因，植根在当代大学生的内心深处，传承下去，发扬光大，不忘民族之本，光耀民族精神，固本塑魂，在实现中华民族伟大复兴的“中国梦”中担当作为。

二 构建以课堂教学为主渠道、多措并举的中华优秀传统文化教育模式

在大学生中开展中华优秀传统文化教育，要根据高校的优势和学生的特点，坚持以课堂教学为主渠道、多措并举常态化的推进思路，在优秀传统文化教育的普及上下功夫，在优秀传统文化的养成上见实效，在优秀传统文化的研究上出成果，在优秀传统文化的传承上有作为。

（一）坚持以课堂教学为主渠道，推进中华优秀传统文化进教材、进课堂，成为大学生的必修课

中共中央、国务院《关于实施中华优秀传统文化传承发展工程的

① 习近平：《在广东考察工作时的讲话》，《习近平关于社会主义经济建设论述摘编》，中央文献出版社 2013 年版，第 57 页。

意见》指出，“围绕立德树人根本任务，遵循学生认知规律和教育教学规律，按照一体化、分学段、有序推进的原则，把中华优秀传统文化全方位融入思想道德教育、文化知识教育、艺术体育教育、社会实践教育各环节，贯穿于启蒙教育、基础教育、职业教育、高等教育、继续教育各领域”。“推进高校开设中华优秀传统文化必修课，在哲学社会科学及相关学科专业和课程中增加中华优秀传统文化的内容。”这为高校在大学生中开展中华优秀传统文化教育指明了方向。最近，在中央电视台《中国诗词大会》节目中，一名叫武亦姝的中学生以雄厚的中华古诗词文化积淀成为新一届擂主，其所在的学校把校本教材《中华古诗文阅读》列为必修课，可见课堂教学、课程必修在中华优秀传统文化的传承中发挥着至关重要的作用。高校开展中华优秀传统文化教育，主渠道是课堂教学，关键点是进教材，着力点是必修课。课堂是高校开展教学的主阵地，在大学生中开展中华优秀传统文化教育，必须发挥高校课堂教学的特点和优势，提高中华优秀传统文化教育的覆盖面、影响力和实效性。进教材是中华优秀传统文化进课堂的基本保证，高校要根据中共中央、国务院《关于实施中华优秀传统文化传承发展工程的意见》和教育部相关规定与要求，把统编或自编教材作为必修教材纳入到全体大学生的公共课程体系，纳入到思想政治教育及相关专业大学生的通识课、学科基础课或专业课程体系中，确保中华优秀传统文化真正进课堂、进教材、进头脑，成为大学生健康成长成才的必修课。高校中华优秀传统文化教材的编写，要充分考虑大学生的自身特点，搞好启蒙教育、基础教育和高等教育的衔接，既有文化知识的讲授，也有精神内涵的阐释，做到内容成系列、层次有递进、阶段有侧重。高校各门专业与课程都有潜在的思想政治教育功能，在哲学社会科学及相关学科专业和课程中增加或渗透中华优秀传统文化的内容，打通专业学习和文化传承的通道，使大学生在学习科学文化知识过程中，潜移默化地受到中华优秀传统文化的系统教育，成为国家需要的合格人才，真正成为“龙的传人”。

（二）坚持以社会主义核心价值观教育为引领，赋予大学生中华优秀传统文化教育时代的内涵

每个时代都有每个时代的精神，每个时代都有每个时代的价值观念。党的十八大提出，“积极培育和践行社会主义核心价值观，倡导富强、民主、文明、和谐，倡导自由、平等、公正、法治，倡导爱国、敬业、诚信、友善”。可以说，社会主义核心价值观是人生奋斗的梦想之舵，是中华民族的精神之钙，是当代中国的兴国之魂。当代大学生成长在改革开放和我国经济发展的良好时期，面对的是复杂多变的社会环境和国际环境，未来承担国家建设和服务社会的重任，需要应对未来的各种困难与挑战，这就要求他们必须具有正确的是非观、价值观，培育和践行社会主义核心价值观就是要解决这个问题。中华优秀传统文化积淀着中华民族最深层的精神追求，包含着中华民族最根本的精神基因，是社会主义核心价值观的源头活水，离开了中华优秀传统文化的滋养，社会主义核心价值观将成为无源之水、无本之木。而社会主义核心价值观则是对中华优秀传统文化的继承和超越，是我们国家当代的价值内核、社会的共同理想和国民的精神家园。在大学生中开展中华优秀传统文化教育，必须坚持以社会主义核心价值观教育为引领，赋予大学生中华优秀传统文化教育时代的内涵。在顶层设计上，要根据教育部关于在大学生中开展社会主义核心价值观教育和中华优秀传统文化教育的文件精神和通知要求，紧密结合高校实际和大学生特点，在整体规划、统筹兼顾、有机整合上做文章、下功夫，而不能相互割裂、相互冲突。在具体实施过程中，坚持以社会主义核心价值观教育为主线，以中华优秀传统文化教育为重点，从历史与现代、传承与创新的结合上，把中华优秀传统文化融入社会主义核心价值观教育体系中，使中华优秀传统文化教育为社会主义核心价值观教育提供丰厚的历史与文化基础，社会主义核心价值观教育传承并升华中华优秀传统文化教育。

（三）根据高校优势和学生特点，坚持多措并举巩固深化大学生中华优秀传统文化教育的效果

传统文化要入课堂，但不能止于课堂。教育是一项系统工程，在大学生中开展中华优秀传统文化教育，既要发挥课堂教学的主渠道作用，也要坚持通过科学研究、文化活动、社会实践、媒体宣传、环境熏陶等多种渠道全方位地推进，使中华优秀传统文化教育立体化、常态化。开展中华优秀传统文化的研究，高校要以政治、历史、文学、艺术、体育等与中华优秀传统文化相关的学科为依托，以加强学科建设为切入点，不断推出中华优秀传统文化研究的新成果，以科学研究推进大学生中华优秀传统文化的深层次教育。开展以传承弘扬中华优秀传统文化为主题的校园文化活动，如开设中华文化大讲堂、实施中华经典诵读工程、开展大学生书法大赛、中华优秀传统文化主题创作演出、举办中华传统服装展示、利用历史文化遗迹开展爱国主义教育、弘扬中国传统节日等活动，把中华优秀传统文化内涵更好更多地融入大学生学习生活工作的各个方面，既丰富了大学生的校园文化生活，又使他们受到了潜移默化的中华优秀传统文化教育，让中华民族的精神基因薪火相传，发扬光大。根据高校自身特点，以中华民族体育和民族艺术专业的人才培养为载体，开展传统体育和艺术的教育、比赛、展示等活动，使之成为高校开展大学生中华优秀传统文化教育的重要渠道。社会实践是大学生思想政治教育的重要环节，也是对大学生开展中华优秀传统文化教育的重要载体，高校应从实际出发，根据相关课程安排和教育需要，有针对性地开展以弘扬中华优秀传统文化为重要内容的主题社会实践活动，促进大学生了解社会、了解国情、了解传统文化，帮助他们增长才干、培养品格、增强社会责任感。充分发挥传统媒体和新媒体的作用，加强校报、校刊、校内广播电视等传统媒体的建设，加强融思想性、知识性、趣味性、服务性于一体的主题教育网站、网页、微博、微信等新媒体建设，立体化、深层次地宣传中华优秀传统文化，形成教育合力，营造浓厚氛围，达到潜移默化的教育效果。在校园人文环境和自然环境建设中体现中华优秀传统文化，并与高校的历史文化传承发展结合起来。高校有历史文

化价值的建筑要保护利用起来，成为对大学生开展校史文化教育的基地，校训、校风、校歌的凝练要体现高校自己的历史文化、传统与特色，校园的雕塑、石刻、园林等建设要充分体现中华优秀传统文化和高校自身的历史文化，使校园人文景观和自然景观融为一体，成为深化大学生中华优秀传统文化教育的重要载体，滋养大学生健康成长成才。

（2017 年发表于《鲁东大学报》第 585 期）

用五四精神激励新时代青年学生爱国奋斗

在纪念五四运动100周年大会上，习近平总书记发表了重要讲话，深切缅怀五四先驱崇高的爱国情怀和革命精神，高度评价五四运动的历史意义，明确提出新时代发扬五四精神的基本要求，为做好新时代青年工作指明了前进方向。贯彻习近平总书记在纪念五四运动100周年大会上的重要讲话精神，高校要围绕立德树人根本任务，充分发挥自身特点和优势，用五四精神激励新时代大学生把个人理想与家国情怀统一起来，为实现中华民族伟大复兴的中国梦而奋斗。

一　五四精神是激励青年奋进的精神力量

100年前爆发的五四运动，是一场以先进青年知识分子为先锋、广大人民群众参加的彻底反帝反封建的伟大爱国革命运动。五四精神是五四运动创造的宝贵精神财富，其主要内容为爱国、进步、民主、科学，五四精神的核心是爱国主义。五四运动是我国近现代史上具有里程碑意义的重大事件，习近平总书记在纪念五四运动100周年大会上的讲话用“六个伟大”概括了五四运动的历史意义。五四运动最重要的意义是改变了中华民族伟大复兴的道路和方向，五四先进分子选择了马克思主义，推动了中国共产党的成立，中国革命和建设从此有了坚强的领导核心，中国的面貌从此焕然一新。

五四精神是激励青年奋进的精神力量。五四运动以来的100年，中国青年一代又一代接续奋斗、凯歌前行，在民族独立、人民解放的斗争中，在社会主义革命、建设和改革的征程中，用青春之我创造青春之中国、青春之民族，谱写了一首首激越昂扬的青春奋斗之歌、民族复兴之曲。新时代广大青年处在中华民族发展的最好时期，既面临着难得的建功立业的人生际遇，也面临着“天将降大任于斯人”的时代使命。新时代中国青年运动的主题，新时代中国青年运动的方向，新时代中国青年的使命，就是坚持中国共产党领导，同人民一道，为实现“两个一百年”奋斗目标、实现中华民族伟大复兴的中国梦而奋斗。

二　奋斗是新时代热血青春最亮丽的底色

100 年前，先进青年知识分子是五四运动的先锋；100 年后，广大青年是中国特色社会主义建设的主力军。新时代的大学生人生发展黄金期与民族复兴关键期历史性地叠合在一起，高扬爱国主义旗帜，为中华民族伟大复兴的中国梦而奋斗是新时代大学生的历史使命和时代责任。

在纪念五四运动 100 周年大会上，习近平总书记深情寄语新时代中国青年：“要继续发扬五四精神，以实现中华民族伟大复兴为己任，不辜负党的期望、人民期待、民族重托，不辜负我们这个伟大时代”。[①] 明确提出树立远大理想、热爱伟大祖国、担当时代责任、勇于砥砺奋斗、练就过硬本领、锤炼品德修为“六点希望”，为青年的成长提供了遵循，为青春的航程指明了方向。

继续发扬五四精神、担当民族复兴大任，就要深刻理解习近平总书记提出的“六点希望”。树立远大理想，信念坚定、志存高远，才能激发奋进潜力，给个人进步和国家发展、民族复兴注入无坚不摧的前进动力。热爱伟大祖国，这是本分，也是职责，更是青年学生的立身之本、成才之基。担当时代责任，勇挑重担、勇克难关、勇斗风

① 习近平：《在纪念五四运动 100 周年大会上的讲话》，人民出版社 2019 年版，第 6 页。

险，个人的发展和国家、民族的伟业就能充满活力、充满后劲、充满希望。奋斗是热血青春最亮丽的底色，只有勇于砥砺奋斗，才能扬起人生理想的风帆，实现民族复兴的使命。只有练就过硬本领，才能使自己的思维视野、思想观念、认识水平跟上越来越快的时代发展。只有锤炼品德修为，在奋斗中摸爬滚打，体察世间冷暖、民众忧乐、现实矛盾，才能从中找到人生真谛、生命价值、事业方向。深刻把握好“六点希望”，新时代大学生才能肩负起时代赋予的神圣使命。

继续发扬五四精神、担当民族复兴大任，就要自觉践行习近平总书记提出的“六点希望”。树立远大理想，就要树立对马克思主义的信仰、对中国特色社会主义的信念、对中华民族伟大复兴中国梦的信心。热爱伟大祖国，就要听党话、跟党走，胸怀忧国忧民之心、爱国爱民之情，不断奉献祖国、奉献人民。担当时代责任，就要在担当中历练，在尽责中成长，努力成为德智体美劳全面发展的社会主义建设者和接班人。勇于砥砺奋斗，就要勇做走在时代前列的奋进者、开拓者、奉献者，在劈波斩浪中开拓前进，在披荆斩棘中开辟天地，在攻坚克难中创造业绩。练就过硬本领，就要增强学习紧迫感，在学习中增长知识、锤炼品格，在工作中增长才干、练就本领。锤炼品德修为，就要自觉树立和践行社会主义核心价值观，明大德、守公德、严私德，追求更有高度、更有境界、更有品位的人生。自觉践行“六点希望”，新时代大学生才能用青春和汗水在人生的道路上不断创造出新奇迹。

继续发扬五四精神、担当民族复兴大任，还要在实践中自觉做到“三个结合”。一是个人前途与国家发展相结合。个人前途与国家发展休戚相关，大学生要实现人生价值，需要自觉将个人前途与国家命运相结合，将个人奋斗与热爱祖国相结合，实现个人理想与国家梦想的有机统一。二是增长才干与锤炼品格相结合。当代大学生要在提升综合素养的同时培养积极乐观的态度和创新创造的意识，在投身实践的过程中将增长才干与修身养德有机结合。三是坚守理想与艰苦奋斗相结合。当代大学生要将个人梦想融入中国梦，在用汗水创造个人幸福美好生活的同时，为实现民族复兴中国梦添砖加瓦。

三 思政课要讲好五四运动，弘扬五四精神

青年的理想信念关乎国家的未来。引导大学生把树立远大理想和脚踏实地统一起来，把个人的梦想融入民族振兴的伟业中去，最重要的是帮助他们形成正确的世界观、人生观和价值观。在这个方面，思政课作为落实立德树人根本任务的关键课程，要敢于担当，勇于作为，讲好五四运动，弘扬五四精神，为大学生的成长成才提供有力的知识支撑和科学的价值引领。

习近平总书记在主持中共中央政治局第十四次集体学习时强调，纪念五四运动、发扬五四精神，必须加强对五四运动和五四精神的研究，以引导广大青年在五四精神激励下，为决胜全面建成小康社会、夺取新时代中国特色社会主义伟大胜利、实现中华民族伟大复兴中国梦不懈奋斗。这一重要论述，为深刻理解和把握五四运动的历史意义和时代价值提供了基本遵循，也为思政课讲好五四运动、弘扬五四精神、发挥课程思政育人作用指明了方向。

内容的系统性和时代性相结合是思政课教学的重要特征。高校思政课中《毛泽东思想与中国特色社会主义理论体系概论》《中国近现代史纲要》《形势与政策》等都涉及五四运动的内容。一是要按照习近平总书记在学校思政课教师座谈会上提出的“八个相统一”的基本要求，围绕立德树人的根本任务，把思政课改革创新与弘扬五四精神结合起来。《毛泽东思想与中国特色社会主义理论体系概论》要根据课程体系的总要求，把五四运动作为重要内容扩充讲授内涵、加大讲授比重、发挥课程思政作用。《中国近现代史纲要》不仅要讲授五四运动的爆发背景、发展过程、历史意义，更要讲清五四运动的时代价值，赋予爱国主义以时代内涵。《形势与政策》要把五四运动作为重点专题重点讲授。二是要按照习近平总书记在中央政治局第十四次集体学习时提出的加强“三个研究”的要求，结合思政课教学，加强对五四运动、五四精神、五四运动以来中国青年运动的研究，以研究促进教学，促进课程思政。坚持从大历史观加强“三个研究”：加

强对五四运动历史意义的研究，向学生讲清马克思主义为什么“行”、中国共产党为什么“能”、中国特色社会主义为什么“好”等问题，增强“四个自信”；加强对五四精神时代价值的研究，做到把五四精神的研究与民族精神、时代精神的研究，与革命文化、社会主义先进文化的研究统一起来，使之成为激励大学生努力进取的精神力量；加强对五四运动以来中国青年运动的研究，引导学生自觉听党话、跟党走，自觉坚持党的领导，引导学生把个人理想融入民族复兴伟大理想和中国特色社会主义思想，把树立远大理想与脚踏实地统一起来，为实现中华民族伟大复兴的中国梦而奋斗。

民族复兴的使命要靠奋斗来实现，人生理想的风帆要靠奋斗来扬起。大学是人生最美好的时期，人人皆有韶华时，青春正值当努力。现在，青春是用来奋斗的；将来，青春是用来回忆的。值此五四运动100周年之际，我们纪念五四运动、弘扬五四精神，最后的落脚点是教育引导广大青年学生把实现个人的理想与伟大的中国梦统一于刻苦学习、奋发成才的实际行动中，努力成为德智体美劳全面发展的合格人才。

（2019年发表于《鲁东大学报》第623期）

第三章

思想政治教育方法

高等教育改革对学生思想政治工作的挑战及对策

随着我国高等教育改革（以下简称高教改革）步伐的加快，高校收费和分配制度、扩招与“扩限”、学分制和弹性学制、后勤社会化等都进行了改革。所有这一切，使高校学生思想政治工作出现了许多新情况、新特点，面临着新的发展机遇，也遇到了前所未有的挑战。高校思想政治工作者必须认清新形势，抓住新机遇，探索新思路，迎接新挑战，使高校学生思想政治工作与时俱进，为培养“有理想、有道德、有文化、有纪律”的社会主义事业的建设者和接班人提供强有力的思想保障。

一　高教改革对高校学生思想政治工作提出的新挑战

挑战之一：高校收费和分配制度改革对学生思想政治工作提出的新课题。

在我国，作为非义务教育阶段的高等教育，经费长期以来采取由国家全包下来的办法，这种状况不利于高等教育的良性发展。随着社会主义市场经济体制的逐步确立，这种状况开始得到改变。20世纪80年代中期实行公费生、自费生并行的“双轨制”；90年代初进行了“双轨制”的“并轨”改革；到1997年，全部实行学生上交部分学费上学的制度。我国高校毕业生就业制度同样经历了不断改革发展的过程，逐步确立了以市场为主导，在国家宏观调控、政策指导下，各级政府和学校推荐，毕业生通过“供需见面、双向选择”落实就业单位的新机制。

高校收费和分配制度的改革，使学生上大学由原来的“两包”变为“两自”，即由国家统包经费到交费上学，由国家统包分配到自主择业。由此，高校和学生之间形成了一种新型的关系：高校作为培养人才的阵地，肩负着为贯彻党的教育方针和促进社会进步而育人的历史使命，并运用师资、管理人员、资金、图书资料、教学设施等多种教育资源向学生提供着自己的“产品”——教育服务；而学生则成为这种特殊产品的消费者，缴费上学、自主择业的学生以“投资者”的身份，对高校、专业、师资、教学设施、生活条件等比以往有更大的选择权和更多更高的选择要求。高校通过招生考试择优录取学生，承担培养学生成才的义务；学生通过报考和缴纳学费自主选择高校，并享有高校提供优质教育服务的权利，在一定程度上二者形成了双向选择的关系。传统的单向式、灌输式的思想政治教育模式已不适应这种新型关系的需要。如何适应高校与学生之间的新型关系，进一步增强思想政治工作的吸引力、感染力和说服力，是思想政治工作面临的新课题。

挑战之二：高校扩招与“扩限”对学生思想政治工作提出的新课题。

我国高校在连续三年扩招后，2001 年初国家教育部又放宽了高考报名条件：取消了年龄、婚否的限制，应届中等职业学校毕业生可以在毕业当年参加普通高考，教育界人士称这一举措为“扩限”。这是我国高等教育为全面实施素质教育，构建终身教育体系，更好地为国民经济和社会发展服务，采取的又一重大改革措施。扩招与“扩限”，使中国高等教育“大众化”的趋势已现端倪。

扩招使高等教育在数量上加快了大众化的步伐，面向的只是适龄青年，对高校学生思想政治工作带来的是“工作量”的增多；而“扩限”则是在扩招的基础上，把高等教育大众化的对象由一个特定的年龄段推向全社会，对高校学生思想政治工作带来的是“难度”的增大。“扩限”后，大学校园里的学生层次多样化了，学生学习目的、人生态度、理想追求等思想认识问题也多样化了。多样化的学生群体必然要求高校学生思想政治工作的内容、形式、方法、手段的多样化。如何适应高校扩招与“扩限”带来的思想政治工作对象数量增多、层面变宽、思想状况更复杂的新情况，增强思想政治工作的针对性和有效性，是高校学生思想政治工作面临的新课题。

挑战之三：学分制和弹性学制对学生思想政治工作提出的新课题。

高等教育改革的关键是体制改革，核心是教育教学改革。我国现行的学年制要求学生必须在规定的年限里修完所规定的课程，不得延长，也不得缩短。这种教学管理模式是计划经济条件下的产物，已经不适应社会主义市场经济体制和大众化高等教育的要求。

《中华人民共和国国民经济和社会发展第十个五年计划纲要》提出，高校可以“推行弹性学习制度，放宽入学年龄限制，允许分阶段完成学业”。实行以学分制为基础的弹性学制是我国教学管理制度改革的一个重要趋势。从教育经济学的角度看，实行学分制和弹性学制，能有效地、因人而异地分配受教育的时间，给学生提供适合自己特点的全面发展的机会，从而降低教育成本，提高教育效率。但这种学制上的灵活性，带来的是传统的学生行政班级有可能逐渐退出历史舞台。过去以学生班级为基本载体的思想政治教育模式必须改变，代之以跨专业、跨年级、覆盖面广的学生集体活动和思想教育的新载体，这是摆在高校学生思想政治工作者面前的新课题。

挑战之四：高校后勤社会化改革对学生思想政治工作提出的新课题。

高校后勤社会化改革，就是要打破在计划经济条件下高校的教学、科研、生活服务由学校后勤全包的封闭式的自我服务方式，转变为后勤按专业化和社会化大生产的原则开展活动，同时鼓励社会的多种所有制服务行业面向高校服务，参与服务竞争，将高校后勤工作融入社会第三产业中。社会化改革后的高校后勤，具有服务市场的开放性、服务企业的多元性、服务行业的综合性、学校主体的选择性、学校需求的多样性等特点。随着后勤集团从学校管理体制中彻底剥离，后勤职工与学生的关系也发生了根本变化，后勤人员由管理者转为经营者，学生是他们的顾客。这种身份的转换，使后勤企业和职工的谋利意识增强，育人意识相对淡化，使大学生活园区有可能成为学生思想政治工作的“盲区”。另外，随着高校后勤社会化改革的不断深入，校外学生公寓纷纷出现，封闭式的校园生活被打破了。一部分自制能力较差的学生就可能像无缰之马失去控制，学生安全也无法保障，各种不文明的现象都有可能发生。从育人的角度看，那种物业公司纯社会化的管理方式显然不能完全适合大学生，不利于大学生的健康成长。在后勤社会化的大背景下，高校如何坚持育人宗旨，主动将思想政治工作向大学生活园区延伸，实行学校参与、学生自我管理与社会化物业管理三结合的管理模式，把大学生活园区建成集思想教育、行为指导、生活服务和文化活动于一体的新的德育基地，这是高校思想政治工作面临的又一新课题。

二 探索新思路，做好新形势下的高校学生思想政治工作

面对高教改革提出的挑战，高校学生思想政治工作必须在内容、形式、方法、手段、机制等方面进行改革和创新。

1. 坚持用科学的理论武装学生头脑。学生思想政治工作必须从根本上解决问题，由过去侧重于告诉学生“结果”，转到教给学生“方法”上来，即必须始终如一、坚定不移地坚持用科学的理论武装学生头脑，引导学生树立科学的世界观、人生观和价值观，学会运用马克思主义的立场、观点和方法去观察问题、分析问题和解决问题。当前最根本的是要充分发挥“两课”的主渠道和报告会、读书会、座谈会、培训班、专题讲座、知识竞赛、社会实践等多种形式第二课堂的作用，使邓小平理论和江泽民“三个代表”重要思想“进教材、进课堂、进学生头脑”。

2. 抓住关键环节，建设高素质的学生政工队伍。学生政工干部是做学生思想工作的，他们是真正意义上的学生“灵魂工程师”。不

管高教改革如何千变万化，做好学生思想工作关键靠人。面对新挑战，高校必须培养大批具有现代教育理念、掌握现代教育手段、适应高教改革潮流的高素质的学生政工队伍，这是做好学生思想政治工作的关键。江泽民同志在中央思想政治工作会议上提出："必须建立一支政治强、业务精、纪律严、作风正的专兼结合的思想政治工作队伍。"高校要按照江总书记所提的几方面要求不断加强学生思想政治工作队伍建设，同时要发挥教师队伍、管理队伍的作用，形成全员育人的良好局面。

3. 探索新的载体，加强学生思想政治工作的力度。面对高教改革带来的新挑战，高校必须努力探索跨年级、跨年龄、覆盖面广、影响力大的思想政治工作的新载体。一是以学生党团组织为载体。根据高校内部管理体制改革和学生学习、生活的新特点，进行跨年级和专业，以学生学习或生活区域为基本单位建立基层党团组织，变对学生基层党团组织的静态管理为动态管理，并以学生党团活动为依托，把广大青年学生团结在党团组织周围，便于开展思想工作。二是以学生社团为载体。学生社团具有跨专业、跨年级、跨年龄等特点，在大学生中具有广泛的群众基础和社会影响，是对学生进行思想政治教育的重要载体。要加强指导，规范管理，配备政治业务强的指导教师，保证学生社团健康发展，寓教于社团活动中，增强思想政治教育的覆盖面和影响力。三是以校园文明创建活动为载体。搞好校园绿化卫生，搞好学习环境、生活环境等方面建设。围绕培养"四有"新人的目标，广泛开展争创"文明班级""文明宿舍""做文明学生，建文明校园"等活动。四是以校园文化活动为载体。抓好学术科技文化建设，以大学生科技创新竞赛以及计算机和英语四、六级达标考核等为导向、示范和动力，增强科技创新能力和创业意识。抓好文艺体育设施建设，广泛开展丰富多彩、健康有益的群众性文艺体育活动。

4. 更新工作手段，不断提高思想政治工作的科技含量。面对新挑战，要重视和充分运用现代科学技术特别是信息网络技术，使高校学生思想政治工作进一步提高时效性，扩大覆盖面，增强影响力。加强网络硬件建设，使校园网络覆盖到校内公共机房、办公场所和学生宿舍等学生学习、活动的主要场所；培养一批具有较高思想政治素质和理论政策水平，熟悉思想政治工作规律，懂得网络文化特点，掌握网络信息技术，能够在网上开展思想政治工作的队伍；建立一批有特色、有影响的“红色”网站，唱响主旋律，打好主动仗；加大网络道德的宣传力度，增强大学生的法制意识、责任意识、道德意识和政治意识，并根据国家有关法规，建立和完善校园网络管理的规章制度，规范网络机制，严格网络纪律，引导学生正确开展网上活动；加强网上思想政治工作规律的研究，从理论和实践上探索网络思想政治工作的内容、形式、方法、途径和机制。

5. 充实教育内容，赋予思想政治教育时代感。要把爱国主义、集体主义和社会主义作为高校思想政治教育的灵魂。引导大学生热爱社会主义祖国，拥护中国共产党的领导，正确处理个人、集体、国家三者利益的关系，把个人的思想和行动统一到党的基本路线上来，把个人的理想和事业融汇于祖国的社会主义现代化建设的伟大事业中。要把社会主义法制与道德教育作为新时期高校学生思想政治工作的着力点，围绕培养社会主义“四有”新人这一目标，广泛开展法制宣传教育和社会主义道德教育，提倡遵纪守法、顾全大局、助人为乐、无私奉献，培养学生坚定的信念、高尚的情操和科学文明的生活方式。要在大学生中提倡社会主义和共产主义道德风尚，倡导为人民服务的精神。要把心理健康教育作为高校学生思想政治工作的一项新课题来抓。要建立以学生政治辅导员为主体、心理健康教师为骨干的心理健康教师队伍。针对大学生心理健康方面的需要，通过日常的思想政治工作、心理健康教育课程、心理咨询工作进行系统的心理健康教育，全面提高大学生的心理素质。

（2002 年发表于《教育探索》第 8 期）

信息异化与大学生网络思想政治教育

21 世纪，信息技术革命全方位、多层次地渗到社会的各个领域，人类社会开始进入“信息时代”。党的十六大提出了以信息化促进工业化的决定，我国正处在建设工业化、进入信息化社会的关键时期。网络作为信息的重要载体和主要传播途径，是帮助大学生获取知识、增强本领、顺利成才的重要渠道。信息凭借网络给大学生提供高效便捷服务的同时，其异化现象也日益凸现，如何加强大学生网络思想政治教育，培养社会主义建设者和接班人，是摆在我们面前的一项重大课题。

一 信息异化与大学生信息异化

（一）异化与人的信息异化

异化一词源于德国哲学术语，指主体在一定的发展阶段分裂出其对立面，变成外在的异己力量。黑格尔认为，绝对观念经过逻辑发展的阶段，再把自身异化或转化为外部世界，然后又回复到自身。费尔巴哈则用“异化”来说明人如何借助于幻想把他的本质“异化”为上帝并加以膜拜，而只有当人认识到人是人的最高本质，上帝的本质就是人的本质的时候，才能消除这种“异化”现象，破除对上帝的迷信[①]。马克思建立在对黑格尔“绝对精神”异化和费尔巴哈人本主

① 阮海红：《信息的异化与信息管理》，《图书情报工作》2000 年第 4 期。

义异化批判和继承的基础上，提出了劳动异化理论，指出异化是“劳动所生产的对象，即劳动的产品，作为一种异己的存在物，作为不依赖于生产者的力量，同劳动相对立”。[①] 纵观异化思想发展历程，可以看出异化的一般意义是：主体创造了客体，但客体却不受主体支配，演化成为一种不受主体控制的，甚至成为敌视和控制主体的异己力量。

在信息时代，人们可以自主选择信息，自由传播信息，自行加工信息，自由创造信息，信息在无数个体的自主选择、运用、创造过程中，在量与质两个方面无限扩张与提升，导致新概念、新知识、新理论层出不穷。同时，信息技术是一把双刃剑，信息丰富但伴随着鱼目混珠，信息有利但混杂着有害信息，信息交流便捷但伴随着低级庸俗，信息交往多向但伴随着感情冷淡，娱乐方式缤纷但伴随着诱惑成瘾等。人们创造了信息，信息却失去本真面目，不但不为人本身服务，却反而成为奴役、支配人类的一种新的手段，这便是人类社会面临的一个崭新问题——人的信息异化。尤其互联网技术使信息突破了时空的界限，随时随地为人们所浏览、利用。但是，正是由于网络信息来自四面八方，体现着不同的意识形态、宗教信仰和价值观念，它有加速信息交流、促进知识创新、推动经济发展积极的一面，但也有信息控制不利导致异化的一面。

（二）大学生信息异化及其表现

调查显示，80%的大学生认为网络使他们开阔了视野、给他们带来了便利，62%的学生把网络作为获取信息的最主要途径，40%的学生把网络作为发表言论的最主要场所，互联网已经成为大学生学习知识、获取信息的重要渠道和表达思想、交流感情的重要场所。[②] 大学生处于世界观、人生观、价值观形成的关键时期，又处在互联网高度

---

① 卡尔·马克思：《1844年经济学哲学手稿》，人民出版社1985年版，第48页。

② 迟刚毅、余先亭、李辉：《全面加强高校校园网建设 牢牢掌握网上思想政治教育的主动权》，《光明日报》2005年9月12日。

发达的数字化生活环境中。数字信息技术的发展，改变了学生的学习、生活、娱乐乃至语言的方式。面对着网上海量信息、复杂信息、诱惑信息的冲击，面对着现实世界、理想世界、虚拟世界的碰撞，大学生的判断选择能力还难以适应，无所适从，甚至不能自拔，影响了其健康成长成才，这就是大学生信息异化。

大学生信息异化主要表现在以下方面：一是信息恐慌。在信息爆炸的社会里，很多大学生害怕在信息竞争中处于劣势，总感觉有找不完的信息，拼命下载资料，缺乏学习思考，满足囫囵吞枣，陷于信息获取的惶恐与疲劳中。二是信息依赖。信息时代，信息的取得快捷、简便。上网输入一个关键词，古今中外所有相关信息全部搜索出来。很多大学生由习惯变成依赖，不上网搜索资料就无从下笔，不敲键盘不会写文章。获取信息太过简单，文章可以速成，但不很深刻。三是信息崇拜。信息技术给人们前所未有的便利快捷，一些大学生对这种高技术顶礼膜拜，以为一切胜利都归功于掌控信息，忽视主体能动性的发挥。网络里流传的关于专升本、考研和等级考试“强化班”“押题班”“内部资料”之类的小道消息，成为大学生中的时尚。有的大学生对这些信息的信赖程度超过对学习本身的态度，抹杀了自我的主体能动性，成为“网虫”“网迷”。四是信息毒害。大学生正处于世界观、人生观、价值观形成的重要时期，对信息的鉴别、是非的判断能力不强，容易为网上黄、毒、赌等信息所惑，陷入其中不能自拔，也容易在敌对势力利用网格进行意识形态、政治制度、文化思想、价值观念的渗透面前迷失方向。五是信息犯罪。信息犯罪是信息社会中一种新的犯罪类型，一般是指运用信息技术故意或无意中实施的严重危害社会、危害公民合法权益并应负刑事责任的行为。有的大学生利用计算机网络进行制造传播有害信息、网络盗窃、信用卡犯罪、滥用电话网等犯罪活动。大学生信息异化这五个层面是递进的关系，往往由最初表现为信息恐慌，由轻到重，最后发展到信息犯罪。

二 大学生信息异化与思想政治教育进网络

大学生信息异化，实质上是信息主体与客体之间关系的颠倒，是大学生作为人在作为物的信息当中的同化，是大学生价值目标的丧失与错位。高校作为大学生成长成才的摇篮，要根据信息时代的特征，针对大学生的特点，积极推进思想政治教育进网络，防止大学生信息异化，切实加强和改进思想政治教育工作，这是培养社会主义事业建设者和接班人的迫切需要。

（一）积极推进思想政治教育进网络，有利于在时间上预防信息异化

信息凭借网络传递的速度，几分钟内就可以传播到世界上任何一个角落。针对大学生把上网作为获取信息最重要的手段，且上网地点分散、时间不固定等特点，积极推进思想政治教育进网络，就会充分利用网络这一载体，加强大学生思想政治教育，提高大学生的思想政治意识以及鉴别是非和应对问题的能力，使大学生在思想上及早筑起预防信息异化的坚固“堤坝”，面对网络信息作出科学判断与正确选择，真正做到利用网络信息为自己健康成长成才服务。

（二）积极推进思想政治教育进网络，有利于在空间上规避信息异化

信息技术的广泛运用，使信息克服了时空限制，在更广阔的范围迅速传播。积极推进思想政治教育进网络，可以充分、有效地利用信息技术优势，使思想政治工作者和大学生能在同一时刻、不同地点进行“面对面”的工作，这就突破了传统思想政治教育空间的局限性，开拓了开放性的教育空间，形成了大学生思想政治教育的新领域和新阵地。网络这个思想政治教育新阵地，主旋律的东西不去占领，非主旋律的东西就会去占领。控制这个领域，占领这个阵地，是新形势下加强和改进大学生思想政治教育的需要，也是在空间上有效规避信息

异化的需要。

（三）积极推进思想政治教育进网络，有利于在手段上屏障信息异化

与手段单一、方法陈旧的传统思想政治教育相比，积极推进思想政治教育进网络，加强大学生网络思想政治教育，可以通过多媒体技术、网络技术等，利用色彩鲜艳的图片、悦耳动听的音响、生动活泼的画面等构成一幅立体化的教育形式，从视觉、听觉、甚至触角等方面刺激教育对象，使他们如临其境，把枯燥的思想政治教育变得生动活泼，最大限度地调动大学生获取正面信息的主动性，增强思想政治教育的吸引力，从而对负面信息的影响进行有效屏障。

（四）积极推进思想政治教育进网络，是培养社会主义建设者和接班人的需要

进入 21 世纪，敌对势力同我们争夺接班人的斗争呈现新的特点。他们利用网络等现代科技手段和经济全球化的国际背景，通过政治蛊惑、经济往来、信息传播、文化交流等更加隐蔽的途径和手段，向大学生推销其政治制度、价值观念、文化思想和生活方式。高校作为培养社会主义事业合格建设者和可靠接班人的重要阵地，必须认真对待一些西方发达国家利用网络进行意识形态渗透这一挑战，积极推进思想政治教育进网络，加强大学生网络思想政治教育，承担防止信息异化、培养合格人才这一艰巨历史责任。

三　加强大学生网络思想政治教育防止信息异化的措施

信息异化的根源不在信息而在人自身。防止大学生信息异化，就要从做好大学生自身的工作入手，加强大学生网络思想政治教育，引导他们充分认识信息异化的实质和危害，克服信息活动的自发、片面、畸形状态，正确地获取、选择、利用信息，科学地整合、转化与

创新信息，促进自身全面、协调、可持续发展。

（一）加强大学生网络思想政治教育，就要树立主体意识，引导大学生在人与信息的关系中准确定位

信息本是人的创造物，为人所用，是人的客体。人应当以主体身份选择、利用信息，为人的生存、发展服务。人如果不能驾驭信息，没法把握自身的主体地位，必然产生信息异化，从而导致丧失主体地位走向对象化和工具化。要把培养大学生的主体意识作为加强大学生网络思想政治教育、防止信息异化的前提基础，教育引导大学生明确自己与信息的关系是主体与客体的关系，一方面要适应信息社会，学习和掌握信息技术，这是在信息社会生存和发展的重要条件，另一方面也要克服对信息、信息技术的过分依赖与迷信，充分利用信息而不为信息所左右，始终掌握在信息社会中学习、发展、成才的主动权。

（二）加强大学生网络思想政治教育，就要树立政治意识，增强大学生的政治敏锐性和明辨是非的能力

面对网络提出的严峻挑战，要防止大学生信息异化，就要增强大学生自身的政治敏锐性和明辨是非的能力，使他们在享受网络传播信息便利、快捷的同时，在思想上筑起有效的“防火墙”。一是提高大学生的思想政治素质，用马克思列宁主义、毛泽东思想、邓小平理论和“三个代表”重要思想武装大学生的头脑，帮助他们树立正确的世界观、人生观和价值观，增强政治敏锐性和政治鉴别力。二是提高大学生的思想道德素质，培养健全的人格和高尚的情操，使其在西方腐朽生活方式信息的诱惑面前，能自觉地加以抵制。三是提高大学生的法制意识，自觉地遵守有关信息网络法律和制度，规范自己的行为，做遵纪守法的优秀“网民”。

（三）加强大学生网络思想政治教育，就要树立阵地意识，把校园网作为网上思想政治教育的主阵地

根据《山东高校 2005 年大学生思想政治状况调查报告》，有

32.3%的大学生是在校园周边网吧上网，显示了高校网络建设严重不足，不能满足学生的需要。网络文化阵地同任何思想阵地一样，如果不用先进文化、积极向上的思想去占领，那些非主流的、腐朽的、低级颓废的精神垃圾就会乘虚而入。高校要树立强烈的阵地意识，加强校园网络建设，积极推进思想政治教育进网络，一个宽松的上网环境的平台建设，将是防止信息异化、构建网络思想政治教育阵地的首要条件和基础前提。要积极推进邓小平理论和“三个代表”重要思想进网络，利用校园网为大学生的学习和生活提供服务，建设融思想性、知识性、趣味性、服务性于一体的主体教育网站，开展生动活泼的网络思想政治教育，牢牢把握网络思想政治教育的主动权。要坚持贴近实际、贴近思想、贴近生活的方针，及时了解大学生的思想状况，积极回答和解决他们提出的各种问题，提高网络思想政治教育的针对性和有效性。

（四）加强大学生网络思想政治教育，就要树立时代意识，进一步提高大学生的信息使用能力

信息技术的发展、更新不仅速度快，而且向社会各个领域渗透，也不断改变着大学生的学习、工作与思维方式。只有不断提高新的信息技术知识，掌握新的信息技术手段，提高信息使用能力，大学生才能主动适应并驾驭信息社会，否则就会在信息技术迅速更新、信息快速变化中陷入被动，甚至可能出现新的异化现象。因此，提高大学生信息技术水平，培养信息使用能力，是加强大学生网络思想政治教育，防止大学生信息异化的重要条件。

（五）加强大学生网络思想政治教育，就要树立法制意识，用法律的强制力来约束信息活动

法律是调整人们行为的重要手段，也是规范网络行为的重要方式。由于互联网无中心控制点，且信息源太多，在技术上难以完全控制网络信息的发布和传播，因此，必须加强信息立法，制订和完善各种信息法律、法规，加大司法执法力度，不断健全信息政策和法规体

系，严格规范和控制信息活动行为，用法律武器打击信息犯罪，约束信息泛滥，这样，才能从源头上控制信息异化现象的产生。高校要加强大学生法制宣传教育和制度规范，严格审查校园网络信息，防止不良信息从校园网络传播。要加强大学生网络道德建设，培育大学生文明上网意识，做到自律与他律的有机结合，从主观和客观两个方面防止信息异化。

（2006 年发表于《探索》第 5 期）

大学生思想政治教育要抓在“点”字上

加强和改进大学生思想政治教育，培养德才兼备的合格人才，是事关国家前途和民族命运的战略工程，是事关高校建设发展的振兴工程。全国加强和改进大学生思想政治教育工作会议的召开和中央《关于进一步加强和改进大学生思想政治教育的意见》的出台，明确了大学生思想政治教育的指导思想、基本原则和主要任务，关键是如何抓好落实。笔者认为，要结合高校实际创造性地开展工作，扎扎实实地抓在“点”字上。

一　把握出发点明确落脚点

（一）把握出发点，正确认识大学生思想政治教育面临的新形势

要着重把握好四点：一是认清国际国内形势的变化对大学生思想政治教育提出的新课题。面对经济全球化，如何培养学生既有世界眼光、国际意识，又能辨别是非，保持民族的自尊心和自信心；面对市场经济的负面影响，如何坚持和弘扬以为人民服务为核心的社会主义道德建设的基本原则；面对互联网带来的信息多元化的挑战，如何培养学生既有获取信息、求知的能力，又能提高筛选、鉴别、吸收、抵制的能力；西方敌对势力和反华势力对我国进行和平演变的策略并没有改变，渗透和破坏的形式与手段更加隐蔽，如何有效地开展理想信念教育，引导大学生面对复杂的国际形势坚定走中国特色社会主义道路等，都是大学生思想政治教育工作面临的新课题。二是认清高教改

革对大学生思想政治教育带来的新课题。近年来，高校在招生、就业、教学、管理等方面进行了一系列改革，高校收费制度改革带来了贫困大学生的教育、管理和资助等问题；就业制度改革带来了大学生就业指导、服务、开拓就业市场等问题；学分制改革使原来以班级为主要载体的学生基本组织形式弱化，需要建立学生教育管理工作的新载体和新机制；后勤社会化改革，迫切需要把学生思想政治教育向公寓延伸，使大学生活园区成为具有思想教育、行为指导、生活服务、文化活动等功能于一体的教育基地，这些都是急待解决的重要课题。三是认清大学生思想特点和群体特点发生的新变化。当代大学生思想主流积极健康向上，爱祖国、求进步、谋发展是当代大学生的主流方向。但大学生思想还存在一些突出问题：政治淡漠，行为功利；心理问题有上升趋势；特困生问题突出；网络对学生的负面影响越来越明显；就业、升学压力日益加重。时代的变化、体制的转变和学生思想特点的变化，反映在大学生群体上出现了新的特点，出现了一些特殊群体：心理障碍群体；独生子女群体；家庭贫困、学业吃力、就业困难等弱势群体。四是认清当前大学生思想政治教育面临的良好机遇。2005 年年初，召开了全国加强和改进大学生思想政治教育工作会议，胡锦涛总书记作了重要讲话。胡锦涛总书记的重要讲话和中央 16 号文件，科学总结了经验，深刻分析了形势，明确提出了加强和改进大学生思想政治教育工作的指导思想、基本原则和主要任务，是全面加强和改进大学生思想政治教育的行动纲领和工作指南。中央领导的高度重视和 16 号文件的出台，为加强和改进大学生思想政治教育带来了良好机遇。

（二）明确落脚点，培养社会主义事业合格建设者和可靠接班人

培养社会主义事业合格建设者和可靠接班人，要以理想信念教育为核心，以爱国主义教育为重点，以思想道德建设为基础，以大学生全面发展为目标，不断创新思想政治教育思路。以理想信念教育为核心，就要把用邓小平理论和“三个代表”重要思想武装学生头脑作为思想政治教育的重中之重，扎实推进“三进”工作，引导大学生

正确认识社会发展规律，认识国家的前途命运，认识自己的社会责任，确立在中国共产党领导下走中国特色社会主义道路的信念和信心，形成全面建设小康社会、实现中华民族伟大复兴的共同理想和坚定信念。以爱国主义教育为重点，就要继承和发扬中华民族优良传统和中国革命传统，增强民族自尊心、自信心和自豪感，培养爱国情怀、改革精神和创新能力，始终保持艰苦奋斗和昂扬向上的精神状态。以基本道德规范为基础，突出公民道德教育，引导大学生自觉遵守爱国守法、明礼诚信、团结友善、勤俭自强、敬业奉献的基本道德规范。以大学生全面发展为目标，突出素质教育，将思想政治教育与素质教育贯通起来、融合起来，以素质教育为依托和支撑，拓展和延伸思想政治教育的内容和空间，寻求两者相互促进、共同提高的结合点，实现两者的良性互动，促进学生思想道德素质、科学文化素质的协调发展。

二　发挥优势点强化薄弱点

（一）课堂教学是大学生思想政治教育的主渠道

课堂教学是高校向学生传道授业解惑的主要形式和渠道，也是高校开展教育、培养人才的特色和优势。有效地开展大学生思想政治教育，必须紧紧抓住高校的特色和优势，充分发挥思想政治理论课、思想品德课、形势政策课和哲学社会科学四类主干课程的作用，开展理论与实践相结合、系统化与特色化相结合、说服力和感染力强的思想政治教育。

高校“两课”即思想政治理论课、思想品德课是大学生思想政治教育的主渠道。按照充分体现当代马克思主义最新成果的要求，加强思想政治理论课的学科建设、课程建设、教材建设和教师队伍建设，紧密联系改革开放和社会主义现代化建设的实际，联系大学生的思想实际，改革教学内容、改进教学方法、改善教学手段，推进邓小平理论和“三个代表”重要思想进教材、进课堂、进大学生头脑。形势政策教育是思想政治教育的重要内容和途径。将形势政策教育列入教学计划，规定必要的学分；建立形势报告会制度，经常为大学生介绍最新形势与政策，及时回答热点问题，帮助他们正确理解党的方针政策。高校哲学社会科学课程负有思想政治教育的重要职责。加强高校哲学社会科学课程建设，坚持学术研究无禁区、课堂讲授有纪律，坚持马克思主义在意识形态领域的指导地位不动摇，用优秀理论武装大学生，用优秀文化培育大学生。

（二）强化薄弱点，建立大学生思想政治教育工作的长效机制

加强和改进大学生思想政治教育工作要抓住薄弱环节重点突破，紧紧抓住制度建设这个更具根本性、全局性、稳定性、长期性的重要环节，建立起既能立足当前，有效解决突出问题，又能着眼长远，保证工作不断推进的工作制度。一是建立和完善领导体制和工作机制。形成党委统一领导、党政群齐抓共管、专兼职队伍相结合、全校紧密配合、学生自我教育的领导体制和工作机制。二是建立发挥课堂主渠道作用的长效机制。所有教师都履行育人职责，所有课程都发挥育人功能，做到教书与育人有机结合。三是建立开展社会实践长效机制。建立固定的实践基地，把理论与实践结合起来，引导大学生深入社会、了解社会、服务社会。四是建立校园文化建设的长效机制，把建设与管理结合起来，为大学生提高素质和健康成长提供强大精神动力。五是建立为学生办实事好事的长效机制，把解决思想问题与解决实际问题结合起来，在关心人、帮助人中教育人、引导人。六是建立思想政治教育队伍建设长效机制，把培养与使用结合起来，为加强和改进大学生思想政治教育提供组织保证。七是建立大学生思想政治教育保障机制，加大大学生思想政治教育工作的经费投入，确定科目，列入预算，保证工作顺利开展。八是建立大学生思想政治教育工作激励机制，将大学生思想政治教育工作作为办学质量和水平评估考核的重要指标，纳入学校党建、教育教学和学生工作的评估体系，充分调动各方面力量做好思想教育工作。

三 找准切入点抓住着力点

（一）坚持解决思想问题与解决实际问题相结合

把帮助大学生解决实际问题作为思想政治教育的切入点，关键要抓好四个结合：一是把思想政治教育与资助贫困生工作结合起来，进一步完善“奖、贷、补、助、减”资助工作体系，重点抓好国家助学贷款、勤工助学工作，引导学生艰苦奋斗、自立自强。二是把思想政治教育与毕业生就业工作结合起来，在帮助毕业生“分析就业形势、诠释就业政策、预测就业前景、指点就业技巧”的过程中，加强择业观念和创业意识教育，激励毕业生到祖国最需要的地方就业、创业、建功立业。三是把思想政治教育与心理健康教育结合起来，为大学生提供及时、有效、高质量的心理健康指导与服务，帮助他们处理好学习成才、择业交友、健康生活等方面问题，培养良好的心理品质。四是把思想政治教育与日常管理服务紧密结合起来，了解大学生的愿望要求，关心大学生的冷暖疾苦，帮助大学生解决实际困难，在科学严格的管理和细致入微的服务中增强思想政治教育的实效。

（二）大学生思想政治教育工作要在创新中发展

加强和改进大学生思想政治教育，着力点应放在创新上，在创新中发展，在发展中创新，以创新促发展。一是用好新阵地，抓好大学生思想政治教育进网络、进公寓、进社团工作。加强校园网的建设、管理和运用，注重队伍建设，建立一批主旋律强的网站，积极推进思想政治教育进网络，使之成为了解学生思想动态和关注热点的新渠道。加强公寓文化建设，搞好环境育人，加快公寓区辅导员工作室、党团活动室、社团活动室、心理咨询室建设。充分发挥社团活动在提高学生综合素质、引导学生适应社会、促进学生成才等方面的重要作用，积极发展和规范学生社团，选派政治强、业务好的教师指导社团活动，巩固大学生思想政治教育的流动阵地。二是探索新方法，以优秀的校园文化熏陶人，以社会实践锻炼人。充分发挥校园文化的导向和育人功能，以校园精神的提炼和弘扬为核心，努力建设体现社会主义特点、时代特征和学校特色的校园文化，形成优良的校风、教风和学风，搭建思想政治教育的平台。加强文化素质教育，大力开展丰富多彩、积极向上的学术、科技、体育、艺术和娱乐活动，寓教育于文化活动中。三是利用新优势，发挥党团组织和学生组织在思想政治教育中的作用。充分发挥党组织在大学生思想政治教育中的重要政治优势和组织优势。做好学生党员发展工作，加强学生党员先进性教育，坚持把党支部建在班上，创新学生党支部活动方式，使学生党员充分发挥先锋模范作用，学生党支部成为开展思想政治教育的坚强堡垒。充分发挥共青团组织在教育、团结和联系大学生方面的优势。充分发挥学生会、研究生会的桥梁和纽带作用，引导大学生自我教育、自我管理、自我服务。加强对学生会、研究生会的工作指导，开展生动有效的思想政治教育活动，把广大学生紧密团结在党的周围，为实现共同理想而奋斗。

（2006 年发表于《当代教育科学》第 5 期）

从高校德育的层次性谈实效性

党中央、国务院《关于进一步加强和改进大学生思想政治教育的意见》是新时期高校德育工作的行动纲领。加强和改进高校德育工作，就要认真贯彻全国加强和改进大学生思想政治教育工作会议和中央德育文件精神，紧密联系高校德育实际，在区分层次性、增强针对性、提高实效性上下功夫。

一　区分层次性是提高德育实效性的基础和前提

层次性、针对性、实效性是高校德育科学性的内容，也是高校德育科学性的体现。实效性是一切工作的出发点和归宿，也是高校德育生命力之所在；增强针对性是提高实效性的关键环节，没有针对性，就没有实效性；高校德育的层次性是客观存在，区分层次性才能更好地增强工作的针对性，从而进一步提高高校德育的实效性。

（一）德育目标的层次性

德育目标是通过德育活动所要达到的目的要求。我国还处在社会主义初级阶段，多种所有制形式、经营形式、分配形式并存。社会道德方面既有属于最高层次的、代表未来方向的共产主义道德，也有作为调整个人与社会、集体、他人关系的社会主义道德，呈现了以社会主义道德为主体的多种道德并存的情况。与之相适应，大学生道德水准呈现多层次、多规格的特点。从德育自身规律、大学生群体特点和社会发展阶段要求来看，当前我国高校德育目标的确立应分为两个层次：对大多数学生来说，要引导他们学会做人，成为文明修养、人际关系良好，国家民族意识、社会公民意识、法制意识较强，具备社会主义道德观和共同理想的合格公民，这是基本目标；对大学生中的积极分子，要培养他们成为坚定的马克思主义者，具备科学世界观、人生观和价值观，树立共产主义道德观和远大理想的社会主义事业合格建设者和可靠接班人，这是最高目标。

德育目标的层次性启示我们：要坚持从实际出发，区分不同层次，明确不同目标，有针对性地实施德育，不能将只有先进分子才能达到的目标，要求所有人员普遍达到；在德育过程中坚持德育目标社会主义初级阶段的现实性与体现共产主义理想的方向性的有机结合。

（二）德育内容的层次性

德育内容是指用什么样的道德规范、政治思想和世界观去教育培养年轻一代的问题。德育内容是德育目标的体现和具体化，德育目标的层次性决定了德育内容的层次性：面对全体学生，以理想信念为核心，开展正确的世界观、人生观、价值观教育，使大学生确立在党的领导下走中国特色社会主义道路、实现中华民族伟大复兴的共同理想和坚定信念；以爱国主义为重点，开展弘扬和培育民族精神教育，培养大学生的爱国情怀；以基本道德规范为基础，深入进行公民道德教育，培养大学生良好的道德品质和文明行为；以大学生全面发展为目标，深入进行素质教育，促进大学生思想道德素质、科学文化素质和健康素质协调发展，这是高校德育基本层次的内容。较高层次的德育内容是在基本层次德育内容的基础上，积极引导大学生不断追求更高的目标，使他们中的先进分子树立共产主义远大理想，确立马克思主义的坚定信念。

德育内容的层次性启示我们：要根据不同年级大学生的心理特征和品德形成规律，区分对象，有层次、有顺序地安排德育内容，做到由浅入深、循序渐进，不搞一刀切；不同层次的德育内容不能简单机械地绝对割裂，要注意互相衔接，有机结合，面向全体大学生实施基本层次的德育内容，并向较高层次德育内容的方向引导，对高年级和素质较高的学生，要主动实施较高层次的德育内容。

（三）德育方法的层次性

德育方法是为完成德育任务所采取的手段。由于德育过程是一个多因素相互影响多层次的发展过程，决定了德育方法的多样性和层次性。德育方法从不同的视角可以分出不同的层次。如，从德育主体和客体的角度看，可以分为主体外部灌输和客体自我修养两个层次；从德育内容权重的角度看，可以分为理论教育、实践体验；从德育的类型看，可以分为氛围型、渗透型、情感型、审美型；从德育方法的特点和作用看，可以分为说理教育法、情感陶冶法、实际锻炼法、榜样示范法、修养指导法等。

德育方法的层次性启示我们：不同时期，不同环境，不同教育对象，要有针对性地采取不同德育方法；德育过程中要注意各种方法的有机结合，组合使用，优势互补；既要发挥德育主体的优势，又要尊重德育客体的需求，在德育主体与客体之间寻求最佳结合点，以达到最佳德育效果。

二　区分层次，和谐推进，增强德育实效性

做好新形势下的高校德育工作，就要针对以往德育存在的突出问题，把握好德育层次性要求，采取相应手段分层实施，增强针对性，提高实效性。

（一）坚持“外授”与“内练”有机结合，充分发挥学生在德育过程中的主观能动性

人的行动的一切动力都一定要通过他的头脑，一定要转变为他的愿望动机，才能行动起来。事物的转化，外因是条件，内因是根据，外因只有通过内因才能发生作用。正确世界观的形成需要科学理论的指导，而科学理论不可能在人的头脑中自发产生，需要从外部“灌

输”进去。但是，德育内容要真正成为人们世界观、价值观的有机组成部分，就必须经过主体的选择和确认，形成坚定的自我行为理念，内化为个人的品行特征。过去那种只注重发挥德育工作者的主导作用，忽视学生主体地位和主观能动性发挥，没有主体切身体验、反复实践的德育，不能达到预期目的。因此，高校德育必须在搞好外部“灌输”、提高外部“灌输”艺术魅力的同时，坚持学生的主体地位，尊重学生的道德需求，调动学生的道德理性，通过自我认知、自我体验、自我教育、自我建构，积极寻求外部“灌输”与自我体验之间的最佳结合点，通过共鸣来达到德育目的。

（二）坚持“显性”与“隐性”有机结合，使德育滋兰树蕙润物无声

传统高校德育主要是通过开设德育课程等“显性”德育的形式进行。随着市场经济的发展、高等教育体制改革的深入和大学生主体意识的增强，教科书和课堂教学之外的学校规章制度、教师素质、集体活动、校园文化等方面的影响以潜在的、渗透的方式作用于每一位学生，影响着学生世界观、人生观和价值观的形成，这种课堂教学之外的间接传递给学生的德育，可以说是“隐性”德育。“隐性”德育的优势在于它的隐蔽性，是通过耳濡目染、潜移默化、润物无声的方式进行的，因而更容易被学生接受。“高等学校思想政治理论课是大学生思想政治教育的主渠道。”[①] 我们在充分发挥“两课”德育主渠道的“显性”作用的同时，必须大力开展“隐性”德育：一是发挥课堂教学的“隐性”德育功能。“高校各门课程都具有育人功能”，[②] 要把德育内容融入大学各门课程，渗透到教学的各个方面。二是发挥校园物质环境的“隐性”德育功能。具有一定主题思想、体现积极向上的校容校貌、校园景观、校园建筑等都可以赋予“隐性”德育功

---

① 《中共中央国务院关于进一步加强和改进大学生思想政治教育的意见》（中发〔2004〕16号）。

② 同上。

能。三是发挥校园文化的“隐性”德育功能，使学生在参与中潜移默化地受到蕴含于其中的思想观念的影响、感染和熏陶。四是发挥高校制度规范的“隐性”德育功能，通过校规校纪、管理制度、评价制度等来引导、约束、矫正和激励学生的思想、行为。五是发挥榜样示范的“隐性”德育功能，通过名人、教师、学生党员积极分子等榜样的形象和言行，将抽象的道德要求具体化、人格化。六是发挥校园氛围的“隐性”德育功能，通过营造优良校风、学风、班风，培养学生的责任意识、协作意识和集体主义观念，形成积极向上、开朗健康的个性心理品质。七是发挥网络的“隐性”德育功能，通过开发更多的集教育性、趣味性、适应性于一体的多媒体德育软件，使网络德育既隐蔽，又具有较强的吸引力和感染力。

（三）坚持“先进性”与“普遍性”有机结合，使德育工作更具针对性和实效性

长期以来，我们的德育目标是单一的“理想化”，德育对象的要求是一样的“标准化”，德育内容是一律的“规范化”，这种没有层次性、空泛的德育必然导致虚无的效果。要增强德育的针对性、提高实效性，必须坚持德育“先进性”与“普遍性”的有机结合。在德育目标上，强化以人为本的原则，寻找社会发展需要和自身发展需求的最佳结合点，把德育与人生幸福、人的尊严、终极价值联系起来，把大学生的前途、命运与国家的前途、命运结合起来，实现大学生的全面发展与培养社会主义事业合格建设者和可靠接班人根本目标的完美统一；在德育对象上，强化因材施教的原则，坚持面向全体学生的基本目标和面向部分先进分子的终极目标的有机统一，坚持德育内容大众化的基本性要求与较高层次的导向性要求有机统一；在德育内容上，应坚持全体大学生应确立在中国共产党领导下走中国特色社会主义道路、实现中华民族伟大复兴的信念；文科大学生应进一步具备马克思主义理论素养；共产党员和先进分子应树立共产主义远大理想，成为青年马克思主义者。

（四）坚持“开放性”与“时代性”的有机结合，使德育效果经得起时空的考验

国际政治经济全球化、思想文化多元化，国内实行社会主义市场经济，高校管理体制改革进一步深化，大学生群体特点和思想特点发生了新变化。在这样的时代背景下，高校德育要解放思想、实事求是、与时俱进，坚持“开放性”与“时代性”的有机统一。一是要有开放性的德育视野，在国际国内大背景下统筹考虑德育的目标、内容、方式、方法；二是坚持德育时空的开放性。积极借鉴发达国家德育方面的先进理论、典型经验和成功做法；努力实现学校、家庭、社会三位一体德育工作格局；德育不仅教给学生正确的思想观点、政治准则和道德规范，更要教给学生辨别是非、分析表象、解决问题的能力，使德育效果经得起时空的考验，避免出现所谓学校德育十年功，走出校门一场空现象。三是坚持德育内容的时代性。社会主义初级阶段和社会主义市场经济，这是我国的基本国情，高校德育必须符合当前的社会实际，既有理论知识的传授，也有社会实际的剖析，既讲“真、善、美”，也讲“假、恶、丑”，摒弃“假、大、空”，提倡“真、活、实”，解决高校德育与社会实际“两张皮”现象。

（2006 年发表于《黑龙江高教研究》第 1 期）

论大学生思想政治教育的创新

一 加强和改进大学生思想政治教育是构建社会主义和谐社会的内在要求

（一）加强和改进大学生思想政治教育，培养全面和谐发展的人才，是构建社会主义和谐社会题中应有之义

和谐社会是指人的自身、人与社会、人与自然全面和谐的社会。在这三对和谐关系中，人自身的和谐是核心，只有以人自身的和谐为前提，才能实现人与自然、人与社会的和谐；同时，人自身的和谐又是人与自然、社会和谐的产物，人与自然、社会的和谐根本目的是要促进人的全面和谐发展。为了人、依靠人、发展人是和谐社会的本质，应当成为建设和谐社会的中心环节。大学生思想政治教育的主要任务，就是深入进行理想信念教育、爱国主义教育、基本道德规范教育和素质教育，根本目的是培养全面和谐发展的社会主义事业合格建设者和可靠接班人，这与构建社会主义和谐社会在本质上是一致的。社会主义和谐社会是"民主法治、公平正义、诚信友爱、充满活力、安定有序、人与自然和谐相处的社会"。①

---

① 胡锦涛：《在省部级主要领导干部提高构建社会主义和谐社会能力专题研讨班上的讲话》，《光明日报》2005 年 2 月 20 日第 1 版。

（二）我国经济社会发展处于关键时期，构建社会主义和谐社会，需要大学生思想政治教育提供思想保证、精神动力和智力支持

我国正处于“发展黄金期”和“矛盾凸显期”。一方面，历史发展进程表明，人均 GDP 在 1000 美元到 3000 美元之间的发展阶段，往往是一个国家经济社会发展的黄金期，也是矛盾凸显期。在这样一个时期，当代大学生承受的学业、心理、就业等方面的压力巨大，极易出现发展不和谐的情况，而大学生作为国家高层次的人力资源，他们的稳定和谐，对全社会的稳定和谐具有举足轻重的影响。因此，构建社会主义和谐社会必须加强和改进大学生思想政治教育。另一方面，和谐是思想政治教育的内在品质，当前大学生思想政治教育还存在着与和谐社会要求不相称的“不和谐音”：思想政治教育目标理想化，缺少层次性，往往将只有先进分子才能达到的目标，要求所有人员普遍达到；思想政治教育内容空泛化，缺少针对性，往往不区分对象，千篇一律，使受教育者难以理解、内化；思想政治教育方式简单化，缺少多样性，往往外部灌输的多，自我修养的少；知识说教的多，实践体验的少；抽象化的规范多，个性化的指导少；强制性的管教多，人性化的教育少。这些问题不解决，势必影响合格人才的培养和社会主义和谐社会建设。

二 构建社会主义和谐社会为加强和改进大学生思想政治教育提供了全新视野

（一）坚持以人为本的理念

和谐社会带给我们一个全新理念就是坚持以人为本。从全国的宏观层面来说，以人为本就是以实现人的全面发展为目标，从人民群众的根本利益出发谋发展、促发展，不断满足人民群众日益增长的物质文化需要，切实保障人民群众的经济、政治和文化权益，让发展的成果惠及全体人民。从大学生思想政治教育的层面来说，以人为本就是以学生为本，从大学生的实际出发，以大学生的全面发展为目标，尊重大学生的主体地位，维护大学生的根本利益，促进大学生全面和谐发展。

（二）坚持学生主体的理念

教育内容只有通过学生的吸收、内化才能转化为学生的自主意识和自觉行动。和谐社会条件下的大学生思想政治教育必须充分发挥学生的主体作用，尊重学生的主体地位，将大学生作为能动的、自主的、独立的个体，尊重他们的独立人格、自身价值和思想感情；塑造学生主体属性，通过说服教育、示范引导与提供服务，倡导师生相互尊重、平等对话和自由交流，启发学生内在的思想政治需求，培养他们的主体意识、自主能力、创造才能；把握好大学生个体内在价值发展的需要，引导他们实现自身价值与社会价值和谐统一。

（三）坚持科学发展观

科学发展观就是坚持以人为本，全面、协调、可持续的发展观。大学生思想政治教育坚持科学发展观，就是以学生为本，坚持全面发展，促进大学生思想政治素质、科学文化素质和健康素质全面发展；坚持协调发展，统筹课内课外思想政治教育的资源，统筹教书育人、管理育人、服务育人，统筹发挥党团组织和学生组织作用，统筹思想政治教育三支队伍建设，统筹解决学生面临的各种实际问题；坚持可持续发展，紧紧抓住制度建设这个重要环节，建立起既能立足当前，有效解决突出问题，又能着眼长远，建立保证工作不断推进的领导体制和工作机制。

（四）坚持和谐教育观

就是用和谐的方法培养人、培养和谐发展的人。人自身的和谐是社会和谐发展的根本前提，构建社会主义和谐社会本身就包括促进人的全面和谐发展。学校应该永远以此为目标：学生离开学校时是一个和谐的人，而不是一个专家。高校培养社会主义事业合格建设者和可靠接班人，就要加强和改进大学生思想政治教育，使思想政治教育诸要素相互协调、有机统一，培养学生具有正确的世界观、人生观和价值观，能合理处理个人与自然、社会错综复杂的关系，各方面素质全面和谐发展。

三 以和谐理念引领大学生思想政治教育创新

（一）在思想政治教育目标上，坚持普遍性要求与先进性要求的和谐

大学生思想政治教育的主要任务是：以理想信念教育为核心，以爱国主义为重点，以基本道德规范为基础，以促进全面发展为目标，引导大学生确立在中国共产党领导下走中国特色社会主义道路，实现中华民族伟大复兴的共同理想和坚定信念。“要积极引导大学生不断追求更高的目标，使他们中的先进分子树立共产主义的远大理想，确立马克思主义的坚定信念。”① 大学生思想政治教育的目标，首先是塑造全面、和谐发展的人，在此基础上培养社会主义事业合格建设者和可靠接班人，坚持普遍性要求与先进性要求的和谐统一。

（二）在思想政治教育原则上，坚持主要素与诸要素作用的和谐

大学生思想政治教育是一项系统工程，是思想政治教育诸要素和谐运行、综合作用的过程。加强和改进大学生思想政治教育应坚持的基本原则是：坚持教书与育人的和谐；坚持教育与自我教育的和谐；坚持政治理论教育与实践教育的和谐；坚持解决思想问题与解决实际问题的和谐；坚持教育与管理的和谐；坚持继承传统与改进创新的和谐。

（三）在思想政治教育内容上，坚持系统性与开放性的和谐

坚持用科学精神规划大学生思想政治教育的内容体系，做到坚持思想政治素质、科学文化素质与身心健康素质的和谐统一，坚持科学精神与人文素养的和谐统一。在坚持系统性的基础上，大学生思想政

---

① 中共中央国务院：《关于进一步加强和改进大学生思想政治教育的意见》（中发〔2004〕16号）。

治教育内容必须坚持与时俱进，与时代发展相一致。我国正处在社会主义初级阶段和社会主义市场经济发展时期，这是我国的基本国情，大学生思想政治教育内容必须面对社会实际，既有理论知识的传授，又有对社会实际的剖析，既讲“真、善、美”，也讲“假、恶、丑”，摒弃“假、大、空”，提倡“真、活、实”，解决大学生思想政治教育与社会实际“两张皮”问题。

（四）在思想政治教育形式上，坚持隐性教育与显性教育的和谐

传统思想政治教育往往强调正面灌输，表现为内容上突出主旋律、形式上展示大手笔等“显性”的方式。随着市场经济的发展、高教体制改革的深入和大学生主体意识的增强，单纯的“显性”方式极易产生“审美疲劳”，思想政治教育效果往往不佳，而日常制度规范、师德垂范、集体活动、校园文化等方面以潜在的、渗透的方式作用于每一位学生，影响着学生世界观、人生观和价值观的形成，这种间接传递给学生教育信息的方式，可以说是思想政治教育的“隐性”方式。“隐性”思想政治教育的优势在于它的隐蔽性，通过耳濡目染、潜移默化、润物无声的方式，更容易被学生接受。高等学校思想政治理论课是大学生思想政治教育的主渠道。我们在充分发挥主渠道“显性”作用的同时，必须大力开展“隐性”教育，寓思想政治教育于日常活动中。

（五）在思想政治教育方法上，坚持主导性与主体性的和谐

人行动的一切动力都一定要通过他的头脑，一定要转变为他的愿望动机，才能行动起来。事物的转化，外因是条件，内因是根据，外因只有通过内因才能发生作用。正确世界观的形成需要科学理论的指导，而科学理论不可能在人的头脑中自发产生，需要从外部“灌输”进去。但是，思想政治教育内容要真正成为人们世界观、价值观的有机组成部分，就必须经过主体的选择和确认，形成坚定的自我行为理念，内化为个人的品行特征。过去那种只注重发挥教师的主导作用，忽视学生主体地位和主观能动性发挥，没有主体切身体验、反复实践

的思想政治教育，不能达到预期目的。因此，大学生思想政治教育必须在提高“灌输”艺术魅力的同时，坚持学生的主体地位，通过学生自我认知、自我体验、自我教育、自我建构，积极寻求外部“灌输”与自我体验之间的最佳结合点，通过思想感情共鸣的方法来达到思想政治教育目的。

（六）在思想政治教育手段上，坚持传统手段与现代技术的和谐

高校在长期的思想政治教育过程中，积累了丰富的工作经验，探索出一系列有效的工作手段，许多传统手段至今仍然有效。但现代社会进入了信息化时代，在互联网继报纸、广播、电视之后成为世界第四大媒体的今天，如果我们不在教育手段上与时俱进，思想政治教育就很难吸引学生、赢得学生。调查显示，80%的大学生认为网络使他们开阔了视野，给他们带来了便利，62%的学生把网络作为获取信息的最主要途径，40%的学生把网络作为发表言论的最主要场所，互联网已经成为大学生学习知识、获取信息的重要渠道和表达思想、交流感情的重要场所①。高校要全面加强校园网建设，使网络成为有效开展思想政治教育的重要手段，让传统手段与现代技术和谐统一、相得益彰。

（七）在思想政治教育渠道上，坚持学校教育、家庭教育、社会教育的和谐

现代社会是开放的社会，大学生思想政治教育也要具有开放性，应做到学校、家庭、社会的匹配性和谐。学校是大学生思想政治教育的主渠道、主课堂、主阵地，家庭是重要场所，社会是大课堂。它们在大学生思想政治教育过程中的作用不同，但不能截然分开，在教育过程中应和谐一致，形成教育合力。学校要积极主动建立与家庭相互沟通的渠道，同时争取全社会的大力支持，努力建构党委统一领导，

---

① 迟刚毅、余先亭、李辉：《全面加强高校校园网建设 牢牢掌握网上思想政治教育的主动权》，《光明日报》2005年9月12日。

党政群齐抓共管，有关部门各负其责，全社会大力支持的领导体制和工作机制。

（八）在思想政治教育载体上，坚持创新性与时代性的和谐

高校学分制改革，以传统学生班级为载体的思想政治教育模式已不适应新形势。当今网络技术的发展把社会推进到信息时代，网络文化深刻影响着大学生的思想观念、生活方式和价值取向；公寓是大学生学习、生活的重要场所，伴随后勤社会化改革，其育人功能越来越突出；学生社团是第二课堂的重要组成部分，是大学生思想政治教育的重要载体，在学生中的凝聚力、影响力很大，对学生的全面发展具有重要的促进作用。网络、公寓、社团具有吸引力大、学生相对集中、凝聚力强等特点，是学分制条件下开展大学生思想政治教育新的有效载体。当前大学生思想政治教育载体创新的工作重点是积极推进大学生思想政治教育进网络、进公寓、进社团，用正确、健康、积极、先进的思想文化占领网络阵地、公寓阵地、社团阵地，引导、影响、塑造学生。

（2007 年发表于《教育探索》第 5 期）

现代化：大学生思想政治教育质量提升的必由之路

当前，我国经济社会发展进入了结构转型期、改革攻坚期、发展关键期和矛盾凸显期，社会主义现代化建设的伟大实践不断向思想政治教育提出新的问题和新的要求，迫切需要思想政治教育能够担负起时代的重任，与时俱进服务于社会主义现代化建设。高等教育承担着为社会主义现代化建设培养合格人才的重任，思想政治教育为大学生健康成长成才提供保驾护航的作用。大学生思想政治教育与时代接轨、与现代化同步，是社会主义现代化建设对高等教育提出的必然要求，也是大学生思想政治教育与时俱进、提升质量的必由之路。

一　大学生思想政治教育现代化的内涵与特征

现代化是当今社会的“热词”。从词义上理解，“现代”是指现在这个时代；“化”加在名词或形容词之后构成动词，表示转变成某种性质或状态；“现代化”是使事物具有现在这个时代的特征和水平的过程和目标。从词源上考察，“现代化”一词来源于古罗马，是文艺复兴时期的产物，最初意指针对中世纪新的社会风尚，之后开始用于不同时代的新特点、新变化。追溯我国历史，1933 年 7 月，中国《申报月刊》刊出“中国现代化问题号”特辑，探讨中国现代化的困难和道路，“现代化”一词开始出现在我国报刊上。从学术界来看，不同学派和不同学者对“现代化”的定义虽有所侧重，但异曲同工。较普遍地认为“现代化”是“不发达社会成为发达社会的过程和目标。作为过程，其首要标志是用先进科学技术发展生产力，生产和消费水平不断提高，社会结构及政治意识形态也随之出现变化。作为目标，它一般指以当代发达社会为参考系的先进科学技术水平、先进生产力水平及消费水平。”① 人类社会发展经历了两次现代化过程，第一次是从18世纪60年代到20世纪60年代，主要特征是从农业经济向工业经济、农业社会向工业社会、农业文明向工业文明的转变，第一次现代化发达国家已经实现，发展中国家还没做完；第二次从20世纪70年代开始，主要特征是从工业经济、工业社会、工业文明向循环经济、信息社会、生态文明转变，包括知识化、信息化、网络化、全球化、生态化等新的内涵，第二次现代化无论是发达国家，还是发展中国家都处于实现的过程中。

大学生思想政治教育现代化是社会现代化的重要组成部分。“现代化是一个多方面的进程，它涉及人类思想和活动的所有领域中的变化。”② 大学生思想政治教育现代化是大学生思想政治教育由传统模式向与现代社会相适应的现代性转向的过程和目标。作为过程，首要标志是用现代先进思想指导大学生思想政治教育，将现代科学技术运用于大学生思想政治教育过程，增强大学生思想政治教育的先进性，提高科技含量，提升教育质量。作为目标，指以现代世界先进的思想政治教育为参照系的大学生思想政治教育视野和理念、内容与方法、评价及效果。大学生思想政治教育现代化具有如下基本特征：一是先进性。先进性是指符合客观事物发展规律，具有发展优势的科学属性。大学生思想政治教育现代化，将当代先进的思想理念、教育内容、科技手段等运用于思想政治教育，符合思想教育规律，体现时代教育特点，代表着当代大学生思想政治教育的先进水平。二是开放性。开放性是指大学生思想政治教育“作为一个系统，其内在诸因素之间以及这一系统与社会环境和其他工作系统之间必然相互影响、相

---

① 夏征农：《辞海》，上海辞书出版社2003年版，第1197页。

② 萨缪尔·亨廷顿：《变动中的政治秩序》，王冠华等译，上海译文出版社1989版，第35页。

互作用”。[1] 当今世界是开放性的，大学生思想政治教育现代化是以开放的视野、世界的范畴、时代的背景为参照系的。三是时代性。大学生是思维最为活跃、接受新生事物最为迅速的社会群体，其思想活动和行为方式呈现鲜明的时代特征，必须用时代的眼光来审视大学生，使大学生思想政治教育体现时代性，富于创造性。四是科学性。科学性是指事物符合客观实际，反映内在本质和客观规律的基本属性。大学生思想政治教育现代化不仅具有所处时代的表面印迹，更富有反映时代特点、符合客观规律的深刻内涵，科学性是大学生思想政治教育现代化的题中应有之义。五是实效性。实效性是评价大学生思想政治教育最重要的标准。大学生思想政治教育现代化以其全方位的先进性、视阈认知的开放性、贴近当下的时代性、符合规律的科学性而更富有吸引力和感染力，更具有针对性和实效性。

二 大学生思想政治教育现代化的实现路径

（一）具备开放性的教育视野

开放性的视野就是“宏观的、跨领域、国际化的视野”[2]。大学生思想政治教育者的视野是否是开放性的，影响思维的高度、认识的广度、剖析的深度和工作的效度。改革开放30多年来，我国经济建设和社会发展取得了举世瞩目的成就，很重要的原因是开放使我们的视野是世界性的，使改革有了先进性的参照坐标。我国的高等教育培养了数以千计、数以万计、数以亿计的优秀人才，大学生思想政治教育起到了重要的思想保证和精神动力作用，这同我们的视野是开放性的不无关系。《国家中长期教育改革和发展规划纲要（2010—2020）》提出了“到2020年，基本实现教育现代化”的奋斗目标，大学生思想政治教育的现代化是题中应有之义。人类进入到21世纪的第二个

① 赵癸萍、白冰：《思想政治教育开放性新探》，《咸宁学院学报》2009年第1期。

② 邢亮、乔万敏：《大学生思想政治教育实效性的开放性视野》，《社会科学战线》2010年第9期。

10 年，大学生思想政治教育将会遇到许多新情况、新问题。进一步拓宽教育视野、转变思维方式、创新工作方法，是大学生思想政治教育适应时代发展、实现现代化、提升教育质量的现实要求。具备开放性的教育视野，最根本的是大学生思想政治教育者要始终站在时代发展前列，始终保持与时俱进的精神状态，始终虚心学习世界的优秀成果，洞察新思潮，树立新观念，掌握新知识，创造新成果。

（二）树立先进性的教育理念

理念是日常思想的提炼和升华，是理性化的看法和见解。理念是行动的先导，有什么样的理念就会有什么样的行动路线、方针、策略和措施，树立先进性的教育理念是大学生思想政治教育现代化的前提条件。树立先进性的教育理念，总体思路是“要对思想政治教育的指导思想、教育观念进行全面反思，特别是要对思想政治教育在新的经济关系和社会关系下的地位、作用、功能重新进行定位，廓清在思想政治教育观念中存在的那些过时、僵化的思想，增强思想政治教育的前瞻性、预见性和针对性，从而提高思想政治教育的实效性”。[①] 先进性的教育理念是多元的，最基本的是要树立改革开放理念、与时俱进理念、民主平等理念、以人为本理念、和谐教育理念等。树立改革开放的理念，就是放眼世界，吸收借鉴世界一切思想政治教育优秀成果，革故鼎新，探索具有中国特色的大学生思想政治教育新模式。树立与时俱进的理念，就是思想政治教育要始终与发展中的现实社会相适应，与现代科技的发展水平相匹配，与大学生思想的时代脉搏共振共鸣。树立民主平等的理念，就是思想政治教育主客体之间地位平等，关系融洽，交流探讨，教学相长。树立以人为本的理念，就是思想政治教育贴近学习、贴近生活、贴近实际，既要解决思想和现实问题，更要教给学生独立思考、正确判断的能力。树立和谐教育的理念，就是思想政治教育的目标、内容、方式、方法等诸要素之间实现相互协调与有机统一，形成和谐有效的思想政治教育运行体系，运用

---

① 张尚字：《思想政治教育现代化浅谈》，《学校党建与思想教育》2005 年第 10 期。

和谐的方法培养和谐发展的人。

（三）建设专业化的教育队伍

大学生思想政治教育是一门科学，高水平、专业化的教育队伍是大学生思想政治教育现代化、教育质量不断提升的组织保证。建设专业化的大学生思想政治教育队伍，应在角色定位上坚持职业化方向，在知识要求上坚持专业化标准。从社会分工来看，大学生思想政治教育是一项具有基本理论和专业技术要求的专门化职业，大学生思想政治教育现代化需要有一批以思想政治教育为职业、进行专业化思想政治教育的专门队伍，作为大学生思想政治教育教师的主体。目前，我国大学生思想政治教育队伍的从业标准、准入制度、考核机制还需进一步完善，教育者的职业精神、职业标准和职业道德还需从职业化的标准来进一步培养、规范和提升。专业化是指某项工作由专门人员经过专业培训，进而专门从事某项工作并不断提高的过程。大学生思想政治教育者应具备较强的思想政治教育学、教育学、心理学、管理学、历史学、职业咨询等相应的专业背景，同时对党的路线、方针和政策有着较为深刻的认识和理解，有较高的理论政策水平和实际应用能力，在大学生思想困惑、心理障碍、人际交往、专业学习、职业规划等问题上予以专业化的正确引导。以思想政治教育学科建设为依托，培养思想政治教育专门人才是大学生思想政治教育现代化的重要举措。

（四）充实时代性的教育内容

大学生思想政治教育有其规范性、系统性的主体教育内容，同时大学生思想政治教育在人才培养中的特殊地位与作用要求其教育内容必须与时俱进，具备时代特点。大学生思想政治教育充实时代性的教育内容，应坚持“三个面向”“三个贴近”和“一个突出”。坚持“三个面向”就是面向现代化、面向世界、面向未来。大学生思想政治教育内容面向现代化，就要充分体现当代马克思主义中国化、时代化、大众化的最新理论成果，能够解答社会主义初级阶段和现代化建设中遇到的各种问题。大学生思想政治教育内容面向世界，就是在坚持社会主义核心价值观导向的前提下，不断汲取并向大学生介绍人类文明创造的一切优秀成果，在开放性的视野中保持思想政治教育内容的不断更新和持久生命力。大学生思想政治教育内容面向未来，就是教育内容具有前瞻性、先导性，用先进的理论、思想、观念教育大学生，为他们全面自由发展成为合格人才提供有效指导。坚持“三个贴近”就是贴近思想、贴近学习和贴近生活。大学生思想政治教育内容贴近思想，就是贴近大学生关切的热点、难点、重点问题，解惑释疑，同频共振，为大学生所关注，才能产生效果。大学生思想政治教育内容贴近学习，就是贴近大学生的根本任务开展成才教育，引导大学生解决好学习目的、方法和效果等方面问题。大学生思想政治教育内容贴近生活，就是从大学生日常的经济、交往、情感、心理等方面实际问题入手，帮助他们排忧解难，充分体现人文关怀，进而解决因此类问题带来的思想问题。坚持“一个突出”就是突出社会主义核心价值体系的引领作用。“社会主义核心价值体系是兴国之魂，是社会主义先进文化的精髓，决定着中国特色社会主义发展方向。”① 当下，大学生思想政治教育充实时代性的教育内容，应突出社会主义核心价值体系教育，用社会主义核心价值体系引领大学生思想政治教育，在大学生中形成共同理想信念、强大精神力量和基本道德规范。

（五）采取现代化的教育手段

思想政治教育手段的现代化“就是结合我国国情，吸取他国经验，不断地用现代科学技术武装、改造教育信息的传播载体，以实现教育方法的最优化”。② 现代科学技术的迅猛发展，为大学生思想政治教育现代化提供了现实条件和更高要求，尤其信息技术的发展带来了经济、社会多层面、宽领域的变革，改变、丰富了大学生获取信息

---

① 《中共中央关于深化文化体制改革推动社会主义文化大发展大繁荣若干重大问题的决定》，《人民日报》2011 年 10 月 26 日第 1 版。

② 袁辉：《思想政治教育现代化》，《太原城市职业技术学院学报》2011 年第 3 期。

的渠道，深刻影响着大学生的思想观念、认知水平和行为方式。作为现代科技的标志性成果的互联网已成为大学生获取信息最重要的渠道之一，如果大学生思想政治教育不主动去占领网络新阵地，控制制高点，其吸引力、感染力和针对性、实效性将大打折扣。大学生思想政治教育现代化，应充分利用互联网技术，以3G、QQ、微博等现代传媒为教育平台，增强与学生进行思想交流、交融的机会，引导学生利用现代科技成果学习、工作和生活的同时，学会面对纷繁复杂的网络信息、社会思潮和多元文化，头脑清醒，辩证思考，不迷方向，理性行动。

（六）构建科学化的评价机制

大学生思想政治教育评价体系可以分三个层面："第一个层面，思想政治教育基本内容掌握得如何？这是知识性评价，没有理论思想支撑的行为是不自觉、不长久的。第二个层面，思想政治教育内容践行得如何？这是实践性评价，知行统一是思想政治教育的重要原则。第三个层面，作为受教育者的大学生能否在开放、复杂、多变的社会时空中，通过自己的认识、分析，作出科学判断，采取正确选择，解决自身的理想信念问题，世界观、人生观、价值观问题，以及学习、工作、生活中的各种困难和问题，这是能力性评价。"① 大学生思想政治教育效果科学评价体系的三个不同层面是统一、递进的关系，是完整、科学的评价体系的组成部分。大学生思想政治教育现代化，构建科学的教育效果评价机制，对于提升大学生思想政治教育质量的作用不可或缺。科学化的评价机制，就要对大学生思想政治教育质量评价的三个层面统筹兼顾，并逐步从第一层面向第二层面过渡，最高目标是达到第三层面。

（2012年发表于《中国成人教育》第24期）

---

① 邢亮、乔万敏：《大学生思想政治教育实效性的开放性视野》，《社会科学战线》2010年第9期。

践行“学在鲁大”打造优质育人文化

一年之计在于春。在学期初召开的学校年度工作会议上，党委书记毕宪顺作了题为“学在鲁大：理想与行动”的重要讲话，明确提出了“学在鲁大”的办学理念，深刻阐述了“构建鲁东大学发展的核心文化与价值”的科学命题，指出了学校2013年乃至今后的工作发展指向。现结合工作实际谈点粗浅的学习体会。

一　体悟“学在鲁大”理念，真正把立德树人作为教育的根本任务

“学在鲁大”完善了顶层设计，明确了学校今后改革建设的发展指向。顶层设计是学校工作的纲领。根据教育部下发的《高等院校本科教学工作水平评估体系》指标，高校的顶层设计就是学校的办学指导思想，它包括办学理念、办学定位、发展战略等。近年来，校党委十分重视学校发展的顶层设计，明确了建设应用型、有特色、国际化高水平大学的奋斗目标，提出了“一二三四”的发展战略和发展思路，确立了每年推进的工作重点。正是因为校党委这几年科学谋划“顶层设计”，扎实推进“顶层设计”，学校的各项工作步入了科学发展的快车道，办学质量进一步提升，办学成效更加显著，使几代鲁大人的诸多“梦想”变成了现实，并继续保持了可持续发展的良好态势。毕书记强调：“学在鲁大，是一个特定的概念，是指在办学实践中，坚持以育人为根本、以教学为中心、以质量为核心的办学理念。学校创造和提供适宜学生全面发展的优质教育教学资源，是学生满意

并引以为荣的学习生活环境，是社会认可、有广泛社会影响的教育品牌。”“学在鲁大”的提出，立足于人才培养这一根本，使办学理念、办学定位和发展战略等学校发展的顶层设计更加配套完善，学校的内涵式发展、可持续发展有了更加科学的行动指南。

“学在鲁大”丰富了办学理念，昭示了学校新阶段科学发展的崭新境界。理念是行动的先导，世界上诸多高校就是通过科学办学理念的指导，作出正确的转型抉择，从而成为一流大学或品牌大学的。鲁东大学建设发展了80多年，为经济社会发展特别是胶东地区的经济、政治、文化和教育事业作出了突出的贡献，积累了丰富的办学经验，需要凝练提升到办学理念层面，进而引领学校的可持续发展。迈上新台阶后的学校如何发展，需要与时俱进、更加丰富的办学理念来统领师生思想，指导工作实践。党的十八大提出了“努力办好人民满意的教育”的目标、“把立德树人作为教育的根本任务”和“推动高等教育内涵式发展”的要求。贯彻落实党的十八大精神，结合我校改革发展实际，适时提出“学在鲁大”，丰富办学理念内涵，凸显育人这一根本，是促进我校内涵式发展、可持续发展、培养德智体美全面发展的社会主义建设者和接班人的内在要求和必然选择。

“学在鲁大”是大学文化建设的总纲，体现了学校向现代大学迈进的价值取向。文化是大学的灵魂，是一所学校核心价值观和大学精神的集中体现，并以潜移默化的方式影响着师生的思想行为和大学的建设发展，是提高教育教学质量及特色发展、创新发展的内在支撑。近年来，学校秉承80多年厚重的历史文化底蕴，与时俱进，汲取时代文化中的精华，扎实推进大学文化建设，取得了重要的阶段性成果。我校今后的大学文化建设需要向深层次推进，如何推进？即以“学在鲁大”统揽全局，坚信大学文化之根本是“育人为本”，坚守“以德为先”的育人观念和“全面发展”的育人方向，打造适宜学生成长成才的育人文化。广义的大学文化是物质文化与精神文化的总和，“学在鲁大”的提出，建立在从文化层面对我校80余年建设发展经验和成就的科学总结与深刻反思，是构建我校“育人为本”核心文化的基点与灵魂，体现了学校向现代大学迈进的价值取向。“学在鲁大”的落实，必须彰显“育人为本”核心文化，为学生提供良好的学习条件和教学资源、生活条件和校园环境、师资队伍和校风校训等硬条件与软环境。

二 践行“学在鲁大”理念，切实打造适宜学生成长成才的优质育人文化

把发展作为第一要义，抓好重点项目建设为学生提供高层次的学习平台。近年来，教育科学学院在校党委和行政的正确领导下，坚持以育人为根本，以学科建设为龙头，以科研为重点，以教学为中心，以质量为核心，学院建设发展取得了突破性进展，取得了一些标志性成果——“问题青少年教育矫正管理”项目获批服务国家特殊需求博士人才培养项目；获批我国唯一的应用心理学专业中外合作办学项目并顺利招生；应用心理学专业被列为山东省名校建设工程示范专业；“问题青少年教育矫正管理”实验中心被评为山东省骨干学科实验教学中心，等等。这些成果的取得，为学生成长成才提供了良好的学习条件，形成了社会认可、影响广泛的教育品牌。贯彻“学在鲁大”理念，全局工作的关键还是在发展，只有发展才能为学生提供更多更好的教育资源。对此，教育科学学院总的思路是：以服务国家特殊需求“问题青少年教育矫正管理”博士人才培养项目建设为龙头，以司法部——鲁东大学问题青少年研究中心为依托，以山东省名校专业建设为切入点，以英国基尔大学——鲁东大学中外合作办学项目为突破口，以培育高水平的标志性成果为着力点，以建设高水平的研究团队为着重点，全面提升办学条件，进一步优化教学资源，为学生提供高层次的学习平台。

以“办学条件建设年”为契机，为学生提供优质的学习条件与教学资源。今年是学校“办学条件建设年”，我院将以此为契机大力加强基本建设，为学生提供更好的学习条件与教学资源。根据学校总体要求，结合博士培养项目需要，配合学校有关部门一道抓好集教学、研究、学术交流、信息中心为一体的综合场所建设，为博士研究生提

供一流的学习研究条件。会同学校职能部门建设好我校与司法部合作建立的“问题青少年研究中心”，为博士人才培养项目提供良好的教学研究与合作交流平台。根据博士、硕士和学士培养目标要求，加大学院图书资料的建设投入，保证教学科研工作需要。加大省财政重点支持专业——应用心理学专业的建设力度，做好人才培养模式与课程体系改革，优化师资队伍结构，构建产学研合作体制机制，加大实训条件建设，提高服务社会能力，辐射带动相关专业群建设，力争把应用心理学专业建成省内一流、国内有较大影响的应用型专业，为学生提供优质的课程资源。加大中英合作办学课程对接研究，探索双校融汇、学分互认的应用心理学专业课程内容及结构、教学方法与模式、实践能力培养的平台与途径，为学生提供多元化的学习成才途径。根据学校“126 人才建设工程”的总体要求，加大我院高水平师资的引进培养力度，完成今年引进计划，争取高层次人才引进工作有突破性进展，为学生成长成才提供坚强的组织保证。根据应用型人才培养的特点，加强实践教学工作力度，为提高学生综合素质、促进全面发展提供科学化、规范化、常态化、效果好的实践教学条件与资源。

切实践行“以人为本”的理念，打造有利于学生成长成才的和谐学院文化。践行“学在鲁大”，学院领导班子建设至关重要。以建设学习型、服务型和创新型的学院领导班子为目标，以学习贯彻党的十八大精神为统领，以制度建设、机制建设为重点，努力建设团结和谐、干事创业、作风优良的领导班子。贯彻学校依法治校战略，进一步建立健全学院的教学、科研、管理等方面的规章制度，以科学规范的制度文化保证“学在鲁大”的办学理念变成育人为本的实际行动。加强学生的职业生涯规划指导和学业辅导，针对不同学生的不同特点和不同需求，加强学院层面的学习动员、学业辅导、成才指导和择业帮扶，引导学生顺利完成学业，成功就业或继续深造。加强学生教育管理的制度建设，实施学生工作“阳光工程”，打造公平竞争的学习、成才环境，为学生健康成长、顺利成才提供正能量。以学习践行学校“双代会”刚刚通过的“求是至善、尚实致用”校风为契机，在学生中广泛深入地开展校训、校风、校徽、校歌、校旗等学校精神文化体系的宣传教育活动，使广大学生耳熟能详，内化于心，外化于行。加强党建和思想政治工作，发挥党组织的战斗堡垒作用和党员干部的先锋模范作用，开展人文化、个性化、和谐型、交流式的思想教育工作，形成有利于学生成长成才的团结、和谐、务实、奉献的良好院风。

（2013 年发表于《鲁东大学报》第 480 期）

以"互联网+"为驱动，构建大学生思想政治教育新形态

2015年，李克强总理在政府工作报告中首次提出了"互联网+"行动计划，2016年和2017年，李克强总理在政府工作报告中都把"互联网+"作为推动经济社会发展的重要举措，这标志着"互联网+"上升为国家战略，中国进入了"互联网+"时代，其显著特点就是通过互联网实现万物互联。习近平总书记强调"政治工作过不了网络关就过不了时代关"。[①] 大学生思想政治教育作为高校合格人才培养的重要保障，必须顺应时代潮流、适应时代特点，以"互联网+"为驱动，实现网络载体与思想政治教育的有机融合，构建"互联网+"大学生思想政治教育的新形态。

一 "互联网+"大学生思想政治教育的内涵分析

（一）"互联网+"理念的提出及其上升为国家战略的历程

互联网发轫于1969年的美国。我国互联网的起始以1987年通过中国学术网CANET向世界发出的第一封E-mail为标志。经过近30年的发展，互联网已经渗透到我国经济社会发展的各个领域、各个层面，并呈现无限的发展潜力和广阔的发展前景。2012年11月，易观

① 黄文涛、潘庆华、章凌等：《习近平在全军政治工作会议上的重要讲话新思想新观点新论断新要求解读》，《解放军报》2014年11月24日。

国际创始人兼董事长于扬在第五届移动博览会上首次提出了“互联网+”的理念。“‘互联网+’是我今天给各位带来的易观的一个想法，我认为其实今天这个世界上所有的传统和服务都应该被互联网改变，如果这个世界还没有被互联网改变它是不对的，一定意味着这里面有商机，也意味着基于这种商机能产生新的格局。”[①] 2015 年的全国“两会”上，人大代表马化腾提交了《关于以“互联网+”为驱动，推进我国经济社会创新发展的建议》的议案，认为“‘互联网+’是指利用互联网的平台、信息通信技术把互联网和包括传统行业在内的各行各业结合起来，从而在新领域创造一种新生态”。[②] 李克强总理在当年的政府工作报告中提出了“互联网+”行动计划，这标志着“互联网+”上升为国家发展战略。2015 年 7 月，国务院颁发了《关于积极推进“互联网+”行动的指导意见》，指出“‘互联网+’是把互联网的创新成果与经济社会各领域深度融合，推动技术进步、效率提升和组织变革，提升实体经济创新力和生产力，形成更广泛的以互联网为基础设施和创新要素的经济社会发展新形态”。[③] 2016 年，李克强总理在政府工作报告中强调发挥“互联网+”集众智汇众力的乘数效应，构建新型创业创新机制。2017 年，李克强总理在政府工作报告中进一步提出了推动“互联网+”深入发展、促进数字经济加快成长的要求。“互联网+”已成为我国经济与社会发展重要的时代特征和发展取向，将对我国乃至世界经济社会发展产生战略性、全局性和革命性的影响。

（二）“互联网+”的基本特征及其对大学生思想政治教育的影响

从技术层面和发展规律来看，“互联网+”总体上还处于初始阶

---

① 于扬：《所有传统和服务应该被互联网改变》，电脑报在线，www. icpcw. com，2012 年 11 月 14 日。

② 苏贺：《马化腾两会提案大谈“互联网+”》，中国物联网，www. netofthings. cn，2015 年 3 月 5 日。

③ 《国务院关于积极推进“互联网+”行动的指导意见》（国发〔2015〕40 号）。

段，未来的发展空间广大无垠，发展模式创新无限，发展机遇蕴涵无穷，但已经显现出基本的特征，即“跨界融合、创新驱动、重塑结构、尊重人性、开放生态和连接一切”。[①]

“互联网+”时代，万物互联，概莫能外。以“互联网+”的六大特征为视角，“互联网+”为大学生思想政治教育创新发展提出了新的挑战、新的机遇。“互联网+”时代的到来，要求大学生思想政治教育与互联网有机整合，深度融合，实现教育的信息化；要求大学生思想政治教育以“互联网+”为驱动，创新工作理念、工作思路和工作举措，实现教育的现代化；要求大学生思想政治教育适应时代重塑结构，在理念充实、内涵丰富、队伍配置、载体运用等方面进行结构性调整，实现教育的最优化；要求大学生思想政治教育贴近学生身边、贴近思想深处、贴近生活实际，始终保持鲜活性和生命力，实现教育的人性化；要求大学生思想政治教育融入互联网这个开放的生态系统，在发挥自身优势的同时，以其真理性、科学性、包容性、鲜活性和人性化，吸引教育广大青年学生，实现教育的开明化。

（三）“互联网+”大学生思想政治教育的内涵及特征

根据“互联网+”的内涵与特征，可以把“互联网+”大学生思想政治教育定义为：把互联网技术与信息通信技术的创新成果与大学生思想政治教育有机结合、深度融合，推动大学生思想政治教育与“互联网+”的内涵要求、时代特征相适应，使其理念解放更新、内容与时俱进、队伍专业现代、手段先进有效、载体创新鲜活、环境开放包容、要素变革重组、效率优化提升，增强创新力与教育力，形成更加广泛的以互联网和信息通信技术为基础设施和创新要素的大学生思想政治教育新形态。

“互联网+”大学生思想政治教育具备如下特点：在融合中创新、

---

① 苏贺：《马化腾两会提案大谈“互联网+”》，中国物联网，www.netofthings.cn，2015年3月5日。

在开放中主导、在包容中引领、在生态中专业。“互联网+”时代倒逼大学生思想政治教育深度同互联网融合，并在融合过程中找准定位，在融合中创新，在创新中发挥自身的功能与作用。互联网是开放的世界，融入其中的大学生思想政治教育必然具备开放性的特点，始终保持定力，创造比较优势，在开放的网络世界中牢牢掌握教育的主动权、话语权和领导权。包容是人性化的重要体现，互联网中万物俱生，万态俱备，融合其中的大学生思想政治教育必须具有包容的胸怀，以自身的真理性、先进性、鲜活性、创新性和预见性等，引导网络世界，引领社会思潮，吸引青年学生，提供教育正能量。网络世界似生态系统，应有皆有，泥沙俱下，大学生思想政治教育要在其中站住脚、立足稳、行得好，就要走专业化道路，建设专职队伍、构建专业平台，抢占网络思潮制高点，占领生态系统最高层，高屋建瓴，游刃有余。只有充分发挥“互联网+”大学生思想政治教育的特点与优势，才能创造工作新形态，实现立德树人的目标。

二 构建“互联网+”大学生思想政治教育的时代吁求

构建“互联网+”大学生思想政治教育新形态，既是大学生思想政治教育创新发展的客观要求，也是自我创新的内在需求。

（一）“互联网+”时代的显著特点是万物互联，“倒逼”大学生思想政治教育创新发展

“互联网+”时代的显著特点是万物互联。当代世界科学技术的发展日新月异，3G、4G、云计算、大数据以及物联网等新一代信息通信技术的出现，正在推动互联网进入设备能够相互通联、数据能够流转分析、信息能够充分共享的万物互联阶段。“在全球新一轮科技革命和产业变革中，互联网与各领域的融合发展具有广阔前景和发展潜力，已成为不可阻挡的时代潮流，正对各国经济社会发展产生着战

略性和全局性的影响。”① 任何行业与领域只有顺应时代要求，适时融入互联网，才能重塑创新体系、吸引广泛人脉、激发创新活力、培育新兴业态、取得创新成果。据调查“网民中最大群体就是青年人，特别是青年大学生已成为上网的主流群体，在网络环境下学习、生活成为大学生活的新途径”“当需要找生活或学习资料时，有69.7%的大学生首先想到的途径是上网搜索。”② 互联网是开放的系统，也是大学生获取信息的重要渠道，如果核心价值不去主动占领，就会被其他社会思潮所充斥。大学生思想政治教育必须与时俱进，主动融入互联网，创造性开展工作，才能赢得大学生，为人才培养提供有力保障。

大学生思想政治教育还存在与“互联网+”时代不相适应之处。表现在：理念落后，还存在对利用互联网开展大学生思想政治教育不屑用、不愿用、不敢用、不勤用的观念；技术落后，面对互联网和信息通信技术的迅速发展，大学生思想政治教育网络平台跟进不及时，技术深度融合不到位；人员落后，既懂技术又会思想政治教育的专职人员较少；管理落后，依法治理、有效管理互联网的措施还没完全到位，拜金主义、享乐主义、极端个人主义等在网络中仍有滋生土壤，庸俗化、低级化、暴力化的倾向仍有很大市场，不良网络游戏和色情聊天还没有得到根本遏制，著作侵权、赌博诈骗、淫秽作品传播等违法犯罪行为也纷纷搭上了高科技的“便车”。这些问题必须在构建“互联网+”大学生思想政治教育新形态的过程中加以解决。

（二）创新是一切教育艺术的“生命”，大学生思想政治教育需要“互联网+”驱动创新

做好大学生思想政治教育是艺术，艺术的生命在于创新。当代大学生思想具有青春性、时代性、先进性与独立性、选择性、多变性交

---

① 《国务院关于积极推进“互联网+”行动的指导意见》（国发〔2015〕40号）。

② 朱千波：《探索“互联网+”时代大学生思想政治教育工作新途径》，《新华月报》2015年4月17日。

融呈现的特点，大学生思想政治教育要针对这些特点，不断与时俱进、创新发展，在大学生群体中塑造可亲、可用、可学、可做的形象，从而吸引学生、融入学生、影响学生，实现教育潜移默化、润物无声的效果。在“互联网+”时代，连接一切的特点使网络更具有广泛的覆盖性、实时的互动性、传播的快捷性、服务的便利性、信息的海量性、功能的齐全性等特点，已经并深刻影响人们的生产和生活方式。尤其是互联网与信息通信技术的融合，使手机兼容以往报纸、广播、电影、电视、电话、电报等传统媒体的功能和QQ、微信等新媒体的功能，也带来了“手机族”“手机病”等诸多新问题。以网络和信息通信技术相结合的手机载体成为大学生获取、交流、发布信息的重要渠道。大学生思想政治教育创新需要新载体、需要新契机，只有适时适应时代特点和大学生的时代需求，以“互联网+”驱动创新，探索“互联网+”大学生思想政治教育的新形态，才能始终保持旺盛的生命力。

三　以“互联网+”为驱动，构建大学生思想政治教育的新形态

形，是指一个物体的外形或形状。态，是指蕴涵在物体内的精神态势。形态，是指物体的外形与精神的结合与统一。以“互联网+”为驱动，推动大学生思想政治教育创新发展，就要打造与“互联网+”时代特点相适应的大学生思想政治教育的新的理念、内容、方法、载体、管理等“形”和“态”，并有机整合形成良性运行、卓有成效的大学生思想政治教育新形态。

（一）根据“互联网+”连接一切的特点，坚持把大学生网络思想政治教育由一般运用提升到战略举措的定位

1. 战略思维

用“互联网+”的理念来谋划大学生网络思想政治教育的全局。观念的转变是最根本的转变，思维的创新是最关键的创新。根据“互

联网 +”连接一切、创新驱动、重塑结构、尊重人性、开放生态等特点，树立大学生网络思想政治教育由一般运用向深度融合转变的理念；树立大学生思想政治教育跟进网络发展、领跑网络发展、创新发展模式的理念；树立适时调整教育的内容、方法、手段与载体等，使大学生思想政治教育的“形态”与互联网和信息通信技术的最新成果相适应的理念；树立适应大学生特点，使思想政治教育为大学生所喜闻乐见并参与其中、潜移默化的理念；树立大学生思想政治教育堵疏结合、以疏为主，在开放中引导的理念。

2. 战略举措

完成探索“互联网 +”大学生思想政治教育新形态的任务。一是搞好顶层设计和战略规划。深入研究“互联网 +”的规律特点，科学预判互联网与信息通信技术的发展趋势，从战略层面做好构建“互联网 +”大学生思想政治教育新形态的顶层设计和战略规划，做到跟上时代、领跑发展。二是建立专职专业的网络思想政治教育工作队伍。互联网和信息通信技术是现代科技成果的最新体现，借鉴国家建立信息化部队的经验，建立既善于思想政治教育，又精通网络和信息通信技术的专职专业工作队伍。三是建立专门教育网站，并渗透其他网站及平台。建立专门的教育网站，有利于弘扬主旋律，掌握网络思想政治教育的话语权、主动权和领导权，同时渗透各种网站与平台，让有利于大学生健康成长成才的正能量占领网络教育阵地。四是建立“互联网 +”大学生思想政治教育新形态的运行机制。在政策支持、经费支撑、制度保障、运作体系、技术研究等方面形成全面、成熟、可操作的机制与体制，确保顶层设计能够实现、战略规划能够落实、专业人员能够施展、网站平台能够发挥作用。

（二）根据“互联网 +”开放生态的特点，坚持大学生网络思想政治教育堵疏结合、导胜于禁的方针

把大学生网络思想政治教育的管理纳入法制化的轨道。网络是开放的系统，生旦净末丑粉墨登场，真假善恶美无所不有。构建“互联网 +”大学生思想政治教育新形态，面对的是开放的网络世界、海量

的网络信息、繁杂的社会思潮，既要弘扬主旋律，又要提倡多样化，更要防止有害信息的侵蚀。坚持堵疏结合、导胜于禁的方针，依法治网，把大学生网络思想政治教育纳入法制化的轨道。习近平总书记强调指出，要抓紧制定立法规划，完善互联网信息内容管理、关键信息基础设施保护等法律法规，依法治理网络空间，维护公民合法权益。[①]党的十八大及三中、四中、五中全会都对加强网络社会管理、推进网络依法规范有序运行提出了明确要求。特别是党的十八届四中全会《决定》提出"加强互联网领域立法，完善网络信息服务、网络安全保护、网络社会管理等方面的法律法规，依法规范网络行为"。中央的一系列要求，为我国加强网络法治建设、依法治网提供了基本遵循，为互联网法律体系的构建指引了方向。高校要依法加强校园媒体传播力、公信力、影响力和舆论引导能力建设。贯彻习近平总书记关于"高举旗帜、引领导向，围绕中心、服务大局，团结人民、鼓舞士气，成风化人、凝心聚力，澄清谬误、明辨是非，联接中外、沟通世界"[②]的讲话精神，依法加强校园网络媒体建设，建立完善学校官方微博、微信公众平台建设，开展网络文化建设。

交给大学生面对诸多复杂思想、社会问题能够辨别是非的能力。大禹治水的故事告诉我们，解决大学生思想问题堵不如疏。"干粮"与"猎枪"的寓言启示我们：帮助大学生解决思想问题，莫若交给大学生自我解决思想问题的方法。教给大学生甄别信息、判断是非、解决问题的能力是大学生网络思想政治教育的最高境界与价值追求。最根本的是交给大学生科学运用马克思主义唯物辩证法和认识论的能力；最基础的是正确引导社会舆论，做到党性和真实性的有机统一；最关键的是正确剖析社会思潮，坚持堵疏结合、以疏为主的方针。马克思主义唯物辩证法和认识论为大学生正确认识问题、科学分析问题和有效解决问题提供了科学的世界观和方法论，高校要充分发挥好公

---

① 习近平：《习近平谈治国理政》（第一卷），外文出版社 2018 年版，第 198 页。

② 李斌、霍小光：《习近平主持召开党的新闻舆论工作座谈会》，《光明日报》2016 年 2 月 20 日第 1 版。

共政治理论课的作用，教会大学生对马克思主义基本理论能够做到真懂、会用，成为认识、解决各种思想、社会问题的有力武器。大学生教育是学校教育与社会教育的有机统一，需要正确的社会舆论导向对学校教育予以科学佐证和有力支撑，这就要做到社会舆论宣传与引导的党性和真实性的有机统一，站在有利于德才兼备合格人才培养的高度来进行舆论宣传，同时保持舆论宣传的真实性原则，增强社会舆论宣传引导的公信力和说服力。从有利于大学生健康成长成才的角度和高度，加强对各种社会思潮的正确剖析与科学引导，对各种有害社会思潮不能任其泛滥，也不能堵之了事，择其有代表性的予以科学剖析，引导大学生从理论上认清这些社会思潮的内涵、本质、危害及成因，使之成为坚定理想信念、践行社会主义核心价值观的反面教材。

（三）根据“互联网＋”尊重人性的特点，坚持大学生网络思想政治教育内容信息化、方法立体化的要求

把大学生思想政治教育内容与时俱进地加装“数据链”。当前，高校诸多思想政治教育网站点击率不高、人气不足、效益不佳，根本原因是有网站缺思想、有思想难入网，网络与思想不对接。在网络思想政治教育中，思想是“内核”，网络是“翅膀”，只有将思想的“内核”插上网络的“翅膀”，让“生命线”加装“数据链”，才能构建起卓有成效的“互联网＋”大学生思想政治教育新形态。把大学生思想政治教育加装“数据链”，就要做到教育内容信息化、教育方式清新化、教育主体互动化。开通专门的“理论文库”“思想园地”和“教育超市”等移动客户端，及时推出最新理论资源、思想成果和信息动态，解决大学生理论上的困惑、思想上的疑惑和精神上的迷惑。积极适应网络运作模式和传播规律，有机植入时代元素和技术因素，广泛采用视觉语言和新媒体技术，用清新的方式传递真心话、传送好思想、传播正能量。充分发挥大学生的主体地位，利用互联网搭建互动式的客户端，调动大学生参与教育与自我教育的过程，在思想交流、观点碰撞中明辨真理、廓清迷雾、升华认知。

实现大学生网络思想政治教育方法由单向性变为立体化。互联网

催生新的生产力，也催生了大学生思想政治教育的变革。根据大学生的总体思想特点和“互联网+”的主要特征，以构建“互联网+”大学生思想政治教育新形态为驱动，为大学生提供网内互动、网上网下、外网内网相互支持、人性化、立体化的网络思想政治教育资源。充分发挥大学生的主体地位，利用互联网互动性的特点，引导他们摆问题、辨是非、明道理、下结论。网络教育创新发展，网下教育不可忽视，高校政工人员日常与大学生接触多、面对面开展教育的优势不可偏废，需要创新发展。遵循网上和网下教育的特点与规律，既坚持键对键又重视面对面，既坚持线连线又做到心贴心，既坚持网上教育又注重现场教育，实现网上网下相互加力，提升思想政治教育的威力。建立完善外网与内网的协作机制，加强与国内主流媒体、网络媒体的联动和协作，借力社会新媒体优势资源为高校所用，做到集成、兼容、共享，用最先进的理论、最优质的资源、最鲜明的特色、最专业的技术，建立横向覆盖各领域、纵向贯通各系统的“互联网+”大学生思想政治教育体系。

（四）根据“互联网+”创新驱动的特点，坚持大学生网络思想政治教育不断创新、永葆生机的精神

打造创新型的大学生网络思想政治教育专业队伍。创新的事业呼唤创新型人才，当下我国大学生思想政治教育工作队伍，还存在着不屑用网络、不敢用网络、不愿用网络和不会用网络的问题。以“互联网+”为驱动，构建大学生网络思想政治教育新形态，需要建设一支规模适中、结构合理、素质优良的创新型的大学生网络思想政治教育专业队伍。一是要加强现有政工人员的网络培训。采取专家专题讲座和校外网络培训相结合的方法，提升政工人员运用网络开展大学生思想政治教育的意识、技术与技能。二是积极引进精通网络技术的思想政治教育专业人才。高校培养思想政治教育专业人才，要把网络技术运用作为必修课。高校引进思想政治教育专业教师、学生辅导员，要把是否懂网络、会应用作为考察、考核的必备内容。三是培养和引进大学生网络思想政治教育的“领军人物”，建设“互联网+”大学生

思想政治教育工作团队。构建“互联网+”大学生思想政治教育新形态需要领军人物，领军人物是开展大学生网络思想政治教育及团队建设和发展的关键。四是建立大学生网络思想政治教育考核机制。制度与机制是长久解决一切问题的根本，高校在大学生思想政治教育人才引进、技能大赛、工作考核中把擅长思想教育、精通网络技术作为重要内容，注重政策导向，强化制度落实，使会教育、懂网络成为大学生思想政治教育人员素质的新常态。

构建数据化的大学生网络思想政治教育全新平台。“互联网+”时代大学生思想政治教育与网络不可分离。把“思想”插上“网络”的翅膀，让“生命线”加装“数据链”，思想政治教育才能吸引学生、教育学生，网络才能有思想内核、成为大学生思想政治教育新的有效平台。一是将传统校园媒体网络化。校报、电视台、广播台等要输送上网，下接地气、增强人气、提升教育力。二是建设并完善学校官方微博、微信等公众平台建设。丰富传播内容，提升传播速度，拓展传播渠道，扩大传播范围，提升运用新媒体开展意识形态工作的能力。三是开展网络文化建设。积极开展微电影大赛、网文大赛等网络文化活动，引导大学生积极参与网络文化建设，唱响网络主旋律，传递网上正能量，提升网络文明素养，争做校园好网民。

（2017 年发表于《江西科技师范大学学报》第 4 期）

大学生思想政治教育的主导权与自主权辨析

习近平总书记在全国高校思想政治工作会议上强调“党委要保证高校正确办学方向，掌握高校思想政治工作主导权，保证高校始终成为培养社会主义事业建设者和接班人的坚强阵地”。[①]“要遵循思想政治工作规律，遵循教书育人规律，遵循学生成长规律，不断提高工作能力和水平。”[②] 大学生思想政治教育的过程是主客体间的互动过程，是教育双方权力与权利得到充分行使和尊重的能动过程。高校坚持社会主义办学方向，完成立德树人的根本任务，就必须提高政治站位，牢牢把握大学生思想政治教育的话语权、主动权和主导权；就必须坚持以学生为本，重视大学生的利益诉求与价值取向，充分尊重大学生在思想政治教育过程中的知情权、参与权和自主权。只有教育双方的主导权与自主权分别得到有效行使和充分尊重，才能不断提升大学生思想政治教育的质量。

一　大学生思想政治教育主导权与自主权的科学内涵及辩证关系

权有权力与权利之分。权力是个政治概念，一般指某种影响力和支配力。权利则是个法律概念，一般指法律赋予人们实现自身利益的

① 习近平：《习近平谈治国理政》（第二卷），外文出版社 2017 年版，第 379 页。

② 同上书，第 378 页。

力量。主导权是一种权力，一般指主要的并且引导事物向某方面发展的影响力和支配力。自主权是一种权利，是指对相关事物所具有的自行支配的权力。

主导权的实现要具备如下条件：一是主体性，即在事物的发展中是主体的、主要的部分。二是先进性，即代表事物发展的正确方向并引领事物的发展。三是多样性，主导权以事物的多样性为基础，没有多样性就谈不上主体性和先进性，就不存在真正意义上的主导权。四是主动性，主导权的实现不是自然的或被动的过程，而是积极的主动的过程。无论是事物主体性的巩固、先进性的建设，还是多样性的维护等，都是积极性、主动性和创造性发挥的过程。只有实现了主体性、先进性、多样性和主动性的辩证统一，才能在事物的发展中具有影响力和支配力，才能掌握引领事物发展的主导权。自主权是不受别人支配、根据个人意愿自主进行取舍的一种支配力。自主权的行使在事物的发展中有时是显性的，有时是隐性的，是客观存在的天赋权利。只有个体的自主权得到充分尊重，事物的整体才能和谐发展、科学发展。

在大学生思想政治教育的过程中，学校、教师的主导权力与大学生的自主权利交织在一起，它们是对立统一的辩证关系。大学生思想政治教育质量的提升，是由学校、教师与大学生两方面积极性的充分调动而共同完成的。“思想政治教育是社会或社会群体用一定的思想观念、政治观点、道德规范，对其成员施加有目的、有计划、有组织的影响，使他们形成符合一定社会所要求的思想品德的社会实践活动。”① 高校要完成培养社会主义事业建设者和接班人的根本任务，必须坚持正确的政治方向，全面贯彻党的教育方针，始终牢牢把握大学生思想政治教育的话语权、主动权和主导权。同时，思想政治教育是做人的工作，教育的内容必须经过大学生的自我认同、产生共鸣，才能内化为他们世界观、人生观和价值观的重要组成部分，才能实现思想政治教育的目标，大学生在思想政治教育过程中的知情权、参与

① 陈万柏、张耀灿：《思想政治教育学原理》，高等教育出版社 2007 年版，第 4 页。

权和自主权必须得到充分尊重。在大学生思想政治教育过程中，教育者牢牢把握主导权、主动积极引导是外因；大学生自主权得到充分尊重、能动地积极内化是内因。外因是条件，内因是根据，外因通过内因才能起作用。在大学生思想政治教育实践中，既要充分尊重大学生的自主权，又不能失却主导权而被动应付，需要以教育视野的开放性、教育理念的先进性、教育目标的科学性、教育内容的真理性、教育方式的艺术性、教育过程的主动性和教育平台的强势性等，牢牢把握思想政治教育的话语权、主动权和主导权；既要牢牢把握教育的主导权，又不能罔顾大学生的利益诉求与选择取向，必须了解学生、关照学生、满足学生，使教育内容经过大学生的自我判断、自我选择，达到内化于心，外化于行。掌握大学生思想政治教育的主导权以尊重大学生的自主权为前提，尊重大学生的自主权以不妨碍把握思想政治教育的主导权为原则。大学生思想政治教育的主导权与自主权辩证统一，相得益彰，不可偏废。

二　在正确处理主导权与自主权的辩证关系中提升大学生思想政治教育的质量

（一）树立以人为本和按照客观规律办事的教育理念

理念是行动的先导。正确处理主导权与自主权的辩证关系，不断提升大学生思想政治教育的质量，必须树立以学生为本和按照客观规律办事的教育理念。

树立以学生为本的理念，把为了学生、相信学生、依靠学生作为教育的根本和基础、原则和标准、动力和依靠、目标和归宿。大学生思想政治教育的根本目的是为了学生，应围绕学生、关照学生、服务学生，切实解决大学生存在的思想问题和实际困难，全面提升他们的思想水平、政治觉悟和道德品质，促进全面发展。大学生思想政治教育要相信学生、依靠学生，充分尊重其在思想政治教育过程中的知情权、参与权和自主权，充分调动他们参与其中、自我教育的积极性、主动性和创造性。

树立按客观规律办事的理念，在实际工作中严格遵循思想政治教育规律、教书育人规律和大学生成长规律。充分认识规律是事物之间内在的、本质的、必然的联系，是客观存在、能够认识和必须遵循的。按照客观规律办事，就能成事、遂事；违背客观规律教育，就会败事、坏事。不断创新教育内容、教育方法、教育载体和教育范式，深层次研究大学生的心理活动、现实需求、时代特点和群体共性，牢牢把握大学生思想政治教育的话语权、主动权和主导权，不断提升大学生思想政治教育的质量。

（二）在多元环境中牢牢把握大学生思想政治教育的主导权

1. 发挥高校思想政治理论课的主导作用，在各种教育渠道中凸显主渠道教育。习近平同志指出，“我国高等教育肩负着培养德智体美全面发展的社会主义事业建设者和接班人的重大任务，必须坚持正确的政治方向”。[①]“要用好课堂教学这个主渠道，思想政治理论课要坚持在改进中加强，提升思想政治教育亲和力和针对性，满足学生成长发展需求和期待，其他各门课程都要守好一段渠、种好责任田，使各类课程与思想政治理论课同向同行，形成协同效应。”[②] 课堂教学是高校育人的基本形式、主要特色和独特优势所在，思想政治理论课是向大学生进行知识传授、价值观教育、意识形态引导的主渠道和主阵地。开展大学生思想政治教育，一定要凸显思想政治理论课的主渠道作用。一是确保思想政治理论课在高校教学体系中的重点建设地位，按照重点马克思主义学院的标准科学规划并搞好课程体系和教师队伍建设。二是思想政治理论课程要在说理上做文章，坚持以理服人，避免说教模式。关键要抓住事物的根本进行有说服力的理论阐释，抓住现实中的重点、热点问题进行科学解答，用学生喜闻乐见的方式讲好“中国故事”。三是对代表性的错误价值观念和社会思潮进行有针对性、深刻性地揭露与批判，进一步巩固和深化思想政治教育

① 习近平：《习近平谈治国理政》（第二卷），外文出版社 2017 年版，第 377 页。
② 同上书，第 378 页。

的效果。其他哲学社会科学和各类课程要结合专业特点，积极渗透主流意识形态和核心价值观的内容，做到春风化雨、润物无声。在凸显思想政治理论课主渠道作用的同时，校园文化、社会实践、网络媒体等都是开展大学生思想政治教育的重要渠道，都要守好一段渠、种好责任田，与主渠道同向同行，做到主渠道畅通，多渠道汇聚，形成教育合力。

2. 发挥社会主流意识形态的主导作用，在多样化的社会思潮中弘扬主旋律。中国的高校是社会主义大学，必须坚持社会主义办学方向，坚持马克思主义为指导，坚持党的教育方针，其根本体现是要在大学生中开展马克思主义理论教育、社会主义核心价值观教育等。马克思主义是指导党的建设和中国特色社会主义建设事业的理论基础。社会主义核心价值观在我国整体价值体系中居于核心地位，发挥着主导作用，是中国特色社会主义的根本思想基础，是中华民族伟大复兴的根本精神力量。在大学生思想政治教育中发挥主流意识形态的主导作用，就要“坚持不懈地传播马克思主义科学理论，抓好马克思主义理论教育，为学生一生成长奠定科学的思想基础”。① “要坚持不懈培育和弘扬社会主义核心价值观，引导广大师生做社会主义核心价值观的坚定信仰者、积极传播者、模范践行者。”② 要以马克思主义理论、社会主义核心价值观为引领构建大学生思想政治教育的学科专业体系，融入课堂教学、校园文化、社会实践、网络媒体等教育教学的各条渠道和诸多环节，引领校园意识形态，引领社会各种思潮，为合格人才的培养提供统一的指导思想、共同的理想信念、强大的精神力量和基本的道德规范。与开放的现代社会相适应，有效的思想政治教育也必然是开放的。批判是教育的重要武器，比较是认同的重要方法。要坚持在宽领域与多样化中弘扬主旋律的原则，在尊重差异的基础上用马克思主义理论、社会主义核心价值观引领校园意识形态和社会思潮，在开放与比较的基础上引导大学生自主选择、自觉认同、主动践

---

① 习近平：《习近平谈治国理政》（第二卷），外文出版社 2017 年版，第 377 页。
② 同上。

行马克思主义理论和社会主义核心价值观。

3. 发挥思想政治教育教师的主导作用，在学生面临诸多选择时当好引路人。思想政治教育是一项有目的、有计划、有组织的社会实践活动。高校教师是先进思想文化的创造者和传播者，是大学生健康成长的指导者和引路人，在大学生思想政治教育过程中发挥着主导作用。大学生思想政治教育教师要以较高的思想政治觉悟、良好的理论政策素养、广博的专业知识、高超的宣教能力、强大的人格魅力主导大学生思想政治教育的目标、方向、进程与效果。大学生思想政治教育教师要提高政治站位，在大是大非问题上与党中央保持高度一致，以坚定的政治立场、强大的政治敏锐性和较高的政治鉴别力，为掌握大学生思想政治教育的主导权提供政治保证。大学生思想政治教育教师要成为党的理论、路线、方针和政策的先行学习者、坚定拥护者和积极传播者，为掌握大学生思想政治教育的主导权提供坚实的理论政策基础。大学生思想政治教育教师要爱岗敬业、潜心学问，始终站在学科专业领域的最前沿，为掌握大学生思想政治教育的主导权提供有力的专业保障。大学生思想政治教育教师要研究教育艺术，使大学生思想政治教育不仅依靠真理的力量，更闪耀着艺术的光芒，为掌握大学生思想政治教育的主导权注入强大的宣教艺术魅力。大学生思想政治教育教师要加强自身修养，在大学生思想政治教育过程中相信真理、宣传真理、践行真理，为掌握大学生思想政治教育的主导权提供可资借鉴的示范作用。大学生思想政治教育教师要做到传播真理和教给能力的辩证统一，既要授之以“鱼”，更要授之以“渔”，重点教给大学生正确认识、科学解决问题的能力，在关键性的抉择上成为大学生健康成长的引路人，在教育的最终目标上成为大学生提升自我教育能力的指导者。

4. 利用学校整体优势在网络新媒体教育中发挥主导作用，在引领网络舆情中掌控话语权。随着现代信息技术的发展，中国进入“互联网+”时代，大数据技术不断地改变着人类的生产和生活，对大学生思想政治教育也带来革命性的影响。“互联网+”时代万物互联，网络新媒体成为学校教育之外大学生获取知识信息最重要的渠道。高校要掌握大学生思想政治教育的主导权，网络新媒体成为必须占领的重要阵地。高校利用网络新媒体开展大学生思想政治教育具有思想文化、技术平台、人才队伍等方面的优势，要充分利用学校整体优势在网络新媒体教育中发挥主导作用，在引领网络舆情中掌控话语权。一是明确战略定位，根据“互联网 +”连接一切的特点，通过把大学生网络思想政治教育由一般运用提升到战略举措的定位，为主导大学生网络思想政治教育提供科学的顶层设计；二是坚持疏导方针，根据“互联网 +”开放生态的特点，在教育过程中实施堵疏结合、导胜于禁的方针，通过弘扬主旋律、提升“自育力”来主导大学生网络思想政治教育；三是坚持以人为本，根据“互联网 +”尊重人性的特点，通过大学生网络思想政治教育内容的信息化、方法的立体化来吸引学生、教育学生，主导大学生网络思想政治教育；四是坚持创新发展，根据“互联网 +”创新驱动的特点，确立大学生网络思想政治教育不断创新、永葆生机的精神，通过满足学生创新需求、创新提升教育活力来主导大学生网络思想政治教育；五是树立大数据思维，用大数据技术推动大学生网络思想政治教育的创新，以理念创新、队伍创新、平台创新和渠道创新为着重点和突破口，主导大学生网络思想政治教育不断创新发展。

（三）提升思想政治教育质量必须充分尊重大学生的自主权

1. 坚持开明开放的原则引导大学生自主认同思想政治教育内容。开放性是当代社会最显著的特点。随着经济全球化的发展、经济体制改革的深化、现代信息技术的进步和“大数据”时代的到来，大学生思想政治教育完全处于开放性的社会环境中，其教育内容也必然是与时俱进呈现开放性的特点。在开放性的社会环境和教育内容面前，大学生会根据利益诉求、兴趣爱好、认同程度等自主取舍教育内容和教育方式。大学生思想政治教育应构建开放性的教育内容体系，这是适应开放性的社会环境牢牢把握大学生思想政治教育主导权的现实要求和必然选择。构建开放性的大学生思想政治教育内容体系，应坚持面向社会主义现代化建设的实践、面向人类社会的一切文明成果、面向国家未来发展对人才培养的战略需要。大学生思想政治教育归根结底是要为培养社会主义现代化建设需要的合格人才服务，其教育内容应充分体现当代马克思主义中国化的最新成果，体现社会主义哲学和社会科学研究的最新进展，体现建设中国特色社会主义、实现中华民族伟大复兴中国梦的最新实践，引导大学生正确认识时代责任和历史使命，把个人梦想融入实现中国梦的伟大实践中。大学生思想政治教育内容应面向世界，在坚持社会主义核心价值观教育的前提下，不断汲取人类过去和当代创造的一切文明成果，培养大学生具有世界的眼光、全球的视野和开放的胸襟，引导他们在正确认识世界发展的大势和中国发展的必然中树立对共产主义远大理想和社会主义共同理想的坚定信念和信心。开放的大学生思想政治教育内容还应具有前瞻性。习近平总书记在全国高校思想政治工作会议上强调，“我国高等教育发展方向要同我国发展的现实目标和未来方向紧密联系在一起，为人民服务，为中国共产党治国理政服务，为巩固和发展中国特色社会主义制度服务，为改革开放和社会主义现代化建设服务”。[①] 我国高等教育肩负着培养德智体美全面发展的社会主义事业建设者和接班人的重大任务，大学生思想政治教育必须与党的奋斗目标和根本宗旨、与国家的现实任务和发展方向紧密联系、休戚与共，“面向未来不断实现对自身的超越并不断促进学生实现超越”。[②] 坚持开明开放的原则引导大学生自主认同思想政治教育内容，开明开放是基础，主动引导是关键，自主认同是核心。大学生思想政治教育教师不仅要交给学生“干粮”，更要教给学生“猎枪”，提升大学生自主分析、解决问题的能力，提高自主进行理性判断、科学取舍、自我教育的能力，这是大学生思想政治教育的根本追求。

2. 坚持鲜活多样的原则引导大学生自觉参与思想政治教育活动。大学生思想政治教育方式是由教育者确定的，但哪种教育方式的效果更好取决于大学生的利益诉求与兴趣所在，取决于大学生自觉与不自

---

① 习近平：《习近平谈治国理政》（第二卷），外文出版社 2017 年版，第 376 页。

② 张耀灿、郑永廷等：《现代思想政治教育学》，人民出版社 2001 年版，第 452 页。

觉地自主选择与自觉认同。大学生朝气、好奇、灵动而热情，针对他们的群体特点，大学生思想政治教育应充分尊重大学生的诉求与兴趣、选择与认同，在方式方法上具备创新性、鲜活性的特点，才能吸引学生、凝聚学生、引导学生、塑造学生。思想政治理论课是大学生思想政治教育的主渠道、主阵地，哲学、社会科学和其他各类课题都有思想政治教育的功能，在发挥课堂教学系统性、引导性、渗透性等传统优势的同时，应在增强鲜活性上下功夫，特别是在增强互动性、时代性、启发性和实践性等方面下功夫，进一步提高吸引力和感染力。校园文化活动、社会考察活动和各种主题实践活动，是大学生思想政治教育的重要途径，在突出思想性、教育性的同时，增强鲜活性要在丰富内容、涉猎领域、组织方式等方面下功夫，做到思想性与鲜活性的有机统一。随着现代信息技术的进步和“大数据”技术的应用，网络、微信、QQ 等新媒体以其快捷、实时、互动、隐蔽性和多功能等特点，成为大学生喜爱的情感交流方式和信息获取渠道，成为对大学生开展思想政治教育的鲜活方式。高校应及时适应现代信息社会，在更新理念、培养师资、拓展方式上下功夫，为大学生安排鲜活生动的思想教育形式，增强教育的吸引力和渗透力。坚持鲜活多样的原则引导大学生自觉参与思想政治教育活动，鲜活多样是基础，主动引导是关键，自觉参与是核心，大学生思想政治教育的渠道、方式、方法等应鲜活多样，吸引大学生主动参与、自觉融入、自主教育，这是大学生思想政治教育的理想境界。

3. 坚持以生为本的原则增强大学生对思想政治教育的自动亲近感。思想政治教育是说理的教育，坚持以理服人，理不直则气不壮；思想政治教育也是讲情的教育，坚持以情感人，情不达则理难通。大学生思想政治教育从根本上说是做人的工作，唯有情理交融，方能入脑入心。大学生思想政治教育必须坚持问题导向，坚持以生为本，做到“围绕学生、关照学生、服务学生”①，让大学生认识到思想政治教育不是冰冷生硬的空洞说教，而是自身成长成才不可或缺的重要保

① 习近平：《习近平谈治国理政》（第二卷），外文出版社 2017 年版，第 377 页。

证，从而自觉认同思想政治教育、自觉参与思想政治教育、自觉接受思想政治教育，自觉进行世界观、人生观和价值观的改造，自主成长为德才兼备、全面发展的人才。在大学生思想政治教育的目标任务上，以习近平同志提出的“四个正确认识”为标尺，把远大理想与共同理想教育、“四个自信”和“中国梦”教育与当代大学生所担负的时代责任与历史使命教育、脚踏实地奋发成才教育有机结合起来，做到思想政治教育既讲政治站位有高度，又接地气有人气受欢迎。在思想政治教育过程中，以解决大学生实际具体问题为抓手，以解决大学生思想问题为根本，思想政治教育结合解决实际问题一块去做，提升思想政治教育的亲和力和针对性，满足大学生成长发展的需求和期待。

（2017 年发表于《合肥师范学院学报》第 5 期）

基于大数据视野的大学生思想政治教育创新

习近平总书记在全国高校思想政治工作会议上强调，“做好高校思想政治工作，要因事而化、因时而进、因势而新”。[①] 大数据是近年来我国各类媒体中经常提及的一个社会热词。2012 年联合国发布了大数据白皮书，宣布大数据时代的到来。我国在国民经济与社会发展第十三个五年规划中明确提出，“实施国家大数据战略，推进数据资源开放共享”。[②] 大数据是下一个推动经济创新发展、提升生产力水平的竞争前沿，将深刻地改变我国的经济社会以及人们的思想行为。创新是思想政治教育的灵魂，如何追踪世界科技前沿、适应国家发展战略，推动思想政治教育同当代最新信息技术高度融合，推进大数据技术应用于大学生思想政治教育，进一步增强时代感和吸引力，不断提升质量创新出彩，是高校完成立德树人根本任务，培养社会主义事业建设者和接班人需要破解的重要课题。

一　大数据对大学生思想政治教育的影响

大数据是“以一种前所未有的方式，通过对海量数据进行分析，

---

① 习近平：《习近平谈治国理政》（第二卷），外文出版社 2017 年版，第 378 页。

② 《中华人民共和国国民经济和社会发展第十三个五年规划纲要》，《人民日报》2016 年 3 月 18 日第 1 版。

获得有巨大价值的产品和服务，或深刻的洞见”,[①] 是基于云计算、物联网、移动互联网等最新信息技术才能存储、搜索、共享、分析和处理的海量、多维、即时的数据集合。业界将大数据的特点归纳为4个“V”，即 Volume（大量）、Variety（多样）、Value（价值）、Velocity（高速）。具体说，一是数据容量大，由TP级提升到EB乃至ZB、YB级；二是数据维度多，包括结构、半结构和非结构性数据等；三是价值潜力无限，价值高低与数据总量的大小成反比；四是处理速度快，即在秒级时间内实时数据处理，又称“一秒定律”。从各类海量数据中，快速提取有价值信息的能力，是为大数据技术。大数据的颠覆性创新作用几乎体现在每一领域、各个行业，其对大学生思想政治教育的影响也是重大和深远的。

大数据价值的关键是计算相关关系，必然要求大学生思想政治教育的工作理念由关注因果关系向探寻相关关系转变。科技的发展表现为继承与创新的辩证统一。大数据技术继承了统计学的一些特点，是对海量数据作统计性的搜索、比较、聚类和分类等。统计学关注数据的相关性，而相关性是指两个或者两个以上变量的取值之间存在某种规律性。相关关系的分析是认识、改造事物的一种方法论，相关关系分析的目的是找出数据集合中隐藏的相互关系网，反映变量在去取值时的相互影响，并不能完全反映变量间相互的因果关系。严格来讲，统计学与大数据技术都无法检验逻辑上的因果关系。大数据技术的应用，使人们不再囿于探寻因果关系，而是更加重视挖掘相互关系，这种相关分析方法论运用到大学生思想政治教育工作，必然要求教育者的工作理念由关注因果关系向探寻相关关系转变。利用大数据技术，能够基于大学生思想政治教育的全部数据来探寻变量间的相关性，通过去取值而影响相关变量，这就为发现大学生的思想问题、探寻解决问题的有效办法、提高思想教育的水平质量、创新大学生思想政治教育模式提供了新的方法论视野。同时大学生思想政治教育的模式应是

---

① 维克托·迈尔·舍恩伯格、肯尼思·库克耶：《大数据时代》，盛杨燕、周涛译，浙江人民出版社2013年版，第4页。

多元的，大数据技术应用于大学生思想政治教育，并不能完全替代传统的思想政治教育方式。在相关关系中，潜藏着因果关系和非因果关系，找准因果关系对症下药、明确相关关系调整变量，都是解决大学生思想问题的有效方式。

大数据价值的基础是掌控全部数据，能够支撑大学生思想政治教育模式实现由样本应然向全体实然的转变。在传统的思想政治教育模式下，由于技术条件等诸多因素限制，要了解大学生的思想动态，一般采取个别谈心、抽样调查等方式，利用统计学、逻辑学的归纳推理等方法通过对样本数据的规律性分析，以期从宏观上推测全体大学生思想的应然状况。大数据技术使认识事物不再依赖于小样本数据，而是相关的全体数据。采集的数据越全面，问题的挖掘就越精准。大数据技术的运用，能够支撑大学生思想政治教育模式实现由样本应然向全体实然转变。利用大数据技术，可以把校园学习发展平台、生活服务平台和社交网络平台以及社会各类网络平台产生的与大学生学习生活、思想行为全体数据进行存储、提取、分析和处理，从而挖掘出大学生全体的、实然的思想状况及其相关变量，避免偶然的、个别的现象影响对大学生思想实然状况和全体状况的准确判断。

大数据价值的特点是可以量化一切，能够帮助大学生思想政治教育手段实现由粗放简约向精准现代的转变。从科技发展的历程看，尽管大数据技术总体上还处于初始发轫阶段，但其能量化一切的趋势已显端倪。随着大数据技术的不断进步，人们的言行举止乃至精神层面的信息碎片皆可以通过技术手段进行量化。通过大数据技术，将人们的思想动态、精神面貌、行为举止、安全风险等难以衡量的信息碎片进行数据化处理，最大限度地建立起全体或个人的全息化数据库，从而大大提高工作的精准度和实效性。大数据技术能够帮助大学生思想政治教育手段实现由粗放简约向精准现代的转变。在大数据技术的支撑下，教育工作者可以利用大数据解构大学生网络发布的内容、互动的信息、浏览的痕迹、分享的链接等全体信息碎片，探寻大数据背后的相关变量及其变化规律，从而实现利用现代化的信息技术手段为大学生思想政治教育提供人性化和精准化的服务。

大数据价值的核心是精准分析预测，能够带来大学生思想政治教育的效果由传统的思想矫正向期望的问题预防转变。大数据研究的鼻祖英国人舍恩伯格认为，“建立在相关关系分析法基础上的预测是大数据的核心”。[①] 运用大数据技术，深度探寻变量间的相关关系，可以发现变量的去取值之间存在的规律性，而规律是自然界和社会诸现象之间必然、本质、稳定和反复出现的关系，利用规律的客观性、普遍性和必然性特点，就可以对事物的未来发展趋势、可能出现的问题进行科学预测。传统大学生思想政治教育囿于技术手段的限制往往是采取抽查调查、经验判断和感性预测等方式，更多的是解决已经发生和正在发生的思想困惑与实际问题，本质是亡羊补牢式的思想矫正，而不是建立在科学预测基础上的未雨绸缪式的问题预防。大数据技术的应用，能够做到挖掘、分析与大学生的思想行为和网络舆情相关联的大数据，通过建立模型模拟仿真，实现对大学生思想发展和网络舆情的有效预测。大数据技术能够带来大学生思想政治教育的效果由传统的思想矫正向期望的问题预防转变。运用大数据技术，通过对掌控的大学生庞大、繁杂而真实数据的处理，挖掘隐含其间的相关关系，能够较为全面准确地把握大学生的思想状况、思维特点，预测思想规律、行为取向等，为有针对性地采取思想引导、行为规范提供了科学的大数据支撑。

二 用大数据推动大学生思想政治教育的创新

创新是教育的灵魂。随着国家大数据战略的实施，运用大数据推动我国大学生思想政治教育的创新势在必行。

（一）坚持理念创新，以大数据技术引领大学生思想政治教育变革

“发展理念是战略性、纲领性、引领性的东西，是发展思路、发

① 维克托·迈尔·舍恩伯格、肯尼思·库克耶：《大数据时代》，盛杨燕、周涛译，浙江人民出版社 2013 年版，第 75 页。

展方向、发展着力点的集中体现。”① 理念是行动的先导，理念的创新就是思想的解放。基于大数据视野的大学生思想政治教育创新，首先要坚持理念创新，树立数据思维，坚持用数据说话、用数据决策、用数据管理、用数据创新。

树立整体思维。大数据价值的基础是分析全部数据而不是样本数据。以大数据作为推进大学生思想政治教育创新发展的新动力，有利于全面掌握大学生思想、行为的整体信息，提升思想政治教育的准确性；有利于准确把握大学生的思想、活动规律，提升思想政治教育的预见性；有利于整合大学生思想政治教育的各种资源，提升大学生思想政治教育的便捷性。这就要求教育者的思维方式从样本思维转向整体思维，全方位、立体化、高效率地推进大学生思想政治教育的变革。

树立容错思维。舍恩伯格指出，“执迷于精确性是信息缺乏时代和模拟时代的产物。只有5%的数据是结构化且能适用于传统数据库的。如果不接受混乱，剩下95%的非结构化数据都无法利用，只有接受不精确性，我们才能打开一扇从未涉足的世界的窗户”。② 在大数据时代，思维方式要从精确思维转向容错思维，当拥有海量即时数据时，绝对的精准不再是追求的主要目标，适当忽略微观层面上的精确度，容许一定程度的错误与混杂，反而可以在宏观层面拥有更好的认识和洞察力。

树立相关思维。在小数据世界中，人们往往执着于探寻现象背后的因果关系，试图通过有限样本数据来剖析其中的内在机理，其缺陷是有限的样本数据无法反映出事物之间普遍存在的相关关系。在大数据时代，人们可以挖掘出事物之间隐蔽的相关关系，从而获得更多的认知与洞见力，以帮助人们把握现在、探究规律、预测未来。精准分析预测是大数据的核心价值，建立在海量数据基础上的相关关系甚至

---

① 习近平：《在党的十八届五中全会第二次全体会议上的讲话》，《求是》2016年第1期。

② 维克托·迈尔·舍恩伯格、肯尼思·库克耶：《大数据时代》，盛杨燕、周涛译，浙江人民出版社2013年版，第4页。

可以超越因果关系，成为人们了解这个世界的更好视角。

（二）坚持队伍创新，打造层次化的大学生思想政治教育工作师资

百年大计，教育为本。教育大计，教师为本。“教师重要，就在于教师的工作是塑造灵魂、塑造生命、塑造人的工作。”① 应用大数据技术推动大学生思想政治教育创新，关键在于要有精通思想政治教育业务、掌握大数据应用技术的多层次、复合型的师资队伍。

在大学生思想政治教育师资队伍建设路线的选择上，与大数据时代相适应，高校应坚持层次化建设的思路，形成教育专业功底深厚、数据分析能力扎实的层次化、复合型大学生思想政治教育师资。在未来思想政治教育专业师资的培养上，针对在校思想政治教育专业学生开设“大数据技术与应用”相关课程，培养既掌握一定的大数据技术、又熟悉思想政治教育专业的专门人才。在引进思想政治理论课教师、政治辅导员时，应考虑把具备一定的大数据技术应用能力作为参考条件，适当把具备工科知识背景的硕士、博士充实到思想政治工作队伍中来。在现有思想政治教育师资的培养上，有针对性地组织系统培训，增强大数据意识，提升数据定位与采集能力、数据分析与解读能力、数据反思与决策能力等。在发挥大数据专家的作用上，坚持加大引进力度与发挥领军作用相结合，深度开展学科共建，实现优势资源整合，开发针对大学生思想政治教育特殊需求的软件与平台，确保大学生思想政治教育大数据得到充分利用，为大学生思想政治教育决策提供科学化的指导和专业性的建议。

（三）坚持平台创新，建设校地结合共享性的大数据研究应用中心

干事创业需要一定的软、硬条件作为平台。大学生思想政治教育

---

① 习近平：《做党和人民满意的好老师：同北京师范大学师生代表座谈时的讲话》，人民出版社2014年版，第4页。

大数据的存储、采集、处理需要现代化的数据共享平台的支撑。大数据应用于大学生思想政治教育是一项开创性的事业，其平台建设是不断探索、逐步完善的过程。一是加强智慧校园建设，构建一体化的校园数据共享平台。高校校园是大学生学习、生活和工作的主要空间，掌握大学生在这一时空的数据信息，是大数据技术应用于大学生思想政治教育的基础。学校应搞好顶层设计，分管领导牵头实施，以现代教育技术部门为依托，相关职能部门参与协作，打造教学、科研、管理、服务、党建和思想工作一体化的校园数据共享平台，实现不同时空数据的互联共享，畅通大学生思想政治教育大数据整合利用的渠道，改变大学生思想政治教育数据碎片化的局限性，提升大学生思想政治教育大数据的丰富度。二是坚持以应用为导向，建立校地结合、资源共享的大数据研究应用中心。大数据是众多学科与统计学科交叉产生的一门新兴学科，牵扯数据挖掘、云计算等，信息与计算科学、数学与应用数学、统计学等都是与大数据相关的专业。大学生的学习、活动空间不局限于校园内部和校园网络，其学习、交际、购物等活动渗透社会各个领域，在各种社会门户网站皆会留下数据碎片。大数据价值的基础是掌握全部数据，高校应以相关学科专业为依托，与政府相关部门协同，充分发挥校地在研究、数据、政策、经费以及应用等方面的不同优势，建立校地结合信息共享的大数据研究应用中心，加强包括大学生思想政治教育大数据在内的专项研究，同时为校地提供诸方面的大数据应用服务，以研究促进应用，以应用保障研究。在此基础上，依托政府与企业，统一数据标准，打破数据壁垒，明确交易原则，方便高校在政府数据门户与社会各类社交媒体、搜索引擎、门户网站等快捷获取相关数据。

（四）坚持主渠道创新，探索大学生思想政治理论教育的新型课堂

习近平总书记指出，“要用好课堂教学这个主渠道，思想政治理论课要坚持在改进中加强，提升思想政治教育亲和力和针对性，满足

学生成长发展需求和期待”。[①] 课堂教学是大学生思想政治教育的主渠道，应用大数据技术推动大学生思想政治教育创新，高校思想政治理论课的创新至关重要。高校要把大数据技术应用于课堂教学主渠道，特别是应用于思想政治理论课教学，推进教育手段现代化。

把大数据技术应用于思想政治理论课教学，要在发扬传统课堂面授方法的基础上，探索基于大数据技术的大规模在线开放学习模式——“慕课”，把传统课堂教学的即时互动性、讲授灵活性与“慕课”教学的标准客观性、资源丰富性有机结合起来，做到优势互补、模式多样。一是打造基于大数据的思想政治理论课“慕课”平台，推进现代信息技术应用于课堂教学，方便关联数据的采集、存储与分析处理，改进大学生思想政治理论课的教学方法和质量监测模式。二是构建基于大数据的思想政治理论课教育质量标准体系、学生自主学习评价体系，探索大学生思想政治理论课大规模在线开放学习的新范式。三是整合基于大数据的思想政治教育课程资源，打通校内、校际及社会等优质课程资源的共享渠道，提升大学生思想政治理论课“慕课”教学的吸引力与实效度。

大数据技术的应用能够释放出巨大价值，在推动大学生思想政治教育创新方面潜力无限。高校应将大数据的新理念、方法论融入大学生思想政治教育的过程中，实现大学生思想政治教育的现代化与创新力、实效性的有机融合。

（2017 年发表于《教书育人》第 9 期）

① 习近平：《习近平谈治国理政》（第二卷），外文出版社 2017 年版，第 378 页。

第四章

思想政治教育模式

和谐德育：加强和改进德育工作的新视角

党的十六届四中全会提出了构建社会主义和谐社会的战略任务。认真贯彻党的教育方针，加强和改进德育工作，积极推进素质教育，为社会培养全面和谐发展的合格人才，是构建和谐社会的内在要求和重要体现。德育工作如何顺应构建和谐社会的时代要求，承担起培养社会主义事业合格建设者和可靠接班人的重任，是摆在德育工作者面前的重大课题和紧迫任务。

一　和谐德育的内涵

实现人的自身、人类社会、人与自然的和谐，一直是人类的憧憬。从培养社会主义事业合格建设者和可靠接班人的高度，从顺应构建和谐社会时代要求的角度，落实科学发展观，构建和谐社会，实现全面建设小康社会的宏伟目标，需要一大批德智体美全面和谐发展的高素质人才。育人为本，德育为先。构建和谐社会，就要加强和改进德育工作，着力在构建和谐德育上下功夫，用和谐的方法培养人，培养和谐发展的人。

党中央对构建和谐社会的基本要求是：民主法治、公平正义、诚信友爱、充满活力、安定有序、人与自然和谐相处，明确了构建社会主义和谐社会的努力方向和工作重点，也为构建和谐德育指明了实现途径。所谓和谐德育，就是要以科学理论为指导，以满足社会发展需要和受教育者个体发展需要的统一为出发点，在遵循受教育者身心发展规律和教育规律的基础上，调控构成德育体系诸要素之间的关系，使之发生和谐共振效应，促进受教育者在德智体美诸方面全面和谐发展，培养社会主义事业合格建设者和可靠接班人的一种德育模式。

和谐德育一般具有以下特征：一是坚持以人为本。德育的根本目的在育人，和谐德育必须是坚持以人为本的德育。在教育目的上，突出德育为先、全面发展的理念，把促进学生德才兼备、全面发展作为教育的目的和归宿；在教育对象上，突出个体价值、社会价值相统一的理念，充分尊重学生的主体地位，把适应社会发展需要和满足学生发展需要有机结合起来；在教育形式上，突出人性化、生活化的理念，坚持贴近学生、贴近生活、贴近实际，润物无声，潜移默化。二是遵循科学规律。唯物辩证法认为，事物的变化发展是有规律的，人们只能认识规律、把握规律、遵循规律，而不能违背规律、创造规律。德育只有遵循科学规律才能和谐有效。首先要遵循人的思想和行为的活动规律，根据受教育者年龄、心理、阅历、个性特点，选择相适应的德育内容和方法；其次是遵循德育工作的规律，充分认识教育者、受教育者、教育内容、教育方法等要素在德育实践中的内在本质联系，按规律办事。三是体系完整，协调推进，协调发展和谐德育应该是由若干相互联系的基本要素构成的具有确定特性和功能的一个完整体系，而不是单一方面；应该是作为一个完整体系良性运行，而不是踯躅难行；应该是构成德育系统诸要素相互匹配，协调发展，而不是互相掣肘，影响发展。这样的德育，才会产生最佳效益。

二 构建和谐德育的意义

1. 构建和谐德育是建设社会主义和谐社会的需要。和谐德育是社会主义和谐社会的内在要求和重要体现。和谐社会需要培养造就和谐的人，和谐德育就是要使受教育者具有健全的人格，确立正确的世界观、人生观与价值观，善于处理个人与自然与社会的复杂关系。从这一意义上说，德育的主要内容与以人为本的和谐社会的主题是一致的。另一方面，和谐德育为构建社会主义和谐社会提供精神动力。在制约社会和谐的各种力量中，由道德价值观凝聚起来的精神上的和谐具有不可或缺的作用。人们只有有了共同的价值观念和道德追求，面对社会的诸多矛盾和利益冲突，才能达成谅解，达成共识，理顺情绪，凝结意志，协调行动，步调一致。“一个社会是不是和谐，一个国家能否实现长治久安，很大程度上取决于全体社会成员的思想道德素质。没有共同的理想信念，没有良好的道德规范，是无法实现社会和谐的。”①

2. 构建和谐德育是培养全面和谐发展人才的需要。“全面贯彻党的教育方针，坚持教育为社会主义现代化建设服务，为人民服务，与生产劳动和社会实践相结合，培养德智体美劳全面发展的社会主义建设者和接班人，造就数以亿计的高素质劳动者、数以千万计的专门人才和一大批拔尖人才，这是从党和人民的事业长远发展出发提出的一项战略任务。”② 随着社会主义市场经济的深入发展，构建社会主义和谐社会、全面建设小康社会对人才培养的数量和质量都提出了新的要求。这里的“质量”包括社会对德育成效的期望：培养的人才要有健全的人格，具备建设中国特色社会主义的共同理想和正确的价值观，有与职业相匹配的良好的职业道德和科学文化技能，有服务和谐社会建设的强烈意识和创造能力等让和谐意蕴充盈德育工作全过程，为塑造和谐人生打下良好的思想道德基础，为构建和谐社会造就一大批建设生力军，成为德育工作光荣而艰巨的时代使命。

3. 构建和谐德育是加强和改进德育工作的需要。和谐是一种美，美的东西易被人接受。和谐本是德育的内在品质，但当前德育成效并不十分理想，存在着“不和谐音”。一是德育目标理想化，缺少层次性。往往将只有先进分子才能达到的目标，要求所有人员普遍达到。二是德育内容泛化，缺少针对性。往往不区分对象，千篇一律，使受教育者难以理解、内化。三是德育方式简单化，缺少多样性。往往外

---

① 《胡锦涛文选》（第二卷），人民出版社 2016 年版，第 290 页。

② 胡锦涛：《在全国加强和改进大学生思想政治教育工作会议上的讲话》，《人民日报》2005 年 1 月 7 日第 1 版。

部灌输的多，自我修炼的少；知识说教的多，实践体验的少；抽象化的规范多，个性化的指导少；强制性的管教多，人性化的教育少。四是德育评价概念化，缺少科学性。主要体现在以下几方面：评价标准欠客观；评价内容重认知领域，轻情感、意志、行为等心理因素；评价主体错位，教师是评价主体；评价方式单一，以终结性评价为主等。

三 和谐德育体系的构建

德育是一门科学，和谐德育是一个良性运行的复杂体系。构建和谐德育最主要的是要实现以下方面的和谐。

1. 德育定位：首要地位与全面发展的和谐。全面建设小康社会，实现现代化的宏伟目标，实现中华民族的伟大复兴，需要培养造就千千万万具有高尚思想品质和良好道德修养、掌握现代化建设所需要的丰富知识和扎实本领的社会主义合格建设者和可靠接班人。毛泽东同志指出："我们的教育方针，应该使受教育者在德育、智育、体育几方面都得到发展，成为有社会主义觉悟的有文化的劳动者。"① 邓小平同志强调要培养造就有理想、有道德、有文化、有纪律的具有社会主义觉悟的一代新人。江泽民同志也指出："正确引导和帮助青少年学生健康成长，使他们能够德、智、体、美全面发展，是一个关系我国教育发展方向的重大问题。"② 党的三代领导集体都明确提出了我国人才培养的指导方针，既要突出德育首位，又要强调德育与其他各育的和谐发展，这是对我国教育发展历史和实现"科教兴国"战略的理性思考。培养"合格""可靠"的人才，就要坚持德育的首要地位，同时通过卓有成效的德育工作，引导青少年树立正确的世界观、人生观、价值观和成才观。开展素质教育，促进他们德智体美全面和谐发展。和谐德育体现在德育定位，就是要坚持德育的首要地位不动

---

① 《毛泽东著作选读》(下册)，人民出版社 1986 年版，第 780 页。

② 《江泽民文选》(第二卷)，人民出版社 2006 年版，第 587 页。

摇，正确处理德育首位和全面发展的关系，坚持理想信念是支柱，民族精神是灵魂，道德情操是基础，全面发展是目标。

2. 德育目标：基本目标与最高目标的和谐。我国还处在社会主义初级阶段，与社会主义初级阶段相适应的德育目标应分为三个基本本层次：第一个层次是必须的层次，它要求人们遵守基本的社会公德，是道德教育的底线；第二个层次是弘扬的层次，是以爱国主义、集体主义、社会主义为基本内容的德育目标；第三个层次是追求的层次，就是以马克思主义世界观为基础，培养具备科学世界观、人生观和价值观，树立共产主义道德观和远大理想的社会主义事业合格建设者和可靠接班人。和谐德育体现在德育目标的把握上，就要坚持社会主义初级阶段的现实性与体现共产主义理想的方向性的有机结合，实现德育目标与时代特征的和谐统一。

3. 德育内容：先进性导向与普遍性要求的和谐。德育目标的层次性决定德育内容的层次性，面对全体青少年，以理想信念为核心，开展正确的世界观、人生观、价值观教育，使他们正确认识社会发展规律，培养他们关心国家前途命运的社会责任感，确立在党的领导下走中国特色社会主义道路、实现中华民族伟大复兴的共同理想和坚定信念；以爱国主义为重点，开展弘扬和培育民族精神教育，培养青少年的爱国情怀；以基本道德规范为基础，深入进行公民道德教育，培养青少年良好的道德品质和文明行为；以全面发展为目标，深入开展素质教育，促进青少年思想道德素质、科学文化素质和健康素质协调发展；以上是德育基本层次的内容，较高层次的德育内容是在基本层次德育内容的基础上，积极引导青少年不断追求更高的目标，使他们中的先进分子树立共产主义远大理想，确立马克思主义的坚定信念。和谐德育体现在德育内容上，就要根据教育对象的实际情况，有层次、有顺序地安排德育内容，不搞一刀切，坚持面向全体的普遍性要求和面对先进分子的较高要求的有机统一。

4. 德育原则：解决思想问题与解决实际问题的和谐。人们的思想问题往往是从实际问题中引发，并因实际问题的存在而存在的。要想解决由于各种因素、动机所引发的思想问题，进而引导他们的行动，就必须关注和解决人们日常学习生活中遇到的实际问题。传统德育往往没有正确处理好思想问题与实际问题的关系，或单纯思想教育，就事论事，或只解决实际问题，认为实际问题解决了思想问题也就迎刃而解了。历史唯物主义告诉我们，社会存在决定社会意识，社会意识是社会存在的反映，对思想问题的解决如果不与解决实际问题相结合，那么工作就难以落到实处，难以收到实效；如果用解决实际问题取代思想教育，就会使德育工作失去意义。因此，和谐德育体现在德育原则上，就要坚持以为学生办实事吸引人、凝聚人，以耐心细致的思想工作引导人、塑造人，把解决思想问题与解决实际问题有机地结合起来。

5. 德育方式："外授"与"内练"的和谐。事物的转化，外因是条件，内因是根据，外因只有通过内因才能发生作用。正确世界观的形成需要科学理论的指导，而科学理论不可能在人的头脑中自发产生，需要从外部"灌输"进去。但是，德育内容要真正成为人们世界观、价值观的有机组成部分，就必须经过主体的选择和确认，形成坚定的自我行为理念，内化为个人的品行特征。过去那种只注重发挥德育工作者的主导作用，忽视受教育者主体地位和主观能动性的发挥，没有主体切身体验、反复实践的德育，不能达到预期目的。和谐德育体现在德育方式上，就要充分发挥"授"和"受"两个积极性，在搞好外部"灌输"、提高外部"灌输"艺术魅力的同时，坚持受教育者的主体地位，尊重他们的道德需求，调动他们的道德理性，通过自我认知、自我体验、自我教育、自我建构，积极寻求与外部"灌输"的最佳结合点，通过共鸣来达到德育目的。

6. 德育环境：学校教育与家庭、社会环境的和谐。和谐德育，必须协调好学校德育、家庭德育和社会德育的关系，使这三方面构成"目标一致、内容衔接、功能互补、配合密切"的良好教育场。学校必须努力营造和谐的校园德育环境，为学生提供良好的校园文化环境、专业建设环境、人际关系环境等。家庭是人最早体验到教育的地方，是和谐教育不可忽视的重要资源。青少年心中有他人、关心他人的意识和自理、自立的生活能力，首选发端并生长于家庭教育之中。

学校应主动同家庭沟通，指导、帮助家庭建立起有利于学生健康发展的教育环境。实施和谐德育，学校还应组织好社会教育，组织青少年参加各种社会实践活动，在实践中提高思想道德水平，增长才干。

7. 德育评价：知识性评价与实践性评价的和谐。和谐德育的最终体现是人们道德表现的知行统一。传统德育之所以出现知行错位、效果不佳的情况，与重课堂教学、轻生活体验，重知识考试、轻实践做人，重表面形式、轻内在实效，重硬性规范、轻无形渗透，重短期炒作、轻持久效应有关。要使青少年道德知行统一，就要使他们对德育内容愿学、真信、自觉实践，激发他们的内在动力，满足他们的道德需求，通过道德动力引起道德情感，激发道德认识，内化道德信念和意志，形成道德品质和促发道德行为。和谐德育体现在德育评价上，就要建立科学的道德评价机制，引导青少年掌握道德规范，注重道德实践，知情意行和谐统一。

（2006 年发表在《教育探索》第 10 期）

大学生思想政治教育实效性的开放性视野

中国改革开放30年的历程证明“只有开放兼容，国家才能富强”。[①] 建设有中国特色社会主义，需要数以亿计高素质的劳动者和数以千万计的专门人才，这对中国大众化的高等教育提出了更高的要求。社会主义市场经济发展和国际经济全球化趋势推高和拓展了人们的视野，如何用开放性的视野考察大学生思想政治教育实情，在更高层次上增强工作的针对性和实效性，是大学生思想政治教育面临的重要课题。

一　开放性视野下的大学生思想政治教育“实情”

所谓开放性视野就是宏观的、跨领域、国际化的视野。视野决定成就，提高大学生思想政治教育实效性，关键要做到有的放矢。在开放性的视野下，大学生思想政治教育“实情”呈现新的特点。

（一）大学生思想政治教育背景具有全球化、市场化、大众化、一体化的特点

人类社会是一个相互联系的复杂系统，做好大学生思想政治教育

① 温家宝：《只有开放兼容，国家才能富强——在新加坡国立大学的演讲》，《人民日报》2007年11月20日第3版。

不能脱离现实社会背景闭门造车。当下大学生思想政治教育背景主要体现出全球化、市场化、大众化、一体化四个特点。所谓全球化特点，系指国际政治、经济、文化、科技等方面的交流日益密切广泛，特别是经济活动超越国界，通过对外贸易、资本流动、技术转移、提供服务、相互依存、相互联系而形成全球范围的有机经济整体。所谓市场化特点，是指中国社会主义市场经济体制逐步完善，市场法则深入到社会生活的各个领域，人们的思想、行动往往带有鲜明的社会主义初级阶段和市场经济等时代特征。所谓大众化特点，是指中国高等教育自 2002 年开始毛入学率超过 15%，进入了国际上公认的大众化教育阶段，上大学难的矛盾逐步缓解，大学生就业难的矛盾日益突出。所谓一体化特点，是指社会是一个开放的体系，高校不再是象牙塔，大学生的学习、生活及教育环境形成国际和国内、校内和校外、学校和家庭、现实和虚拟各个方面相互联系、密不可分的统一体。用开放的视野审视，国际经济全球化、国内经济市场化、高等教育大众化、教育环境一体化是当下做好大学生思想政治教育必须面对的从宏观到微观层面的基本背景。

（二）大学生思想政治教育对象具有群体性、自主性、独子多、成人性的特点

经过 1977 年恢复高考、1999 年大规模扩招、2001 年“扩限”招生，我国高等教育改革开放进程不断推进，大学生群体不断出现新情况，呈现新特点。从总体而言，呈现出群体性、自主性、独子多、成人性等特点。所谓群体性，是指部分大学生由于社会、家庭、自身的背景、经济、素质等方面原因，在学习、生活、心理、就业、恋爱等方面存在困难和障碍，形成一些相对特殊的群体——经济困难群体、学习困难群体、心理障碍群体、上网成瘾群体、情感问题群体、就业困难群体等，这些大学生往往是心理问题的高发人群，严重影响健康成长，甚至引发极端事件，特别值得教育者关注。所谓自主性，是指大学生具有强烈的自我意识、独立意识，他们愿意根据自己的目标、能力、思考、判断，积极主动地安排学习、工作和生活，对自己上大学

“为什么”“干什么”“如何干”等问题往往有自主的意识和反映，而不愿意接受外界强加给他们的东西。所谓独子多，是指随着计划生育基本国策的长久实施，当代大学生多数是独生子女，他们往往生活条件比较优裕、智力才能发展较好，但在日常学习、生活和工作中往往形成以自我为中心的思维习惯和行为方式，自理能力较差、娇骄二气较重、自我意识过强。所谓成人性，是指总体上大学生生理年龄已达到法律意义上的“成人”，心理上尽管有这样那样的问题，但也呈现出“成人”的特征，要按照独立的、尊重的、成人的标准和要求对待他们，而不能采取“未成年人”的认知和态度来对待他们，不能有“怕出事”的思想而采取“抱着、管着、哄着”的方式教育管理他们。用开放性的视野审视局部群体性、知行自主性、独生子女多、身心已成人，大学生群体特征是有针对性地开展思想政治教育必须面对的。

（三）大学生思想政治教育队伍具有学历不高、业务不专、工作不闲、队伍不稳的特点

大学生思想政治教育队伍主要包括高校党政干部和共青团干部、思想政治理论课和哲学社会科学课教师、班主任和辅导员。高校党政干部和共青团干部主要负责思想政治教育组织协调和实施，“两课”教师通过课堂负责对学生进行思想理论教育、思想品德教育、人文素质教育。班主任、辅导员则按党委部署有针对性地开展思想教育活动，承担着引导学生思想、学习、心理、活动的重要职责，是对大学生进行日常教育、解决思想问题的主力军。多年来，这支队伍在做好思想政治教育、培养德才兼备合格人才方面作出了突出贡献，是培养社会主义事业建设者和接班人不可或缺的队伍。用开放性的视野审视，作为教师队伍的重要组成部分，总体上看大学生思想政治教育队伍存在着学历不高、业务不专、工作不闲、队伍不稳的特点。所谓学历不高，就是整体上与专任教师相比、与教育任务要求相比，学历职称层次偏低。早在1999年，教育部颁布的《关于加强高等学校教师队伍建设的意见》，就要求到2005年，教学科研型高校具有博士学位教师的比例要达到30%以上。而大学生思想政治教育队伍整体上本

科生居多，硕士、博士学历偏少，也带来了初级、中级职称多，高级职称少的问题，这对于思想政治教育对象是大学生这样知识层次较高的群体来说，很难产生高屋建瓴、鞭辟入里的效果。所谓业务不专，就是大学生思想政治教育队伍专业出身、专职从事的人不多。政治强、业务精、纪律严、作风正是大学生思想政治教育队伍的基本要求。党政干部和共青团干部中真正从事思想政治教育和相关专业的较少，“两课”教师由于专业特点在思想政治教育知识性方面的教育多、实践性方面的教育少，班主任、辅导员出身思想政治教育和相关专业的也不多，而且不少是兼职从事这项工作，很难达到大学生思想政治教育专业化水平和专家化要求。所谓工作不闲，就是大学生思想政治教育人员工作头绪多、任务重、责任大，不易出成果。党政干部和共青团干部除了负责大学生思想政治教育协调和实施外，还承担着学校大量党政工作和共青团工作。“两课”教师多数不担任学生辅导员，业余时间主要从事大量科学研究工作，以提高业务水平和改善职称层次，不能有针对性地开展日常思想政治教育。班主任和辅导员更是“两眼一睁，忙到熄灯”，常常不分 8 小时内外。由于事务性工作多，从事大学生思想政治教育的政工干部很难有更多的时间来进行业务学习和理性思考，工匠型的人员多，大师级的人物少。所谓队伍不稳，就是由于人们对思想政治教育岗位的认识偏见，加上工作繁重、难出成果，学生政工干部与专任教师相比在职称和学术方面不占优势，造成实际待遇偏低、发展前景不乐观和工作分流困难，致使他们不愿意从事或长期从事大学生思想政治教育，流动过于频繁，进而影响队伍稳定和工作水平的提高。

（四）当下大学生思想政治教育存在目标单一性、形式单向性、方法灌输式、评价知识性的不足

高校的根本任务是培养人，多年来，我国高校大学生思想政治教育为培养社会主义事业合格建设者和可靠接班人提供了可靠的精神动力和思想保证，取得了巨大成就。但用开放性的视野审视，还存在着目标单一性、形式单向性、方法灌输式、评估知识性等方面的不足。

中共中央、国务院《关于进一步加强和改进大学生思想政治教育的意见》把“理想信念”“爱国主义”“基本道德规范”“全面发展”作为大学生思想政治教育目标的基本内涵。我国还处于社会主义初级阶段，大学生思想政治教育目标至少应包括两个层次：对多数大学生来说，要引导他们学会做人，成为文明修养、人际关系良好，国家民族意识、社会公民意识、民主法制意识较强，具备社会主义道德观和共同理想的合格公民，这是基本目标。对大学生中的积极分子，要培养他们具备科学世界观、人生观和价值观，树立共产主义道德观和远大理想，成为坚定的马克思主义者，这是最高目标。在实际工作中，往往自觉或不自觉地把对一部分学生的较高教育目标作为对所有学生的普遍教育目标来要求，忽视了教育目标的层次性，形成了事实上的单一目标要求，难以达到理想效果。大学生思想政治教育经过长期实践，取得了丰硕的理论成果和实践经验，但总体上感觉思想工作难做、有效方法不多、效果难称理想。剖析根源，缺乏交流的单向性教育、我讲你听的灌输式教育是重要原因，是交给学生“干粮”还是交给学生“猎枪”，授人以“鱼”还是授人以“渔”的问题没有从根本上解决好。思想政治教育是一项实践性很强的教育，但目前对大学生思想政治教育效果的评价总体上存在着知识性评价多、易和实践性评价少、难的问题。高校普遍开设马克思主义基本理论课、思想品德课，“两课”作为必修课程有一定的学分要求，大学生普遍思想上重视且成绩良好，而大学生思想政治教育内容包括日常的思想教育、道德教育、政治教育、法制教育等，这些方面的日常、实践教育效果很难量化，学生重视程度和践行力度都不足，在实践中长期形成对大学生德育知识性评价多、实践性评价少的局面，一定程度上影响了大学生思想政治教育效果。

二 开放性视野下增强大学生思想政治教育实效性的举措

思想政治教育实效性，是指通过思想政治教育的各项活动所产生和出现正向结果的效能和属性。把握了开放性视野下的大学生思想政治教育“实情”，采取具有开放性、针对性措施是增强大学生思想政治教育实效性的关键。

（一）拓展跨领域、国际化的开放性视野，占领思想政治教育制高点

在国际经济全球化、国内经济市场化、高等教育大众化、教育环境一体化的宏观背景下，大学生思想政治教育的制高点是用科学的理论、先进的理念武装教育者与被教育者。我国改革开放30年来取得的巨大成就，根本原因在于党的正确领导，坚持了四项基本原则这个立国之本，坚持了改革开放这个强国之路。大学生思想政治教育者要坚持用马克思主义理论、中国特色社会主义理论为指导，用社会主义核心价值体系占领教育阵地，同时打开跨领域、国际化的开放性视野，学习国内外先进理念为我所用，借鉴校内外他山之石以攻玉，改革传统教育理论与做法，探索思想政治教育规律，形成与时俱进的大学生思想政治教育新理念、新经验。大学生思想政治教育者要采取直接和间接的办法，学习国内特别是国外高校大学生教育的先进理念、先进经验，因为多年来我们国内教育工作者相互学习交流的机会较多，经验做法大同小异，向国外高校学习借鉴重视不够、机会不多、行动不力、收获不大。国外高校强调以人为本、突出人文关怀的教育理念，时代性、实践性的教育内容，有意识教育与无意识教育相结合的教育方式，引导性教育与交流性教育相结合的教育方法，以及对学生进行爱国主义教育、民主法制教育、自强自立教育的独特、有效作法，值得我们认真研究，有效借鉴。①

（二）树立以人为本的理念，强化思想政治教育的人文关怀精神

以人为本是科学发展观的核心。以人为本就是“发展为了人民，

---

① 潘志红：《国外思想政治教育的特色及启示》，《湖南人文科学学院学报》2006年第2期。

发展依靠人民，发展成果和人民共享”①。以人为本理念体现在大学生思想政治教育上，就是思想政治教育要为了学生、尊重学生、依靠学生、发展学生。

思想政治教育为了学生。高校的根本任务是培养人，大学生思想政治教育的根本任务就是为培养社会主义事业合格建设者和可靠接班人提供思想保证和精神动力。思想政治教育为了学生就要围绕大学生成人成才开展教育，增强促进大学生成人成才的服务意识，切实解决大学生成人成才过程中的各种问题。在社会主义市场经济和高等教育大众化背景下，大学生交费上学，对学校的选择、专业的要求、教育的质量、就业的前景提出了更高的要求，具有更多的自主权。大学生思想政治教育要适应这一变化，在教育内容、教育形式、教育方法等方面更多地开展引导性、服务性、交流性的工作，才能为大学生所接受，才能增强教育效果。针对大学生中的经济困难群体、学习困难群体、心理障碍群体、上网成瘾群体、情感问题群体、就业困难群体等，要把解决思想问题与解决实际问题结合起来，把思想教育工作与学生成长成才结合起来，突出人文关怀，追求完善服务，增强教育的凝聚力、说服力和实效力。

思想政治教育尊重学生。思想政治教育是做人的工作，只有尊重人，才能以情感人，以理服人，情理交融。针对大学生自主性、成人性等特点，教育者要尊重学生的主体地位、独立人格、内在需求、个性差异，做解决学业问题的良师、解决心理问题的医生、解决生活问题的益友。尊重学生要正确处理充分尊重和严格管理的关系。充分尊重学生的自由与个性，但尊重不等于纵容，对自由与个性的尊重不能超越纪律、制度之上；充分理解学生，但理解不等于迎合，无原则的迎合只能导致教育上的不作为，不利于合格人才的培养；重视学生权益，但教育者的权益不能漠视，教育者与学生是和谐关系，是师生相宜、教学相长。

---

① 胡锦涛：《在学习〈江泽民文选〉报告会上的讲话》，《人民日报》2006 年 8 月 16 日第 1 版。

思想政治教育依靠学生。恩格斯说，人的行动的一切动力都一定要通过他的头脑，一定要转变为他的愿望动机，才能行动起来。事物的转化，外因是条件，内因是根据，外因只有通过内因才能发挥作用。大学生思想政治教育要达到目的，就必须经过教育对象的选择和确认，使教育内容成为坚定的自我行为理念，内化为个人的品行特征。大学生思想政治教育要在增强艺术魅力方面下功夫，开展启发式、引导式教育，提高大学生在思想政治教育过程中的趣味性、积极性、主动性，通过自我认知、自我体验、自我教育、自我建构，实现教育者与被教育者在思想政治教育过程中情感、内容、方法、目的的全方位共鸣。

思想政治教育发展学生。人的自由而全面的发展，是马克思、恩格斯追求的理想目标。中共中央、国务院《关于进一步加强和改进大学生思想政治教育的意见》也指出：加强和改进大学生思想政治教育，要“以大学生全面发展为目标”。思想政治教育是促进大学生全面发展的重要途径，在完善学生道德、提高学生品格、升华学生理想方面有着不可或缺的重要作用。大学生思想政治教育坚持育人为本，德育为先，紧紧围绕育人这一中心开展工作，通过卓有成效的“德”育，带动“智”“体”“美”“劳”诸育的全面发展，全面提升，为国家输送德才兼备、全面发展的高素质人才。

（三）建立学者型的工作队伍，提高思想政治教育的水平

做好大学生思想政治教育，工作队伍建设是关键。国际国内背景和社会主义新时代提出了建立学者型的大学生思想政治教育队伍的新要求，即在角色要求上坚持职业化方向，在知识要求上坚持专业化标准，在水平要求上坚持专家化水准。

建立学者型的工作队伍，在角色要求上坚持职业化方向。职业化是指某项工作成为一种专门职业，有自身不可替代的职业要求和职业特点，有相应的职业培养机构和职业标准保障制度，有相应的社会地位和经济地位。从社会分工来看，大学生思想政治教育是一种具有基本理论和专业技术要求的专门化职业。从这项工作现实来看，大学生思想政治教育队伍规范的从业标准、相应的准入制度、有效的考核机制还不十分完善，他们的职业标准、职业精神、职业道德还需要从职业化的标准来进一步培养、规范和提升。建立学者型的工作队伍，在知识要求上坚持专业化标准。专业化是指某项工作由专门人员经过专业培训，进而专门从事某项工作并不断提高的过程。大学生思想政治教育专业化要求，就是要求教育者具备较强的思想政治教育学、教育学、管理学、心理学、历史学、职业咨询等方面的专业知识，同时对党的路线、方针、政策特别是对新时期党的教育方针有着较为深刻的认识和理解，有较高的理论政策水平和实际应用能力，以适应新形势下大学生思想政治教育的需要，在大学生思想困惑、心理障碍、人际交往、专业学习、发展方向、职业选择等问题上予以专业化的正确引导。

建立学者型的工作队伍，在水平要求上坚持专家化水准。大学生思想政治教育创新发展，必须有一支把这项工作作为一项事业追求、专业知识广博、实践经验丰富、师德高尚的学者型、专家型的工作队伍。高校要从根本上稳定这支队伍，不能只盯着让这些人员怎么出去，如何转业，而应该从制度上为大学生思想政治教育工作者建设一个专业平台，进行专业化的建设和培养，催生职业化的队伍。让每一位从事大学生思想政治教育的人员都有自己侧重的专业领域，并把这个专业当成一生追求的事业，他们就会拥有广阔的职业发展空间，这就是最好的出口，从根本上解决了大学生思想政治教育工作者的职业定位问题，就会出现教授级、学者型的教育专家，大学生思想政治教育就有了坚实的组织保障。

（四）探索指导式的教育模式，增强思想政治教育的效果

区分教育层次，坚持先进性导向与普遍性要求的有机结合。在教育目的上，强化以人为本的原则，寻找社会发展需要与大学生自身发展需要的最佳结合点，把大学生的前途命运与国家的前途命运结合起来，实现大学生的全面发展与培养社会主义合格建设者和可靠接班人的完美统一。在教育对象上，强化因材施教的原则，坚持面向全体学

生的基本目标和面向部分先进分子的最高目标的有机统一，坚持教育内容大众化基本要求与较高层次导向性要求有机统一。

改变教育方式，变单向灌输式为交流互动式。从社会学的角度来看，外部灌输就是社会教化的过程，人的自觉性过程是个体内化的过程，只有教育者与被教育者两个积极性都充分调动起来，“外授”与“内练”有机结合，交流互动、和谐共鸣、协调一致，才能实现教育目的。从思想政治教育宏观背景看，随着全球化进程的加快和网络等新兴媒体的悄然崛起，大学生获取信息的方式、渠道多样化，他们一定程度上会出现对知识和信息的把握在量上以及质上超过、在时间上领先教育者的情况，教育者的权威性和话语权就必然受到质疑，单向式灌输工作方式的合理性就会面临严峻的挑战，大学生思想政治教育方式由单向灌输式变为交流互动式成为必然。从大学生群体自身来看，市场经济条件下他们的主体意识和平等意识不断提高，确立学生主体地位的尊重意识，形成教育者与教育对象之间相互尊重、互动共通、相互促进的思想政治教育新模式，将有助于提高大学生思想政治教育的实效性。

开放教育环境，坚持主导式教育与自主式选择有机结合。国际与国内形势的发展、高等教育与大学生自身情况的变化，决定了大学生思想政治教育环境不再是封闭的、单一的、简单的，而是开放的、多元的、复杂的。大学生思想政治教育要有实效，经得起时空的考验，就要在开放的环境中进行教育，做到两个坚定不移：一是坚定不移地弘扬主旋律，用社会主义核心价值体系引领导大学生思想政治教育，占领思想政治教育阵地，增强社会主义意识形态的吸引力和凝聚力，即坚持马克思主义的指导地位，坚持不懈地用马克思主义中国化最新成果武装大学生；坚持用中国特色社会主义共同理想团结凝聚大学生；用以爱国主义为核心的民族精神和以改革创新为核心的时代精神鼓舞大学生；坚持用社会主义荣辱观引领风尚，教育大学生，巩固共同思想基础。二是坚定不移地变结论式教育为方法性教育。在开放的教育环境中，不仅要引导大学生树立与社会主义核心价值体系相适应的思想观念、政治观点和道德规范，更要帮助大学生掌握认识问题、分析问题、解决问题的立场、观点和方法，引导大学生通过自我体验、自我感悟、自我认知、自我教育，把教育内容内化为自觉的意识，升华为长期自觉的行动。

革新评价效果，变交给学生“干粮”为交给“猎枪”。大学生思想政治教育效果如何，可以分三个层次：第一个层次，思想政治教育基本内容掌握得如何？这是知识性评价，也是基础性评价，因为没有理论思想支撑的行为是不自觉、不长久的。第二个层次，思想政治教育内容践行得如何？这是实践性评价，是重点的关键性评价，知行统一是思想政治教育的重要原则。第三个层次，作为受教育者的大学生能否在复杂多变的教育时空中，通过自己的认识、分析，作出正确判断，采取科学选择，解决自身的理想信念问题，世界观、人生观、价值观问题，学习、工作、生活中的各种困难和问题，这是能力性评价，是理想的终极性评价。对大学生思想政治教育的评价要逐步从第一层次向第二层次过渡，直至达到第三层次。

（2010 年发表在《社会科学战线》第 9 期）

开放式教育：创新型人才培养的新视角

《国家中长期教育改革和发展规划纲要（2010—2020年）》把“创新人才培养模式”列为重中之重，把“培养拔尖创新人才”作为核心任务，把“实施基础学科拔尖学生培养试验计划”作为重大实施项目，把“拔尖创新人才培养改革”作为教育重大改革试点，明确了在培养数以亿计的高素质劳动者、数以千万计的高级专门人才的同时，着力培养一大批拔尖创新人才的教育改革发展目标。建设人才资源强国，培养拔尖创新人才，是一项系统、复杂的社会问题，教育特别是高等教育肩负着重要使命，本文仅从开放式教育的视角探讨创新型人才培养的路径问题。

一　创新型人才培养呼唤开放式教育

（一）创新型人才的特征与创新型人才培养的反思

社会主义现代化建设需要数以亿计的高素质劳动者和数以千万计的高质量专门人才，更需要大批创新型的杰出人才。“钱学森之问”也正反映了我国高校在培养创新型人才方面的现状。对于创新型人才，香港城市大学校长张信刚认为：创新型人才必须是发现了别人所没有发现的自然或社会规律，或者是利用原有的技术进行新的组合和应用。[①] 中国人民大学校长纪宝成认为：“创新”的含义应当大大拓

① 王辉耀：《开放你的人生》，人民出版社2008年版，第150页。

展，即具有创新性思维。在任何工作岗位上都能够创造性地开展工作，创造性地解决问题，开拓工作新局面的人才，都是创新型人才。[①]美国心理学家托兰斯曾对87名教育家做了一次调查，要求列出创造型学生的行为特征，其中被提到次数较多的行为特征是：好奇心，不断地提问；思维和行动的独创性；思维和行动的独立性；想象力丰富，喜欢虚构和叙述，富于幻想；不随大流，不过分依赖集体的意志；主意多，喜欢搞试验；顽强、坚韧。[②]

国内外教育家关于创新型人才定义尽管视角不同，提法不一，但有共性。笔者认为，创新型人才是指具有创新思维和创新能力、能够不拘一格地解决问题的人才。创新型人才有很强的好奇心和求知欲，把从事的研究当作人生的乐趣与追求；有很强的独立性和自信力，个性突出；动手能力强且想象力丰富，创新意识强不墨守成规；在某一领域有渊博的知识，而不被其束缚。其中具有创新思维、具备创新能力、取得创新成果是创新型人才的三大主要特征，而创新思维是基础，创新能力是保证，创新成果是标志。

从培养创新型人才的角度来看，我国高等教育与世界发达国家相比还存在较大差距，主要表现在以下几个方面。

一是同质化的人才培养及办学模式。在办学模式上，专科争上本科，本科争上硕士、博士点，普通争上重点，单科向综合看齐，热门专业一哄而上，没有特色，缺乏个性。在人才培养方面，没有科学的人才观、成才观作指导，不能因材施教、区别培养，而是像工业化大工厂，喜欢用统一的标准、一样的方法、标准的答案等去指导和教育学生，大学生像标准件一样按一个模子批量生产出来，个性不突出，缺乏创新力。

二是功利化的短视办学思路。总体上看，我国高等教育存在着一定程度的浮躁心态。一些大学片面强调规模建设，忽视内涵发展；片

---

① 纪宝成：《以更加开阔的视野认识创新人才的选拔和培养》，《学习参考》2010年第7期。

② 王辉耀：《开放你的人生》，人民出版社2008年版，第189页。

面强调数量增长，忽视质量提高；片面强调经济效益，忽视社会效益。结果大楼越来越多，大师越来越少；培养的学生数量多了，而社会需求的人才不足。大学生就业越来越难，一流的创新型人才难觅，建设世界一流大学成效不明显。

三是填鸭式的灌输教育方式。在教育方法上，重“灌输”轻“引导”，学生长期处于被动接受认同状态，主体精神、主动性退化，创新意识、创造能力得不到开发；在教育内容上，重“理论”轻“实践”，学习成了应付考试、顺利毕业的工具，学生创新精神、适应社会能力不强；在教育思维上，重“结论”轻“推论”，传授“正确知识”、学习“标准答案”成为教师和学生习以为常的思维定式，长期训练的是求同思维，求异思维特别是创造性思维得不到开发和训练；在教育关系上，重“管理”、轻“教育”，学校与学生、教师与学生在很大程度上变成了“管”与“被管”关系，学生缺乏自主思考和自由学习的空间。

四是知识型的人才评价标准。我国高等教育还没有从根本上脱离知识化、分数化的人才评价标准，大学考试基本上是知识化的内容、标准化的答案、分数化的成绩。人才培养的模式基本上是“应试教育”模式，素质教育特别是创新素质的教育培养匮乏。这种局面造成我国培养的大学生与一些发达国家相比，虽然基础知识、基本技能牢固，但动手能力、操作能力明显薄弱，创新思维、创造能力严重不足。

五是管教式的小农管理方式。我国高校对学生是“蔬菜大棚式”的教育管理，怕经风雨，怕出问题。高校成了事实上的“无限责任公司”，在学生学习、生活、工作诸方面要求过多、管得过宽、统得过死，主要表现是凡事大包大揽，“为谁学习”都成了教育要解决的问题，在哪儿吃住都有具体的要求，结果不该管的管了，该管的没管好。这是不懂教育规律、不懂人才培养规律的表现，这种小农管理方式很难造就创新型、见世面、成大事的学生。我国高等教育上述封闭式教育弊端，成为培养创新型人才的桎梏。

(二) 创新型人才培养对开放式教育的吁求

开放式教育从培养创新型人才的视角对教育理念、教育模式、教育方法等提出了新的要求。教育应把多样性、差异性、复杂性、不确定性贯穿其中，给教育发展提供更多的选择性、多样性和创新性，给教育对象个性发展和创造性发展提供充足的空间。

1. 开放式教育是鼓励自主的教育。1985 年，微软全球副总裁张亚勤赴美留学，在以满分通过博士生入学考试后，他跑去向导师求教如何选择博士论文的题目。谁知导师说："我还正要问你这个问题呢!"[①] 在国内，类似的问题总是导师先给学生划定一个大致的论文范围，而在美国，总是学生自己找研究课题，导师只是最后帮助把握一下，提一些建议。教育应既授之以"鱼"，更授之以"渔"，培养学生养成思维和行动的独立性、独创性。

2. 开放式教育是鼓励创新的教育。北京大学党委书记闵维方一直认为"出国留学是我求学生涯和人生发展的一个重要转折点"，这是因为他出国留学接受了全新的教育，美国"斯坦福大学的授课方式是很开放的，很多课主要不是靠老师讲授，而是学生自己阅读大量的学术刊物，学习本领域的学科知识，上课时由一位学生做专门发言，老师不断提问，以促使学生的潜能得以充分发挥。"[②] 教育应把鼓励创新作为核心要求，无数事实一再证明，许多在校期间成绩一流的学生因为听话守规矩而成为"规则"的执行者和守护者，而许多在校期间不听话不守规矩学习成绩不十分突出的学生，毕业后往往容易成为新"规矩"的制造者和开拓者，常常作出与众不同的事情，也就有可能成为创造型人才。开放就是解除封锁、禁令、限制等。开放式的教育是限制较少、学习自主、包容个性、鼓励创新的教育。多元、民主、自由、创新是开放式教育的基本特征，鼓励创新是开放式教育的核心。

从开放式教育与创新型人才的内涵和作用来看，开放式教育是过

---

① 王辉耀:《开放你的人生》，人民出版社 2008 年版，第 191 页。

② 同上书，第 190 页。

程、是途径、是手段，培养创新型人才是目的、是结果、是要求，二者的本质意义是一致的，培养创新型人才是实施开放式教育的本质要求和根本目的，实施开放式教育是培养创新型人才的有效途径和根本保证。从我国高等教育现状和世界发达国家经验来看，实施开放式教育有利于创新型人才培养，创新型人才培养需要开放式教育来实现。实施开放式教育，培养创新型人才，成为我国高等教育迫切需要破解的课题，这也是我国高等教育今后改革突破的重点、难点、切入点和突破点。

二　实施开放式教育，推进创新型人才培养

（一）秉持开放的视野，树立人才培养新理念

实施开放式教育，首先要有开放的视野，始终把解放思想作为推进事业的思想武器和精神动力。我国高等教育以往存在着的“封闭式”教育弊端，不仅与传统教育思想的影响有关，更与视野不够开放、思想不够解放有关。改革开放以来，我们党一直倡导解放思想，每一次思想的解放都会带来生产力的飞跃发展、社会的巨大进步，这又反过来推动着人们思想的进一步解放。这一经验也适用于高等教育。

高等教育需要进一步改革开放。实施开放式教育，培养创新型人才，必须有开放的胸襟，国际的视野。改革开放 30 多年来，我国高等教育在大众化方面已缩小了与发达国家的差距，但在先进的办学理念、科学的办学模式、成熟的办学经验以及培养创新型人才方面的差距还比较大。实施开放式教育，培养创新型人才，需要我们自身的探索，更需要放眼世界，吸收借鉴包括西方发达国家在内的世界一切国家的培养创新型人才的高等教育经验，结合我国高等教育培养人才的实际，改革高等教育存在的种种不利于创新型人才培养的弊端，探索中国特色的创新型人才培养新模式。这就要求我国高等教育在更高层次上推进改革开放，采取请进来、走出去、全面掌控前沿信息的方法，通过邀请国外开放式教育专家讲学，派遣高等教育管理部门和高

校的领导、专家到国外学习开放式教育、培养创新型人才的经验，利用互联网等多种渠道及时掌握世界上最先进的高等教育经验与信息，做到思想常解放，视野高且远。

高等教育要有教育的理想、科学的理想。实施开放式教育，培养创新型人才，必须解放思想，更新观念。在教育思想方面树立新理念：树立改革开放的理念，坚持自主创新与吸收借鉴相结合，以开放的视野关注世界高等教育发展经验与趋势，以改革的气魄兴利去弊；树立和谐的人才理念，以有针对性的因材施教、分层培养的理念，使每个人都得到充分发展，促进拔尖创新型人才脱颖而出；树立按规律办事的理念，遵循高等教育规律和人才培养规律，坚持教育家办高等教育，按照培养创新型人才的模式去办学；树立开放教育理念，打破传统的教育方式，实施民主、自由、多元的开放式教育，建立、创造有利于创新型人才培养的崭新机制和宽松环境等。通过解放思想，在有利于创新型人才培养的理念、体制、机制、模式等方面达成共识。在教育理想方面坚持公益性原则，要有长远心态，坚持去功利化。改革开放以来，我国高等教育虽然在外延发展上取得了长足进步，但内涵发展相对薄弱，办学特色不很明显，人才培养数量与质量不相协调，创新型人才的培养不甚理想。这是前进中的问题，需要以沉静的心态从长计议，从国家发展和人才培养的战略层面对高等教育未来发展作深入思考，积极转变方式，精心调整结构，适应社会对创新型人才的需求。在教育导向方面积极推进由教育家办教育，确保按教育规律、人才培养规律办事，办出特色与水平，培养创新型人才；在教师中倡导师德风范、敬业精神、学术精神和创新精神，为了真正的学术理想而潜心钻研；在学生中倡导自主学习、创新学习，培养创新精神、养成创新思维、提高创新能力。

（二）建立开放式的办学体制，落实扩大高校办学自主权

高校办学自主权涉及多个方面的内容，一些西方发达国家高校办学自主权有一套比较系统的制度设计，政府仅是宏观管理，各高校享有较大的办学自主权，政府一般不直接干预高校内部事务，诸如专业

与课程设置、学位文凭发放、机构设置、人事安排、教授聘任、经费筹措和使用等方面。这样做激发了高校的办学积极性，也使高校真正面向社会办学。但这并不意味着政府失去了对高等学院的控制，只是政府对高校的管理是通过法律的杠杆来进行，而不是直接干预。”① 这是西方发达国家实施开放式教育成功经验在高等教育管理体制方面的具体体现，这种开放、灵活的高等教育管理体制，使高校拥有充分、有效的办学自主权，培养创新型人才就有了体制上的保障。《教育规划纲要》明确了落实和扩大办学自主权的要求，“政府及其部门要树立服务意识，改进管理方式，完善监管机制，减少和规范对学校的行政审批事项，依法保障学校充分行使办学自主权和承担相应责任。高等学校按照国家法律法规和宏观政策，自主开展教学活动、科学研究、技术开发和社会服务，自主设置和调整学科、专业，自主制定学校规划并组织实施，自主设置教学、科研、行政管理机构，自主确定内部收入分配，自主管理和使用人才，自主管理和使用学校财产和经费支出。”借鉴国外经验，结合我国实际，落实学校办学的自主权力，在高等教育办学体制上要突出开放性特点：在由谁办学问题上，实行国家、地方、民间多种形式并举，打造良性竞争格局；在处理高校自治与政府调控的关系上，政府必须适当放权，指导而不指令，到位而不越位，实行政校分开、管办分离，让高等学校在遵守法律和规定的前提下自主办学。

（三）探索开放式教育机制，突出学生创新能力的培养

一是树立培养创新型人才的教育目标观。知识经济是一种不断创新的经济，需要创新型人才保证其可持续发展，客观上要求高等教育把教育目标定位在培养创新型人才上，变获取知识的教学目的观为发展创新能力的教学目的观，使教学成为培养创新精神、激发创新动机、发展创新能力、培养创新人才的源泉。

---

① 常小勇：《我国高校办学自主权的现状及其迫切性分析》，《教育与现代化》2004年第3期。

二是建立培养学生创新能力的机制。叶圣陶说，“教是为了不需要教”。发展知识经济要求人们不断学习新知识、解决新问题，客观上要求高等教育建立一种培养学生创新能力的长效机制，注重学思结合，注重知行统一，注重因材施教，探索自主式、启发式、兴趣式、推理式、探索式、交流式、创新式等新的教育模式，变“教学生学会”为“教学生会学”的教学方法观上来。

三是建立开放的师生关系。建立开放的师生关系，核心是师生间的民主平等，这是培养学生创新能力的前提。高等教育的根本任务要求教学以学生为本，学生处于教学的核心地位，但教与学双方是平等的，是相互尊重、教学相长的关系，是教师为主导、学生为主体的关系。教学过程不是简单的灌输，也不是简单自发的过程，而是教学双方相互尊重、相互学习的过程。民主平等相处、自主创新学习是开放式教育在培养创新型人才方面对师生关系的本质要求。

四是建立科学的学习评价体系。学习评价体系是一根指挥棒，它指导并影响着学生的学习方式、成才模式。建立以促进学生综合素质提高和全面发展为目的，以培养学生良好素养和创新精神为目标的开放式学习评价体系，努力创造宽松、和谐、包容、开明的学习和思考环境，是培养创新型人才的客观要求。在学习评价体系中，应突出学生是否具有创造性思维，是否具备独立创新的分析、解决问题能力等方面要求，并作为评价体系的核心内容。

（四）建设开放型的师资队伍，推动创新型人才培养

埃米尔·涂尔干指出：“教育的成功取决于教师，然而教育的不成功也取决于教师。”① 高素质的师资队伍是决定一所大学水平的核心竞争力，实施开放式教育，培养创新型人才，具有开放意识和创新精神的师资队伍是关键。我国大学与世界一流大学的差距，主要是教师队伍水平的差距。我们培养不出大批创新型人才，最根本的也是没有建立一支开放型、创新型的师资队伍。从培养创新型人才的角度来

---

① 眭依凡：《大学如何培养创新型人才》，《江西日报》2007 年 3 月 12 日。

审视我国当下高校师资队伍，一方面缺乏把发现、培养创新型学生视为教师天职的教师文化，另一方面不少教师已经沦为并且习以为常成为单纯传授知识的教书匠，教学不是智慧的启迪，创新能力的培养，而是程式化的知识灌输。

建设开放型的师资队伍，主要把握以下几点：把树立开放式的师资培养观念放在首位，明确建立具有开放意识和高远视野、具备创新精神和创新能力、以培养创新型人才为己任的师资队伍作为建设目标。把培养教师的开放视野和创新精神作为重点，从战略的高度，用发展的眼光，以开放的观念，为教师尤其是青年骨干教师多提供参加国际学术会议的机会，多提供去国内外一流大学进修学习的机会，多请国外著名教育家、大学校长讲学，让教师更多地了解并获取先进的教育理念、教学方法、培养创新型人才的经验。把建立引导创新、鼓励创新的工作机制作为关键，建立鼓励教师培养创新型人才的教学评价制度、教书育人氛围，形成长效机制。通过研修培训、学术交流、项目资助等方式，造就一批创新型的教学名师和学科领军人才。坚持培养与引进相结合，实施海外高层次创新型人才引进计划、“长江学者奖励计划”和“国家杰出青年科学基金”等人才项目。通过卓有成效的工作，努力打造一支与培养创新型人才需要相适应的开放型、创新型、高水平的师资队伍。

（五）打造开放式的创新文化，“润”育创新型人才

创新型人才的培养需要一种持续、稳定、系统、活跃、开放的创新教育环境，以优秀的创新文化“润”育创新型人才。从人才成长环境客体的角度看，高校创新文化主要包括精神文化、环境文化和制度文化三个层面。创新文化重在建设，通过建设形成精神、环境与制度三个层面相互影响，内在动机、外在环境与制度文化相互推动，个体的创新需要、群体的创新热情与制度的创新引领相互作用的浓厚创新文化。一是建立鼓励创新的学习绩效、人才标准的评价制度，长效机制是建立创新型文化的根本；二是教师要有带头创新、教会学生创新的育人意识和教学方法，发挥教师在建设创新文化方面的垂范作

用；三是广泛深入开展开放式、创新型的高水平学术报告，形成以创新为荣、创新为本的学术导向，推动高校校园创新文化的建设；四是创造鼓励创新、有利于创新型人才脱颖而出的宽松舆论环境。

教育不可能使每个学生都成为天才，但要使天才有生长的土壤。高校及社会舆论氛围要用宽松的态度、鼓励的眼光支持创新，支持第一个吃螃蟹的人，不要用挑剔的眼光看待创新、怀疑创新。在创新文化建设过程中，始终突出、强化、体现多元、民主、自由、创新的开放式教育特征，形成培养目标是创新型人才、教学方法是引导创新、学习评价是鼓励创新、学术活动是推动创新的浓厚氛围，培养学生具有创新意识，养成创新思维，富有创新精神，具备创新能力，成为适应社会主义现代化建设要求的创新型人才。

（2010 年发表于《教育研究》第 10 期）

开放式教育：大学生思想政治教育的新理念

高等教育的根本任务是培养人。“牢固树立人才培养在高校工作中的中心地位，着力培养信念执著、品德优良、知识丰富、本领过硬的高素质专门人才和拔尖创新人才”，是《国家中长期教育改革和发展规划纲要（2010—2020年)》对高等教育提出的三大任务之一。育人为本，德育为先。思想政治教育对大学生健康成长、顺利成才、成功就业起着重要的思想保证和精神动力的作用。面对处于前所未有的开放性的当代国际环境，我们要树立开放式的教育理念，要构建开放式的思想政治教育的体系，培养适应开放社会所需要的合格的大学生。

一　开放式的大学生思想政治教育的内涵

开放式的教育源于法国卢梭的自然主义思想。20世纪初经过英国教育家尼尔等人的努力，开放式的教育被转化成为实际的教育行为。后来，开放式的教育逐渐在美国盛行了起来，现已在世界各地传播。开放式的教育是针对传统封闭式、灌输式的教育模式而言的。开放式的教育通过营造一种开放、民主、平等、自由、互动与和谐的师生关系及教育氛围，优化教育资源和教育环境，借助社会的力量与现代科技成果和手段，构筑起一种新型的教育模式，它旨在提高学生的学习效果，培养学生使之达到全面发展的目标。①

开放式的大学生思想政治教育理念的提出，源自于开放式教育的启示。开放就是要解除封锁、禁令和限制等。高校的思想政治教育是对大学生进行的世界观、人生观和价值观的教育，是要使学生对世界、对社会、对人生有一个正确的认识，从而能正常地参与社会生活，并在此基础上推动社会的不断发展。借鉴开放式教育的定义，结合大学生思想政治教育的实际，所谓开放式的大学生思想政治教育就是要设法使对大学生的思想政治教育与开放和多元的社会环境相适应，以保证和推动大学生的全面而自由的发展，进而推动社会的发展和进步。开放式的思想政治教育通过树立开放和包容的教育理念，利用多元有效的教育资源，探索自主互动的教育模式，建立民主平等的师生关系，营造创新与和谐的教育氛围，引导大学生树立起科学的世界观、人生观和价值观，从而成为能适应社会发展需要的高素质的专门人才。包容性、民主性、自主性、创新性是开放式的大学生思想政治教育的基本特征。

开放式的大学生思想政治教育是一种包容性的教育。多样性是自然界和社会发展中的普遍现象。面对开放和多元的社会环境，大学生的思想政治教育应树立与之相适应的开放和包容的理念，以使大学生在具有复杂性与可选择性的环境里实现自由而全面的发展，使教育目标中普遍性的要求与先进性的要求之间实现有机结合并表现出一定的层次性，使教育内容能体现出主旋律与多样化有机结合的丰富性，使教育模式能呈现共性教育与个性教育有机结合的科学性。

开放式的大学生思想政治教育是一种自主性的教育。自主学习是学习者在教师的指导下，根据自身条件和需要自主地选择学习目标、学习内容和学习方法，并通过自我调控来完成学习任务的一种学习模式。大学生思想政治教育效果的实现，与大学生自主地筛选、过滤、选择学习内容和学习方法很有关系。所以，教师要相信大学生的自我

---

① 诸凤娟：《论高校思想政治教育中开放式模式的构建》，《绍兴文理学院学报》2007年第12期。

教育的能力，要重视对大学生的引导，以充分发挥他们进行自我教育的积极性、主动性和创造性。要坚持教育过程中的“外授”与“内练”的结合，对学生动之以情，晓之以理，导之以行。

开放式的大学生思想政治教育是一种创新性的教育。开放不意味着学生可以自由放任，开放的目的是为了开阔学生的视野，是为了革故鼎新。以往我们对大学生的思想政治教育带有一定的封闭性的特点，即延续传统的东西较多，内容较陈旧，方法相对单一。面对当前开放的社会和开放的环境，大学生的思想无不深深地打上了时代的烙印。在这种背景下，对大学生的思想政治教育只有立足时代，放眼世界，通过比较和鉴别，选取最佳策略，才能收到较为满意的教育效果。

二 实施开放式的大学生思想政治教育的必要性

（一）实施开放式的大学生思想政治教育是对传统封闭式教育弊端深刻反思的结果

改革开放30多年来，我们的思想政治教育为培养社会主义事业合格的建设者和可靠接班人作出了巨大贡献，但在一定程度上也存在着较为封闭的弊端。一是我们的教育视野较为封闭。总体上看，我们的思想不够解放，视野不够开阔，禁区也较多。国内同行交流多，国际的交流则比较少，从而对国外关于思想政治教育的状况和信息的了解和掌握也比较少。二是教育的内容也有封闭性。主要体现在内容中的价值取向的狭隘性方面，即更多地强调的是其社会和政治的需要而弱化了学生个人发展的需要。同时，内容中的效能要求还有某种程度上的排他性，即往往用只有少数先进分子才能达到的标准去教育、要求和衡量所有的大学生。另外，对外来的一些思想或思潮，也过多地持一种批判或否定的态度，甚至视之为是不可接触的“洪水猛兽”。在内容的表现形式上也有单一性，即主旋律充分，多样化不足，往往将教育只停留在一般性的理论分析和口号式的宣教上，不能针对重大问题或热点问题进行深入、全面和令人信服的分析与阐释。三是教育方法的封闭性。存在着重灌输轻引导、重理论轻实践、重结论轻推论、重管理轻教育等现象。

封闭式的大学生思想政治教育造成的后果是，在某些方面，其教育效果经不起时间的考验、社会实践的考验和具体问题的考验，因而学生一踏入社会，一遇到实际问题，就会觉得困惑和迷茫。培养有中国特色社会主义事业合格的建设者和可靠接班人，是高校的根本任务，只有革除弊端，实施开放式的大学生思想政治教育，以开放式的教育理念来指导我们的工作，用开放式的教育方法来培养和教育学生，用开放式的教育内容来武装学生，才能培养出具有开放意识，因而也能适应开放的环境、综合素质较高的合格的人才。

（二）实施开放式的大学生思想政治教育是适应新时代的人才培养环境的必然要求

当今的世界是开放的世界，大学生的思想政治教育面临的是一个开放的国际与国内的环境。在国际方面，随着科学的发展和技术的进步，经济全球化、信息网络化、文化多元化、价值取向多样化的趋势日益明显。“当代中国同世界的关系发生了历史性的变化，中国的前途命运日益紧密地同世界的前途命运联系在了一起。中国的发展离不开世界，世界的繁荣稳定也离不开中国。”① 在开放的国际环境中，各种思想与文化的交流、交融与交锋更加频繁。高等学校历来是意识形态领域斗争的重要阵地，也是西方敌对势力同我们争夺下一代斗争的前沿。在国内方面，当前我国的改革开放已进入了一个新的历史时期，我国社会处于改革的攻坚期、发展的关键期和矛盾的凸显期，我国社会的经济成分、组织形式、就业方式、利益关系和分配方式等均在日益多样化。在开放和宽容的社会环境中，历史的和现实的、本土的和外来的、进步的和落后的、积极的和消极的社会思潮在相互交织、相互碰撞，在深刻地影响着大学生的思想和价值取向，大学生思

① 《胡锦涛文选》（第二卷），人民出版社 2016 年版，第 650 页。

想活动的独立性、选择性、多变性和差异性前所未有地凸显了出来。

开放性和融合性是当今世界发展的趋势和特点，而且这种开放的环境还是现实的、复杂的、不可改变的。在这种情况下，我们对大学生的思想政治教育就必须适应这种环境，必须实施开放式的教育，以引导大学生在复杂的国际和国内环境当中，牢固地树立起社会主义的核心价值观和共同理想，使大学生在德智体美劳各方面得到全面发展，成为社会主义事业合格的建设者和可靠的接班人。

三 实施开放式的大学生思想政治教育的思路

（一）树立开放式的大学生思想政治教育的理念

理念是对某种事物的观点、看法和信念。理念是行动的先导，有什么样的教育理念，就有什么样的教育思路、教育模式和教育效果。实施开放式的大学生的思想政治教育，首先必须树立与之相适应的教育理念，即解放思想的理念、改革开放的理念、民主平等的理念、以人为本的理念与和谐教育的理念等。

树立解放思想的理念，就是要进一步开阔视野，进一步解放思想，有敢创、敢冒的创新精神。树立改革开放的理念，就是要放眼世界，要吸收或借鉴世界上其他地方对大学生进行思想政治教育的有效做法，要进一步探索有中国特色的、开放式的大学生思想政治教育的新模式。树立民主平等的理念，就是在对学生进行思想政治教育时要做到师生地位平等、关系融洽。树立以人为本的理念，就是要使思想政治教育不仅解决学生具体的思想问题，更重要的是要培养学生自主思考、自主选择的能力，要使教育效果能经得起时间和实践的考验。树立和谐教育的理念，就是要使思想政治教育的目标、内容、方式、方法等实现相互协调与有机统一，从而形成和谐有效的思想政治教育的运行机制，就是要运用和谐的方法来培养和谐发展的人。

（二）明确开放式的大学生思想政治教育的目标

开放式的大学生的思想政治教育的目标应该具有层次性。目前我国还处在社会主义初级阶段。在这个阶段，多种所有制形式、多种经营方式和多种分配形式并存，与之相适应，大学生思想政治教育的目标也应该不是单一的。我国现阶段大学生的思想政治教育的总体目标是：促进大学生全面发展，为社会主义现代化建设事业培养合格的建设者和可靠接班人。在这个总目标之下，大学生思想政治教育的具体目标可以分为以下几个层次：一是促进大学生的全面发展，引导大学生学会学习、学会生活，使之成为合格的大学生；学会做人，使之成为有文明的行为和习惯、人际关系良好，并且国家民族意识、社会公民意识和民主法制意识较强，具有社会主义道德观和建设社会主义共同理想的合格公民。这是面向全体大学生的思想政治教育的基本目标。二是培养社会主义事业合格的建设者和可靠的接班人，是引导学生使之成为德智体美劳全面发展的具备科学的世界观、人生观和价值观的社会主义事业的合格建设者和可靠接班人。这是大学生思想政治教育的主要目标。三是培养坚定的马克思主义者。对大学生中的积极分子，要引导他们成为具有共产主义的思想觉悟、道德观念和远大理想的坚定的马克思主义者。这是对大学生的思想政治教育的最高目标。这种开放式的大学生思想政治教育的目标的确定，可以使我们从实际出发，区分不同的层次，有针对性地开展教育，增强教育的吸引力和说服力。

（三）充实开放式的大学生思想政治教育的内容

开放式的大学生思想政治教育的内容，不能拘泥于单一的思想政治教育的领域，而是要坚持“三个面向”和“三个贴近”。“三个面向”就是要面向现代化、面向世界、面向未来。大学生思想政治教育的内容要面向现代化，就是要使之能充分体现当代中国马克思主义的最新理论成果，要能够解答社会主义初级阶段和现代化建设中遇到的各种问题；大学生思想政治教育的内容要面向世界，就是要在坚持社会主义核心价值观的导向作用的前提下，注意吸取并向大学生介绍人类文明发展过程中创造出来的优秀成果，就是要在开放的视野中拓展和保持思想政治教育内容的生命力；大学生思想政治教育的内容要面向未来，就是要使教育内容具有前瞻性和先导性，就是要根据教育目标的要求，用先进的理论、思想和观念来教育和引导大学生。“三个贴近”就是要贴近学生的思想、贴近学生的学习、贴近学生的生活。大学生思想政治教育的内容要贴近学生的思想，就是要贴近大学生关注的热点、难点和重点问题，为大学生解惑释疑；大学生思想政治教育的内容要贴近学生的学习，就是要根据大学生学习和成才的需要来开展教育，要帮助大学生解决好学习目的、学习方法和学习效果等方面的问题，为大学生成长成才提供精神动力和思想保证；大学生思想政治教育的内容要贴近学生的生活，就是思想政治教育要从大学生的经济、学习、交际、感情和心理等方面的实际出发，帮助大学生排忧解难，进而解决由此类问题所带来的思想认识问题。实践证明，只有使思想政治教育最大限度地贴近学生，体现对学生的人文关怀，大学生思想政治教育的开放性和实效性才能得以实现。

（四）探索开放式的大学生思想政治教育的方法

清华大学前校长蒋南翔曾说过一句话：“学校既要给学生干粮，还要给学生猎枪。”著名教育家叶圣陶说：“教是为了不需要教。”大学生在校期间乃至于踏上社会后都会遇到各种现实问题，产生这样那样的思想困惑，我们不可能也没有必要解决学生遇到的所有具体的思想问题，但必须使之有一种分析与解决问题的能力。开放式的大学生思想政治教育的方法，就是要教给学生以“选择”的方法，即既授之以“鱼”，更授之以“渔”。

在开放的社会环境面前，对大学生进行思想政治教育要做到“干粮”和“猎枪”一样都不能少。大学生的思想政治教育工作者在解决学生的一些具体的实际问题的同时，要探索启发式、交流式的教育模式，要变教给学生以结论为教给学生以方法。对社会上流行的一些看法或说法，乃至思潮，不能简单地一概加以“屏蔽”，而应有选择、有重点地加以剖析，以引导大学生明白什么是科学的、正确的，什么是非科学的、错误的，从而增强免疫力。对大学生关注的热点、重点和难点问题，要有针对性地进行解惑释疑，以教育和引导大学生正确地认识社会现实，增强判断力。开放式的大学生思想政治教育的方法，还要注意充分地利用互联网、3G、博客等现代媒体，以增强与学生的交流，使学生在面对纷繁复杂的网络中的信息、多种社会思潮和多元文化的冲击时，能头脑清醒，辩证地思考，不致迷失方向。

（五）建立开放式的大学生思想政治教育的评价体系

开放式的大学生思想政治教育的评价体系可以分为三个层次：第一个层次，是学生对思想政治教育中所学内容掌握的状况如何。这是一种知识性的评价，也是一种基础性的评价，因为没有理论做支撑的行为将是不自觉的，因而也是不可能长久的。第二个层次，是学生对思想政治教育中所学内容践行的状况如何。这是实践性的评价，是重点的和关键性的评价，因为知行统一是思想政治教育的重要原则。第三个层次，是作为受教育者的大学生能否在开放、复杂和多变的社会环境中，通过自己的分析和判断，作出正确的选择，即解决自己的理想信念问题，世界观、人生观和价值观问题。这是能力性的评价，也是终极性的评价。这三个层次的评价是对大学生思想政治教育的效果进行科学评价的三个不同的层面，它们之间是一种统一的和递进的关系。对大学生的思想政治教育的效果进行评价时要三个层次兼顾，其最高目标是达到第三层次。

（六）构建开放式的大学生思想政治教育中的和谐的师生关系

思想政治教育中的师生关系是指教育者和被教育者在教育活动中形成的相互关系，其中包括彼此所处的地位、作用和相互对待的态度。思想政治教育活动是师生双方共同参与的活动，是在一定的师生关系之下进行的。法国教育社会学家埃米尔·涂尔干曾经指出：“教育的成功取决于教师，然而教育的不成功也取决于教师。”① 开放与和谐的师生关系对增强大学生思想政治教育的效果来说是至关重要的。

---

① 眭依凡：《大学如何培养创新型人才》，《江西日报》2007 年 3 月 12 日第 6 版。

开放的师生关系应是一种民主与平等的关系。对大学生进行思想政治教育要“情”字当头，要充满感情地去做，以情感人，以理服人，做到入情入理，情理交融。这就要求要通过建立相互尊重和民主平等的师生关系来实现教育。思想政治教育要坚持以学生为本。因此，教师在思想政治教育的过程中要理解学生、尊重学生、信任学生。

开放的师生关系是一种互动与和谐的关系。信息时代的到来要求我们将传统封闭的、单向灌输的教育方式变成开放式的、互动型的教育方式。在思想政治教育的过程中，教师有计划、有目的、有针对性地对学生进行指导，教育引导学生健康自由全面地发展，学生也能愿意发表自己的意见，坚持自己的主张。这样，双方就能在相互交流与相互探讨的过程中达到教学相长。

（2011 年发表于《教育探索》第 3 期）

文化视阈下的高校创新人才培养

党的十七届六中全会全面分析了文化改革发展面临的形势和任务，对我国今后文化改革发展进行了战略部署，对教育系统提出了工作任务和要求。建设什么样的文化，培养什么样的人才，决定着一个国家和民族的前途命运。把贯彻党的十七届六中全会精神同落实育人根本任务结合起来，坚持以文化人，用社会主义先进文化培养造就创新人才，是我国高校改革发展面临的新课题。

一　文化即"化人"，高校创新人才的脱颖而出需要先进文化的陶冶

（一）坚持以文化人，是教育文化本性的必然要求

教育具有文化本性，文化具有育人功能。教育是人与文化之间的一种互动活动，人通过教育获得知识与能力，形成思想、道德、理想与信仰，从生物人变成社会人，即有文化的人。这一互动过程是文化价值判断、选择、继承与创新的过程，即文化化人的过程。因此，"教育的本质属性是文化性"。[①] 高校"教书育人、管理育人、服务育人、环境育人，说到底都是文化育人"。[②] 人类创造了文化，文化能够教化人、塑造人、陶冶人，这种功能是全方位、渗透式、深刻化、

---

① 杨德广：《教育的本质属性是文化性》，http：//pinglun. eastday. com/p/20070320/ula2693831. html，2012 年 9 月 24 日。

② 袁贵仁：《加强大学文化研究　推进大学文化建设》，《中国大学教学》2002 年第 10 期。

持久性的。文化影响世界观、人生观和价值观，这种影响是长时期文化熏陶、文化积淀和精神提炼的结果，文化建设的根本是引导人们树立正确的世界观、人生观和价值观。文化影响思维方式、行为方式，不同时代、地域、民族和阶层的文化，影响着人们不同思维方式的形成，影响着认识事物的角度、广度和深度，影响着实践目标的确定和行为的选择，影响着交往方式的不同。文化的影响潜移默化，人们总是在一定的文化氛围中生活，这种文化氛围无时无刻不在影响着人们的思想和行为。文化的影响深远持久，文化具有传承性，这种传承性使其对人的文化素养的核心与标志的世界观、人生观和价值观，对人的综合素质和终身发展产生深远持久的影响。

高校作为文化的中心和载体，承担着文化传承创新、用先进文化培育人才的任务。高校贯彻党的十七届六中全会精神，就要充分体现教育的文化本性，发挥文化的育人功能，加强先进文化建设，创新大学文化，引领社会文化。没有文化的大学是灵魂缺失的大学，灵魂缺失的大学很难创造真正的卓越。抓住人才培养这个根本，坚持以文化人，培养造就社会需要的合格高级专门人才；建设创新文化，培养具有创新性思维和创造性能力、能出创新成果的拔尖创新人才。没有创新文化，就没有创新人才脱颖而出的土壤、氛围和环境，就难以出现创新人才辈出的生动局面。

（二）培养创新人才，要遵循人才成长规律

创新型国家建设需要大批创新人才。“现在中国没有完全发展起来，一个重要原因是没有一所大学能够按照培养科学技术发明创造人才的模式去办学，没有自己独特的创新的东西，老是‘冒’不出杰出人才。这是很大的问题。”① 钱学森对我国高等教育创新人才培养现状的中肯评价说明我国的建设发展需要大批创新人才；我国高校在创新人才培养方面问题较多；创新人才是在适宜的环境中“冒”出来的。从人才成长的规律看，创新人才的脱颖而出是个人天赋、后天

① 孙英兰：《钱学森的成就与忧虑》，《瞭望新闻周刊》2009 年 11 月 11 日。

培养、适当机遇等多种因素综合作用的结果。就个人天赋而言，每个人都有创新潜能，教育的目的就是把个人潜能充分挖掘，转化为现实的创造力。人的创新潜能大小不一，发展难以预测，创新教育不应仅仅关注少数学生，而应是区分层次、因材施教、面向全体的创新教育。就后天培养而言，创新人才培养有自身的规律性，力戒急功近利，在全面教育基础上开展创新教育，在教育学生做人、做事、做学问的过程中渗透创新教育，突出创新教育，培养创新思维，提高创新能力，使创新人才培养成为一种高智力活动和优秀人格的完美结合，成为一种在生态化的创新文化熏陶中脱颖而出的自然活动。从社会文化到大学文化，从课堂文化、管理文化到教师文化，都应是保护个性、鼓励创新的文化，通过创新文化的涵养、熏陶，使创新精神内化为学生的习惯思维和自觉行动。高校培养创新人才，应尊重创新人才成长规律，全方位建设创新文化，为创新人才的“冒尖”提供适宜的“气候”“土壤”“水分”和“养料”。

创新人才的脱颖而出吁求创新文化的全方位陶冶。首先，创新人才的潜能靠创新文化去挖掘。“人的潜能犹如一座等待开发的金矿，蕴藏无比，价值无比，而我们每个人都有一座潜能金矿。只要发挥了足够的潜能，任何一个平凡的人都可以成就一番惊天动地的事业，都可以成为一个新的爱因斯坦。”① 社会文化、学校文化决定学生的习惯和素质。只有经过崇尚创新的社会文化、学校文化的“浸泡”，才能培养创新意识，挖掘创新潜能，成为创新人才。其次，创新人才的思维靠创新文化去培育。要形成一种创新型人才管理文化，鼓励员工创新思维，使员工勇于提出不同意见，使其意见得到充分尊重，管理者和员工之间拥有了达到和谐关系的基础，这是养成创新思维、推动创新行为的动力。在创新文化的培育下，自觉创新、敢于创新便成为人们的一种思维定式。再次，创新人才的冒尖靠创新文化去激励。创新就是探索未知，与风险共存，与失败相伴。宽容失败，才能形成激励创新的价值取向，为创新活动提供精神动力。创新人才的创新欲

① 安东尼·罗宾：《潜能成功学》，经济日报出版社1997年版，第99页。

望、潜力、激情和才华的充分调动，新思想与新成果的涌出，需要个性的张扬和行为的尊重，创新文化能够营造尊重个性、支持冒尖的创新氛围。营造创新文化氛围，能够培育敢为人先、敢于冒险的创新品质。创新人才的脱颖而出离不开创新文化的全方位熏陶。

二 建设先进文化，为创新人才的脱颖而出提供文化“土壤”

站在文化育人、培育创新人才的角度，应以贯彻落实党的十七届六中全会精神为契机，把社会主义先进文化融入育人全过程，积极推进适宜创新人才脱颖而出的创新文化建设，形成崇尚创新、支持创新、自觉创新、保障创新的长效机制。

（一）建设崇尚创新的育人文化，树立国际意识和世界眼光

在全球化背景中，创新文化的建设，离不开对世界先进文化的考察与借鉴。建设崇尚创新的育人文化，要有国际意识和世界眼光。

在历史长河中，世界各国创造的璀璨多姿的文明成果，成为中国文化博采众长、茁壮成长的丰富资源。历经社会变迁，中国文化之所以能有气象万千的格局，之所以能维系绵延不绝的血脉，一个十分重要的原因就是能够吐故纳新、完善自我。当今世界是开放的世界，本土文化的发展离不开世界文化发展的大背景。“总结历史经验，中国长期停滞和落后状态的一个重要原因是闭关自守。经验证明，关起门来搞建设是不能成功的，中国的发展离不开世界。”[①] 经济建设如此，文化建设也如此，建设本土创新文化，一定要同世界创新文化发展的潮流相适应。放眼世界，始于 18 世纪的工业革命，开启了西方现代化之门，历经工业文明、信息文明和生态文明，西方发达国家在经济建设、社会发展和文化创新等方面走在了世界前列，涌现了一大批影响世界的创新人才和改变世界的发明创造，虚

① 《邓小平文选》（第 3 卷），人民出版社 1994 年版，第 78 页。

心学习世界创新文化建设经验是促进本土创新文化建设的必然。通过交流与融合、引进和吸收，汲取世界创新文化的精华，为本土创新文化建设提供新鲜“血液”。

开展与世界文明的交流与对话，提升我国传统文化创新因子含量。首先，树立国际意识和世界眼光。不断跟踪世界创新文化的最新动态，了解世界创新文化建设的最新成果，这是借鉴世界创新文化先进经验的前提和基础。其次，要有虚怀若谷的宏大气魄。承认世界文化的多样性，承认世界文化中的先进性成分，承认传统文化中有落后因素，只要对我国创新文化建设有利，就敢于实行拿来主义。再次，“择其善者而从之，其不善者而改之”。外来文化本身包括了先进文化与落后文化、创新文化与非创新文化等，要根据我国文化自身发展的需要，有选择地借鉴外来先进文化、创新文化，做到创新而不猎奇、借鉴而不媚外，既反对照抄照搬，也反对全盘否定。最后，坚持文化自觉、自信和自强的有机统一。文化自信是一个国家、民族对自身文化价值的充分肯定，对自身文化生命力的坚定信念。在借鉴外来创新文化的过程中，坚持对我国优秀传统文化的文化自信，坚持马克思主义指导思想与社会主义核心价值体系的文化自信。

（二）建设崇尚创新的社会文化，优化大学创新文化环境

文化是一个开放的系统，大学文化建设受社会文化的影响和制约。高校培养的是大学人，也是社会人，对其有直接影响的是大学文化，间接影响的是社会文化。建设大学创新文化，培养创新人才，社会创新文化建设不可或缺。

树立创新理念，倡导崇尚创新的价值观，为自主创新、原始创新提供强大的精神动力。一是树立开放性理念。创新文化是开放的文化，在广泛交流和碰撞中汲取一切文化中促进创新的积极因素，并内化为自身文化的合理成分。二是树立多样化理念。多样性使文化生态充满生机活力，缺乏不同价值观念、思想意识、行为习惯和群体风气的冲击与碰撞，难以形成建设创新文化的土壤和氛围。三是树立平等性理念。要平等对待不同文化，促进不同文化的相互学习、借鉴和融

合，做到和而不同，百花齐放，百家争鸣。四是树立包容性理念。包容创新人才的不足，包容前进中的失误，包容个性，舍其所短，取其所长，形成鼓励创新的良好氛围。五是树立主导性理念。创新文化在各类文化中居于主导地位，对社会整体文化具有引领、导向作用，成为社会文化中的主流文化。

完善创新机制，形成创新文化建设的制度保证。创新文化制度建设，政府的主导作用至关重要。一是政府要健全鼓励自主创新的政策体系，通过财政激励或财政资助等方式直接或间接支持创新事物、创新产品。二是要完善鼓励、保护创新的法律体系，重点是知识产权保护。三是优化激励竞争机制。加大教育投入，调整国民教育体系，强化能力素质教育，推动创新型社会建设。四是发挥主流媒体的作用，倡导创新文化。鼓励独创性和首创性，鼓励平等、自由、民主与交流的风尚，培养人们敢想、敢说、敢干的精神，形成敢闯、敢冒、敢于创新的社会风气。

（三）建设崇尚创新的大学文化，培植创新人才成长的土壤

建设大学创新文化，既是文化传承创新、引领社会文化的需要，也是文化育人培养创新人才的需要。培养创新人才，最根本的是要建设好大学创新文化，为创新人才成长提供直接、现实的环境与条件，并引领和推动社会创新文化的大发展大繁荣。

1. 建设崇尚创新的精神文化，塑造大学创新文化灵魂。“从大学精神文化所包含的文化元素来看，主要有大学精神、理念、校训、校风、学风、教风、管理作风等。”① “大学精神、理念、校训等精神文化元素属于价值层面的精神文化，着重体现和申明一所大学的价值诉求。而校风、学风、教风、管理作风等精神文化元素则属于实践层面的精神文化，它们实际上是从实践的角度告诉人们应当如何去践行大学的价值诉求。”② 经过历史的积淀、长期的选择和多方的凝聚，就

---

① 卢晓中：《大学精神文化刍议》，《教育研究》2010 年第 7 期。

② 同上。

会形成大学精神文化，它是大学文化的核心与灵魂。崇尚创新的精神文化，是一种创新精神占主导、主体和主流的文化形态。崇尚创新的大学精神文化建设，能够在大学中形成主导性的核心价值观，形成全体师生广为认同的共同理想信念，成为推动大学改革创新的内在力量，为大学的建设发展和人才培养提供恒久的创新动力。

建设崇尚创新的大学精神文化，应站在时代潮头，把握创新主题，把改革创新为核心的时代精神教育作为大学精神文化建设的重要内容，使大学文化建设始终与时代发展的要求相适应，始终保持时代性、创新性和先进性，推动创新成果不断涌现、创新人才脱颖而出。建设崇尚创新的大学精神文化，要重塑大学独有的个性和创新品质。平等的多元意识、理性的科学态度、自由的个性发展、非功利的价值追求作为独有的个性品质，是大学精神文化最本质、最集中和最核心的体现，也是大学区别于其他社会机构的显著特征。当前，“我国大学作为教学和学术自治的中心地位还远没有确立，办学的鲜明个性和独到理念还远没有形成，学者的社会良知和学术自尊还远需要树立，特有的创造精神、批判精神、科学精神、人文精神、自由精神和社会关怀精神还远需要坚守”。[①] 重塑大学创新精神，重塑大学创新灵魂，消除育人、科研和管理各个层面上的因循守旧，营造浓厚的创新氛围，是大学创新文化建设的关键。

2. 建设自觉创新的行为文化，强化大学生的创新行为养成。“行为文化是人类长期、丰富与进步的文化行为积淀下来的社会心理、思维方式和风俗习惯等具有外显性文化形态的总和。”[②] 大学创新型行为文化是指大学师生在长期的教育、科研、学习与生活中所表现出来的创新心理、创新思维、创新观念和创新习惯等外在文化形态的总和。大学创新型行为文化是大学师生长期积淀下来形成的一种文化，并通过大学师生的创新行为体现出来。创新成为自觉的行为文化的建立是大学创新文化建设的标志。

---

① 刘培进：《对大学精神文化建设的思考》，《思想教育研究》2009 年第 5 期。

② 马国清：《校园行为文化建设探析》，《中国高教研究》1999 年第 3 期。

高校创新型行为文化主要体现在日常教学、科研、管理等工作和活动中，培育的是创新人才，产出的是创新成果，开展的是创新性学习，进行的是创造性工作。创新渗透到高校师生日常行为中的方方面面，成为一种惯性思维、一种常态习惯、一种行为定势。建设创新型行为文化，在教学工作中坚持民主、平等、交流和开放的教育模式，教给学生创新思维与创新方法，而不是僵化的思想和标准的答案；在科研工作中通过制度约束和行为自律，创造有利于创新的环境氛围，还科学研究求真、求新和求实的本真面目；在学习上探索质疑型、交流型、创造型的崭新模式，形成为探求真理而学习的风气；在管理上创造性地开展工作，为师生教学创新、科研创新、学习创新提供优质服务。

3. 建设保障创新的制度文化，为创新人才培养提供有效机制。制度文化是学校文化的重要组成部分，是渗透于学校各种组织机构和规章制度中的价值观念与行为方式，是学校教育管理思想、体制及模式的凝结形式，反映和体现学校文化的发展水平，对师生的思维方式和行为习惯具有约束和引导作用。大学创新文化需要充满活力的现代大学制度来落实，促进创新的制度文化建设是创新人才培养的体制性、根本性的保障。

建设促进创新的制度文化，需要解决好如下问题：建立现代大学制度，完善“党委领导、校长负责、教授治学、民主管理”的领导体制和工作机制，促进高校依法自主办学；制定现代大学章程，通过科学的制度和严格的程序把大学与政府、大学与社会的关系及大学内部管理结构明确下来；建立学术自由制度，改革基层学术组织权力结构，强化学术道德，规范学术行为，尊重学术自由，倡导学术创新，形成让广大教师醉心于学术、使一流人才脱颖而出的工作机制；制定日常创新制度，鼓励师生在教学、科研、管理、学习等工作和活动中不断创新，并通过制度的形式确定下来，形成长效工作机制；创新人才培养方式，通过结构化课程建设，改革不利于学生创新的教学模式、考试方式和人才标准，全面提升学生的创新思维和创新能力。

4. 建设鼓励创新的环境文化，为创新人才培养提供良好氛围。良好的大学环境文化对激励师生的创新精神有着潜移默化的作用。它“是大学文化的外部表现形式，既包括以物质形态存在的教学、科研、生产、生活环境及其文化体育设施等硬性环境，也包括大学的学术氛围、育人氛围和舆论氛围等软性环境”。[①]

在硬环境建设方面，注重物质环境建设，将创新文化物化到学校的一草一木、一砖一瓦和一楼一台，以凸显大学的创新文化品位和鲜明个性特色。在软环境建设方面，在学术上营造鼓励创新、宽容失败的环境，坚持学术无禁区、研究无权威、成果无水分、真理无止境的科学态度，营造追求真理、敢为人先、鼓励创新、宽容失败的文化氛围；在育人上积极探索和实践创新文化建设的有效载体，精心设计和组织开展内容丰富、吸引力强的校园文化活动，把创新精神渗透到校园文化活动之中，使师生在参与活动中受到创新文化潜移默化的熏陶；在舆论上高度重视创新文化的传播，建立和完善创新文化的宣传普及平台，发挥网络等新型媒体在创新文化建设中的作用，使创新文化成为高校文化宣传的最强音和主旋律。

（2012 年发表于《教育研究》第 1 期）

---

① 张概、李长真：《试论新时期大学文化建设》，《光明日报》2003 年 2 月 26 日第 9 版。

构建文化型大学生思想政治教育新模式探讨

培养什么人、如何培养人，是我国社会主义教育事业发展中必须要解决好的根本问题。党的十七届六中全会明确了社会主义文化大发展大繁荣的指导思想和重要方针，也为大学生思想政治教育创新发展提供了新的机遇。适应大学生精神文化生活水平的提高和精神文化生活需要的进一步增强，彰显思想政治教育的文化属性，提升思想政治教育的文化品位，构建文化型的大学生思想政治教育新模式势在必行。

一　大学生思想政治教育的文化反思

（一）文化性是思想政治教育的基本属性

思想政治教育是指“一个阶级或集团为了建立或巩固其政治统治而进行的符合本阶级或集团根本利益的、包括一定的政治、法律、哲学、道德、艺术和宗教思想的意识形态理论的教育”。[①] 可以看出，思想政治教育具有政治性，而其意识形态理论包括哲学、道德、艺术等则属于文化范畴，说明思想政治教育同时兼具文化性。思想政治教育的文化性，就是思想政治教育在一定文化背景下，通过文化传承过程而进行的意识形态理论教育。这种文化性体现在思想政治教育的目

---

① 杨生平：《关于思想政治教育概念的理解问题》，《首都师范大学学报》1998 年第 6 期。

标定位上，就是提高人的思想文化素质、培养健康完美的人格、促进人的全面发展；体现在思想政治教育的价值选择上，就是突出先进文化，提升文化品位，体现培养目标的人本性；体现在思想政治教育的功能上，就是通过丰富文化内涵、凝聚文化力量、引领文化方向来影响人的心理活动、思维观念和意识形态；体现在思想政治教育的主体上，就是提升教育者与被教育者的文化素质，增强教育的共鸣性、魅力性和实效性。文化性作为思想政治教育的基本属性，内在地规定思想政治教育必须充分利用文化资源，以文化方式达到教育的政治目标和文化目标，不能片面地强调政治性而忽视文化性，抹杀思想政教育提高人的身心素质、培养完善人格、促进人的全面发展的最终目的。

（二）文化性缺失影响大学生思想政治教育质量

文化性是思想政治教育的基本属性，有效的思想政治教育必然彰显其应有的文化特质，而文化性的缺失必然影响思想政治教育质量。首先，文化本身具有思想政治教育的功能。文化蕴涵着丰富的思想政治教育信息，具备作为思想政治教育载体的内在特质；文化遍及社会生活的各个领域，这种普遍性特征使其成为思想政治教育载体具有广泛的群众性；文化具有渗透性、持久性和形象性等特点，使思想政治教育能够润物无声、影响深远、感染力强。缺失了文化性的思想政治教育就会成为苍白无力的僵硬说教。其次，大学生诸多思想问题是由文化冲突引起的，是思想政治教育文化性的直接反映。经济全球化带来西方意识形态的全方位渗透，与社会主义核心价值体系相背离的西方政治信仰、人生态度、价值观念和生活方式等以文化渗透的方式影响着大学生，导致部分大学生政治方向迷失、价值观念混乱、个人主义盛行、民族自豪感下降等。传统文化以生物遗传和社会遗传的方式，将传统思想道德和行为规范内化为人们的思想意识，体现为人们的具体行为，而改革开放和市场经济使人们的主体意识觉醒，多层需要显现，引发新旧道德价值观的融合与扬弃。再次，文化型的教育模式是大学生思想政治教育文化性的必然要求。文化冲突引发的思想问题需要文化型的教育模式，现实当中大学生思想政治教育往往因文化品位缺失、文化魅力不足而影响教育质量。表现在片面突出思想政治教育政治目的的目标定位，片面地采取单向性、灌输式的教育模式，较多地使用领导讲话、统编教材等政治资源而忽略生动活泼、寓教于无形的文化资源，导致人们思想政治教育就是枯燥的政治说教的错误认知，使思想政治教育丧失了文化“化人”应有的吸引力和生命力。

（三）大学生思想政治教育质量提升吁求文化性的回归

大学生文化层次较高的群体特点吁求思想政治教育的文化性。历史地看，大学生是传统文化的继承者、时代文化的消费者和未来文化的创造者。从时代角度来看，大学生是文化层次较高的社会人力资源，是社会主义事业的建设者和接班人。道德需要文化的滋养，教育需要文化的烘托，思想政治教育不能脱离文化载体成为苍白的说教。尤其是大学生作为文化层次较高的社会群体，对他们进行思想政治教育的文化性体现要比一般社会群体要求更高，充分体现文化性、提升文化品质、彰显文化特质，才能增强大学生思想政治教育的吸引力、感染力和实效性。大学生思想政治教育必须适应大学生的文化需求增强吸引力，分析大学生的文化品位增强说服力，根据大学生的文化层次提高针对性，依据大学生的培养目标提升实效性，真正把思想政治教育过程变成文化熏陶、文化传承和文化创新的过程，实现“教育过程实质就是文化化人的过程”。①

大学生成才的时代特点吁求思想政治教育的文化性。我们党历来重视文化建设对思想政治教育的作用，始终强调要在思想政治工作中体现文化性的要求。毛泽东同志在延安文艺座谈会上明确提出“我们既反对政治观点错误的艺术品，也反对只有正确的政治观点而没有艺术力量的所谓‘标语口号式’的倾向”。② 邓小平同志提出“文艺是不可能脱离政治的”，“文艺工作对人民特别是青年的思想倾向有很

---

① 沈壮海：《思想政治教育的文化视野》，人民出版社 2005 年版，第 26 页。

② 《毛泽东选集》（第 3 卷），人民出版社 1991 年版，第 870 页。

大影响”，“培养社会主义新人就是政治”。[①] 江泽民同志强调党要“始终代表中国先进文化的前进方向”；胡锦涛同志在十七大报告中提出“要坚持社会主义先进文化前进方向，兴起社会主义文化建设新高潮，激发全民族文化创造活力，提高国家软实力”。[②] 党的十七届六中全会提出把社会主义核心价值体系建设作为文化建设的根本任务，强调“把社会主义核心价值体系融入国民教育、精神文明建设和党的建设全过程，贯穿改革开放和社会主义现代化建设各领域，体现到精神文化产品创作生产传播各方面，坚持用社会主义核心价值体系引领社会思潮，在全党全社会形成统一指导思想、共同理想信念、强大精神力量、基本道德规范”。[③] 随着经济全球化进程的加快，文化主动权的争夺正在成为一场没有硝烟的战斗。大力加强社会主义核心价值体系建设，增强大学生思想政治教育的文化性，提高思想政治教育的吸引力和社会主义意识形态的凝聚力，培养合格的社会主义事业建设者和接班人，是大学生思想政治教育的时代吁求。

二 构建文化型大学生思想政治教育新模式

文化型大学生思想政治教育模式，就是文化性在大学生思想政治教育的基本构成要素中得到充分彰显，大学生思想政治教育以文化的魅力增强吸引力与说服力，以文化的品质提高感染性和实效性的教育形式。

（一）坚持以文“化”人理念，文化型大学生思想政治教育模式需要理论指导

理念是行动的先导，有什么样的理念就会有什么样的思想、理论、方针、策略和措施。构建文化型的大学生思想政治教育模式，需

① 《邓小平文选》（第二卷），人民出版社 1994 年版，第 256 页。

② 《十七大以来重要文献选编》（上），中央文献出版社 2009 年版，第 26 页。

③ 《中共中央关于深化文化体制改革推动社会主义文化大发展大繁荣若干重大问题的决定》，《人民日报》2011 年 10 月 26 日第 1 版。

要坚持以文“化”人的教育理念，以及系统理论的宏观指导。

树立以文“化”人、德以文“化”的理念。文化具有思想政治教育功能，思想政治教育具有文化属性，建设文化型教育模式以提升思想政治教育质量；树立以人为本、统筹兼顾的理念。思想政治教育融政治价值与文化价值于一体，在提高人的思想政治素质的同时，着力培养健康完美的人格、促进人的全面发展；树立文以载道、文道合一的理念。思想政治教育内容要突显丰富文化内涵、提升文化品位，增强吸引力与感染力；树立文化渗透、寓教于无形的理念。增加思想政治教育方式文化因子含量，做到春风化雨，滋兰树蕙；树立育人者先育己、立人者先立己的理念。提升教育者的文化素养，增强人格魅力；树立因势利导、服务育人的理念。针对大学生文化层次较高、文化需求较强等特点，为其提供文化品位较高的思想政治教育服务；树立教育隐性、效果恒久的理念。根据文化影响的渗透式、深刻化和持久性等特点，提升思想政治教育的文化品位，构建文化育德模式，形成长效工作机制。

（二）提升教师文化素养，文化型大学生思想政治教育队伍应具有文化魅力

教师在人才培养中占主导地位，人才培养的质量取决于教师的素质。教师是大学生思想政治教育的设计者和实施者，构建文化型的大学生思想政治教育模式，教师文化素养是重要保障。

大学生思想政治教育教师的主体是党政团干部、思想政治理论课和哲学社会科学课教师、辅导员和班主任。在从事思想政治教育的教师中应大力倡导科学精神和人文精神，提高他们的学术道德和知识涵养，加强人文、社科类的知识储备，提升知识厚度与文化高度，增强对学生的人文情怀及以文“化”人的能力，通过他们富有文化魅力的言行引导学生崇尚科学，追求真理，塑造健康人格，实现全面发展。辅导员和班主任在大学生思想政治教育工作的第一线，既要有坚定的政治立场、高度的政治责任感和敏锐的政治觉悟，更要有渊博的人文、社科知识积累和文化素养。由于事务性工作占用辅导员大量的

时间和精力，使他们总体上偏重于学习如何进行人际沟通和管理技巧，较少系统性地阅读经典理论书籍，在开展思想政治教育过程中，只能用一些现成的观点进行说教式的工作，无法融会贯通进行深层次的教育引导。切实提高辅导员和班主任的政治理论素养和文化艺术修养，才能准确发掘思想政治教育的文化资源，提升思想政治教育的文化品位，找准思想政治教育的切入点，真正从思想灵魂上引导学生，实现思想政治教育目标。

（三）融思想性与文化性于一体，文化型大学生思想政治教育内容要具有文化品位

“隐性教育的优势在于它的隐蔽性，是通过耳濡目染、潜移默化、润物无声的方式进行的，因而更容易被学生接受。”[①] 大学生思想政治教育内容必须适应时代要求充实文化元素，凸显文化品位，具备隐蔽性和渗透性，提高吸引力和凝聚力，增强感染性和实效性。

高等学校思想政治理论课作为大学生思想政治教育的主渠道，其内容要增强传统优秀文化、当代先进文化等人文精神的渗透与融合，增强吸引力和感染力。“高校各门课程都具有育人功能。”[②] 把思想政治教育内容融入大学各门课程，渗透到教学的各个环节，增强思想政治教育内容的文化品质，达到春风化雨润心田的教育效果。将思想政治教育内容与日常校园文化活动有机结合，使校园文化活动集娱乐性、思想性和教育性于一体，使思想政治教育内容以文化活动的形式体现，学生在积极参与校园文化活动中潜移默化地受到蕴涵于其中的思想内容的熏陶。日常个性化的思想政治教育内容要增强文化特质，做到以情感人、以理服人和以文“化”人的有机结合，以文化的魅力使大学生思想政治教育润物无声，根深叶茂。

---

① 邢亮、王芳:《从高校德育的层次性谈实效性》，《黑龙江高教研究》2006 年第 1 期。

② 《中共中央国务院关于进一步加强和改进大学生思想政治教育的意见》（中发〔2004〕16 号）。

（四）以文化载体为教育平台，文化型大学生思想政治教育方式应具有文化特征

思想政治教育的文化载体，是指“思想政治教育者充分利用各种文化产品并将思想政治教育的内容寓于文化建设之中，借此对人们进行教育，以达到提高人们的思想道德素质的目的”。[①] 以文化载体为教育平台，有利于提高思想政治教育的吸引力和渗透力，也是文化型大学生思想政治教育的重要标志。

以精神文化为载体，塑造大学生思想政治教育的崇高灵魂。“从大学精神文化所包含的文化元素来看，主要有大学精神、理念、校训、校风、学风、教风管理作风等。”“大学精神、理念、校训等精神文化元素属于价值层面的精神文化，这些精神文化元素着重体现和申明一所大学的价值诉求。而校风、学风、教风、管理作风等精神文化元素则属于实践层面的精神文化，它们实际上是从实践的角度告诉人们应当如何去践行大学的价值诉求。”[②] 以大学精神文化为载体，应凸显社会主义核心价值体系的内容，引导大学生成为社会主义核心价值体系的深入学习者、坚定信仰者、积极传播者和模范践行者，形成统一指导思想、共同理想信念、强大精神力量和基本道德规范。

以物质文化为载体，营造大学生思想政治教育的文化氛围。物质文化载体是以物质形态存在的教学、科研、生产、生活环境及文化体育设施等。良好的大学物质文化对大学生思想政治教育有着潜移默化的作用。学校的一草一木、一砖一瓦、一楼一台等，都能传递文化信息。高校应根据自身的办学管理理念、历史文化底蕴和人才培养目标，着眼于大学生身心健康、全面发展的实际，不断强化大学物质文化的审美性、特色性和渗透性等特点，将思想政治教育内容与要求物化到校园物质环境中去，做到“使学校的墙壁也说话”。[③]

以制度文化为载体，确立大学生思想政治教育的正确导向。制度

---

① 陈万柏：《论思想政治教育文化载体的特征和功能》，《求索》2005 年第 5 期。

② 卢晓中：《大学精神文化刍议》，《教育研究》2010 年第 7 期。

③ 《苏霍姆林斯基选集》（第四卷），教育科学出版社 2001 年版，第 216 页。

文化载体是高校在法规、行政、道德层面上建立起来的折射大学精神、价值观念和办学理念的法律法规、管理制度、道德约束等的总和。制度文化作为影响大学生思想、规范大学生行为的载体，通过指导性、规范性和强制性等保证大学生思想政治教育主流价值观的确立，是大学生思想政治教育顺利进行、卓有成效的重要保障。高校将思想政治教育主流价值取向渗透到各项管理制度中，通过制度文化“所具有认识导向、情感陶冶、行为规范作用，创设一种能唤起学生高尚的情感、激发他们健康成长的文化环境、教育环境、精神氛围来感化和陶冶学生以致达成深层次育人功能”，最终将思想政治教育主流价值取向内化为大学生的内心信念和自觉要求。

以虚拟文化为载体，拓展大学生思想政治教育的崭新领域。虚拟文化载体是以信息技术、通信技术、网络技术为依托，与现实文化密切相关的文化现象，包括网络文化、手机文化等。虚拟文化载体以其全球性、即时性、交互性、隐蔽性等特征，成为传播文化思想、开展舆论斗争的新阵地。大学生思想政治教育在虚拟文化载体中占有一席之地，才能吸引学生、感染学生、教育学生。大学生思想政治教育主流价值取向应在虚拟世界中有“声音”、见“画面”和出“文字”，占领虚拟文化制高点，掌握虚拟文化主动权，变虚拟文化载体为大学生思想政治教育的新阵地、新渠道，不断拓展大学生思想政治教育的崭新领域。

（2012 年发表于《理论导刊》第 6 期）

第五章

思想政治教育队伍

高校辅导员队伍建设的新视野

辅导员是高等学校教师队伍和管理队伍的重要组成部分，具有教师和干部的双重身份，是开展大学生思想政治教育的骨干力量，是高校学生日常思想政治教育和管理工作的组织者、实施者和指导者。① 大学生思想政治教育创新发展、有效开展，离不开一支政治强、业务精、作风正、纪律严、富有创新能力和献身精神的新型辅导员队伍，专业化、职业化、专家化建设是高校辅导员队伍建设的当务之急、长远之计、根本之策。

一　当前高校辅导员队伍建设存在的深层次问题

近年来，我国高校辅导员队伍的结构、素质，工作的内容、方式发生了深刻变化，整体素质和工作水平都得到显著提高。但与大学生思想政治教育新形势、新任务的要求相比，高校辅导员队伍建设的深层次问题始终没有很好解决，整体素质始终没有质的飞跃。

（一）专业化不强

有职业，无专业，传承师徒式。专业化，是指某项工作应由专门的人员经过专业的培训，进而专门从事某项工作并不断提高的过程。②

---

① 《普通高等学校辅导员队伍建设规定》（中华人民共和国教育部令第 24 号）。

② 陈宁：《大学生思想政治教育需专业化》，《光明日报》2007 年 4 月 25 日第 9 版。

高校辅导员工作研究的是大学生丰富的精神世界，解答的是过去、现在和将来关于世界与人生的问题，需要广博、厚实的学识基础；解决的是大学生面对社会与人生多方面的问题，需要实用、有效的技术含量。这一切，都明确了辅导员工作的专业化指向。当前我国高校辅导员队伍总体上专业化不强，主要表现在：一是我国还没有专门的政治辅导员工作专业，这是辅导员队伍专业化不强的根本原因。二是选留辅导员时对专业性要求不够。高校主要是从优秀本科毕业生和研究生中选拔专职辅导员，或是从部分优秀教员、引进人才的家属中选留辅导员，选拔过程往往注重是否学生党员、学生干部，注重是否“211”工程学校毕业，或是为解决教师家属问题不得已而为之，而对学什么专业则普遍要求不高。专业化不强往往导致辅导员工作师徒式、经验型，大学生思想政治教育水平很难产生质的飞跃。

（二）层次性不高

缺大师，少成果，工作事务性。一批好的教师可以造就一所好的学校，一批好的辅导员可以影响一批大学生的未来。大学生正处于世界观、人生观、价值观形成的关键时期，辅导员水平的高低、素质的好坏直接影响高校人才培养质量，影响培养社会主义事业合格建设者和可靠接班人的跨世纪工程。目前我国高校辅导员队伍总体上层次性不高，主要表现在：一是工作事务性的多，理性思考的少。在高校，辅导员工作繁忙而琐碎，往往是一天 24 小时。“两眼一睁，忙到熄灯”，扛着“教师”的牌子，干着“保姆”的活儿。二是“工匠”多，“大师”少。在大学，辅导员往往是以事务性工作为主的“工匠”，学者型的辅导员凤毛鳞角，更谈不上让人敬仰的大师级人物了。三是高水平的理论成果少。高水平的理论成果，既来源于高水平的工作实践，又对工作实践起着重要的指导作用。由于辅导员专业化不强，主要精力又忙于事务性工作，缺少学者型的人才，缺少高水平的理论成果势成必然。

（三）职责不明确

有功劳，无成就，地位边缘化。高校辅导员工作作为一项职业，应该有明确的职责范围，只有这样，辅导员才能专注于这项工作，研究这项工作，高水平地完成这项工作。然而在很多高校，辅导员成了管理员、服务员、保育员。学校各个部门的日常管理工作往往最终落实在辅导员身上，“什么事都可干，什么事都要干，什么事都能干”，而主要应该做的思想政治工作却被忽视了，或开展得不够深入，“侦察员”、“消防员”成为辅导员工作形象生动的比喻。不少人存在这样一种认识，即辅导员工作可有可无，辅导员工作谁都能干，专业不行才干辅导员。许多辅导员自身也感到整天忙忙碌碌，却找不到工作的成就感，地位被边缘化。

（四）结构不合理

有队伍，不稳定，发展离散型。目前我国高校辅导员队伍存在着不合理、不稳定的问题。主要表现在：第一，数量不充足。我国《普通高等学校辅导员队伍建设规定》对辅导员数量配备有明确标准，目前多数高校达不到这个配备标准。第二，结构不合理。一是学历结构不合理，总体以本科为主，具有硕士、博士学位的辅导员数量与高校专任教师相比存在巨大差距。二是知识结构不合理，理、工、农、医类专业毕业生占50%，毕业于教育学、哲学、历史学、法学、管理学等专业的仅占30%。[①] 第三，职称评聘不合理。辅导员一直以来按照德育教师系列来评聘职称，而对辅导员的成果要求和专任教师一样，这就导致了其无法竞争，造成了其心理上的不安定和行动上的大流失。

二　高校辅导员队伍专业化、专家化、职业化建设的必要性

破解高校辅导员队伍建设深层次问题是提高大学生思想政治教育水平的当务之急、长远之计、根本之策，专业化、专家化、职业化是

① 孙长缨、俟吉永、王宝玲：《高校辅导员：成长着学生的成长，幸福着学生的幸福》，《中国大学生就业》2007年第4期。

高校辅导员队伍建设的必然选择。

（一）辅导员队伍专业化、专家化、职业化建设，是大学生思想政治教育学科发展的需要

思想政治教育学科是对思想政治教育实践活动进行理性思维而形成的一门学说，是关于思想政治教育工作者如何对受教育者的思想，尤其是政治思想进行有目的、有计划、有组织地理论知识传授、思想品德培养和道德情操陶冶的学科。[①] 大学生思想政治教育作为思想政治教育学科的一个方面，只有坚持专业化标准，才能有效开展；只有坚持专家化标准，才能提高教育水平；只有坚持职业化标准，才能保证足够数量的高水平的辅导员长期从事大学生思想政治教育工作。

（二）辅导员队伍专业化、专家化、职业化建设，是大学生思想政治教育创新实践的需要

思想政治教育学科有别于其他学科的一个显著特点，就是它以人的思想的形成、发展、变化的最一般规律为研究对象，具有其他学科无法替代的特殊功能和自身特有的基本规律，因而不是任何人都可以从事的。目前一些大学生存在的思想问题不能提前预见，预见了不能有效解决；疑点、难点、热点问题不能为大学生很好地沟通与解答；世界观、人生观、价值观根本性问题不能从理论与实践的结合上给予科学解答。大学生的这些思想政治方面的问题长期解决得不好，辅导员队伍的专业化、专家化、职业化水平不高是重要原因。大学生思想政治教育创新发展，必须走辅导员专业化、专家化、职业化的路子。

（三）辅导员队伍专业化、专家化、职业化建设，是大学生思想政治教育实现目标的需要

当前大学生思想政治教育受到市场经济体制完善过程中各种社会

---

① 谢海均：《高校思政队伍专业化、专家化建设探究》，《学校党建与思想教育》2007年第4期。

矛盾的影响，受到因我国进一步对外开放而引发的各种社会思潮的冲击，这些影响和冲击是新时期大学生思想政治教育所面临的新形势，也是传统大学生思想政治教育模式所无法解决的。这就要求建设一支专业化、专家化、职业化的辅导员队伍，只有这样才能更好地运用马克思主义基本原理揭示这种矛盾形成的原因和发展的基本规律，找出解决的办法，促进大学生思想政治教育目标的实现。

三　高校辅导员队伍专业化、专家化、职业化建设的途径

加强辅导员队伍建设，要坚持政治强、业务精、纪律严、作风正的总要求，[①] 同时，适应大学生思想政治教育创新发展要求，坚持辅导员队伍的专业化、专家化、职业化发展方向。

（一）按照专业化的标准，逐步建立辅导员职业准入制度

高校辅导员工作的性质和任务决定了这应是一支政治素质高、理论功底强、业务能力精、专业程度高、能保证高校社会主义办学方向的专业化队伍。对此，在认识上，要纠正那些“辅导员工作人人都能做”、“专业上不去的人就做辅导员”的错误思想。在措施上，从辅导员岗位的“准入机制”着手，设立职业标准“门槛”，以保证专职辅导员队伍的整体素质。1984 年教育部在 12 所院校设置了思想政治教育专业，开始招收和培养思想政治教育专业的本科生。经过 20 多年的发展，全国已经有一批高校设置了思想政治教育专业，形成了本科、硕士、博士齐全的专业教育体系，培养了大批高素质思想政治教育专门人才。新聘学生辅导员应从思想政治教育专业毕业生中选拔，并且要求具备中共党员、硕士以上学位、较强责任心和奉献精神、较强组织管理能力、协调沟通能力和语言文字表达能力。现在岗的学生辅导员应进行专业知识和职业技能培训，使其逐步取得相应职业资格证书。

---

① 《普通高等学校辅导员队伍建设规定》（中华人民共和国教育部令第 24 号）。

（二）按照专家化的标准，建立健全辅导员专业学习培训制度

大学生思想政治教育创新发展，必须有一批把辅导员工作作为一项事业来追求、专业知识广博、实践经验丰富、师德高尚的专家型的辅导员队伍。高校要从根本上稳定辅导员队伍，不能只盯着让这些辅导员怎么出去、如何转岗，而应该从制度上为广大辅导员建设一个专业平台，进行专业化的建设和培养，催生职业化的队伍，让每一位辅导员都有自己侧重的专业领域，并可以把这个专业当成一直追求的事业，使其拥有广阔的职业发展空间，这就是最好的出口。从根本上解决了辅导员的职业定位问题，就会出现教授、专家、学者型的辅导员。高校要根据教育部《关于加强高等学校辅导员、班主任队伍建设的意见》和《普通高等学校辅导员队伍建设的规定》，制定辅导员队伍建设规划，并纳入师资队伍建设总体规划，通过成立辅导员工作教研室、与重点大学联办相关硕士学位班等多种途径，着力培养学习型辅导员团队。举办辅导员岗位培训，对其进行思想政治教育、国际国内时事政策、法制安全知识、心理知识、管理能力、就业指导、学生工作技能等专题的培训，努力使辅导员成为思想教育专家、成才规划专家、心理咨询专家、就业指导专家。

（三）按照职业化的标准，建立健全辅导员工作的政策保障机制

高校辅导员工作职业化是指辅导员工作成为一种专门职业，有自身不可替代的职业要求和职业特点，有相应的职业培养机构和职业标准保障制度，有相应的社会地位和经济地位。高校要制定相关的政策，在政治上、工作上、生活上关心和爱护辅导员，努力创造良好的政策环境，使他们热爱辅导员职业，从事辅导员职业，钻研辅导员职业，献身辅导员职业。第一，要为辅导员提供良好的工作环境和生活条件，解除后顾之忧。制定一系列配套政策，大力改善辅导员的待遇和条件，通过分配制度改革，设立辅导员岗位津贴，保证辅导员的收入达到专任教师的平均水平，充分调动辅导员的工作积极性，提高辅导员工作的吸引力。第二，要解决好辅导员职务、职称评聘问题。在

职务竞聘、职称评定等方面为辅导员提供政策保障。在职称评聘时，要把辅导员单列指标，这是稳定队伍的一个重要措施。考虑到辅导员工作的特殊性，可以将指导学生社会实践、心理健康教育、职业指导教育、时事政策教育的时间计入工作量。第三，要重视对辅导员工作的评价和激励。要建立切实可行的思想政治工作制度，明确岗位职责和任期目标责任，制定工作考核指标，把学生评价、同行评价和领导评价结合起来。建立表彰奖励制度，优秀辅导员除受到学校表彰奖励外，应作为学校党组织的后备力量进行培养和锻炼，使从事这一专业的人员热爱自己的岗位、忠诚自己的岗位，从而吸引更多的优秀人才加入这支队伍。

（2008 年发表于《中国成人教育》第 2 期）

高校青年教师师德建设长效机制探析

教师是高等学校的第一资本，是最丰富、最有生命力的教育资源。拥有爱岗敬业、甘于奉献、德才兼备的优秀教师队伍，才能办出高水平大学。青年教师以其年龄优势、发展潜力成为高等学校教学科研的有生力量，是高等学校可持续发展的源泉。德为师之本，如何加强和改进青年教师师德建设，构建师德建设的长效机制，是高校建设高水平师资队伍必须破解的重要课题。

一　高校青年教师师德的内涵、现状与成因

德，是指一个人的道德与品行，是人们共同生活及其行为的准则与规范，代表着社会的正面价值取向。职业道德，是指人们在职业生活中应遵循的基本道德，即一般社会道德在职业生活中的具体体现，是职业品德、职业纪律、职业能力及职业责任等的总称。师德，是全社会道德体系的组成部分，是教师应有的职业道德和职业行为规范。教育部、中国教科文卫体工会全国委员会印发的《高等学校教师职业道德规范》，对高校教师的职业道德规范作了理论上的阐释：爱国守法、敬业爱生、教书育人、严谨治学、服务社会、为人师表。[①] 这是高校教师师德的基本内涵，也是高校教师必须遵守的职业道德规范。

---

① 教育部、中国教科文卫体工会全国委员会：《高等学校教师职业道德规范》（教人〔2011〕11 号）。

随着高校规模的扩大，青年教师所占比重越来越大。他们总体上能够自觉贯彻党的教育方针，学为人师，行为世范，为高校改革发展注入了生机和活力，为教学科研作出了积极贡献，为我国教育事业发展和社会主义现代化建设作出了重要贡献，赢得了社会的赞誉和尊重。同时，在市场经济和社会开放的条件下，部分青年教师的师德还有待进一步提升：一是爱岗不敬业。不钻研教学科研，存在着混日子的思想，有的甚至把业余精力主要用于做生意挣钱上；二是教书不育人。课堂上只是机械地把理论知识传授给学生，缺少激情，缺少交流，缺少研究，不关心学习效果、学生生活和思想状况，更有的不懂得“学术讲自由，课堂有纪律”，把一些非理性的东西向学生发泄；三是治学不严谨。学风浮躁，急功近利，研究成果抄袭现象时有发生，同时还存在着重科研轻教学的现象；四是为师不垂范。上课迟到不守纪律，说话随性不分场合，行为有时不够“阳光”，不能正确处理个人与集体利益的关系并影响到学生本身。

高校青年教师师德失范原因是复杂的，主要有如下方面：一是个人原因。现在的青年教师多数是独生子女，总体上缺少艰苦奋斗、顽强拼搏、刻苦钻研、独立自主的精神，他们往往从学校到学校，缺少社会经验和实践锻炼。二是高校原因。在师资引进上急功近利，片面重视学历层次和学术成果等硬指标，对青年教师的师德情况疏于考核，流于形式。在师资培养上急于求成，在职称评定政策的制订方面鼓励青年教师多出成果、早出成果，而对职业道德的养成、科学素质的培养不到位。三是社会原因。经济全球化使世界各种文化、价值观交流、碰撞。我国还处于社会主义初级阶段，市场经济体制改革逐步深入。“人创造环境，同样环境也创造人”，[①] 开放的社会价值取向多元化以及市场经济的逐利原则，导致广大青年教师不同程度地产生了拜金主义、享乐主义和极端个人主义思想。

---

① 《马克思恩格斯选集》（第1卷），人民出版社1972年版，第43页。

二 构建高校青年教师师德建设的长效机制

师德建设是一项长期性、常态化、重实效的工作，必须思想教育和制度规范并举，重在加强制度化、规范化、科学化建设，形成长期有效的工作机制。

构建教育机制，夯实师德建设的思想基础。思想是行动的先导。高校青年教师师德建设必须把思想政治教育放在首位，引导青年教师树立正确的世界观、人生观、价值观和道德观，忠诚教育事业，弘扬集体观念，坚持教书育人，争做良师益友。高校师德教育要常态化、制度化，探索相对成熟的教育模式，以形成师德教育的长效机制。在内容上突出以下方面：坚持用中国特色社会主义理论体系武装青年教师头脑；用高等学校教师职业道德规范及高校制订的具体规范教育青年教师；用身边的师德典型的先进事迹感染青年教师；用良好的校园文化熏陶青年教师。在广大青年教师中形成爱国守法、敬业爱生、教书育人、严谨治学、服务社会、为人师表、争先创优的浓厚氛围。

构建规范机制，坚持师德建设的正确导向。师德建设必须有科学的职业道德规范作为导向。高校青年教师师德建设需要思想教育的自觉，更需要道德规范的引导。2011 年，教育部、中国教科文卫体工会全国委员会印发了《高等学校教师职业道德规范》（以下简称《规范》），这是推动高校师德建设的指导性文件，学习贯彻《规范》是当前和今后一段时期加强高校师德建设的首要任务。认真抓好《规范》的学习，大力宣传《规范》精神，帮助广大青年教师全面理解《规范》的基本内容，准确把握《规范》倡导性要求和禁行性规定，使师德规范成为广大青年教师普遍认同和自觉践行的行为准则。

构建操作机制，切实把师德建设落到实处。师德建设贵在实践，重在落实。一是结合学校实际，制订或修订本校师德规范实施细则，进一步完善教育教学规范、学术研究规范、兼职兼薪规范等配套政策措施，将师德规范要求落实到教师日常管理之中，使之更具有科学性和操作性。二是将师德规范纳入教师培训计划，作为新引进教师考核、新教师岗前培训和教师在职培训的重要内容，引导青年教师全面了解职业道德规范、自觉遵守职业道德、大力践行职业道德规范。三是积极探索典型宣传和警示教育相结合的有效形式，定期开展评选教书育人楷模和师德标兵等活动，大力宣传和表彰奖励优秀教师，激励广大教师自觉遵守师德规范，树立良好职业形象。

构建考核机制，为师德建设提供长效保障。师德建设如果不同考核机制相结合就会苍白无力，缺少实效。高校应建立包括青年教师在内的教师师德考评制度，进而形成考核机制，保证师德建设的持久有效。在考核过程中，结合教学科研日常管理和教师年度考核、聘期考核全面评价师德表现，同时将教师自评、学生评价、同行评价和领导评价有机结合，以确保评价结果的客观、公正，并将评价结果反馈给本人，以鞭策广大教师在师德建设方面创先争优。在考核结束后，将结果作为教师绩效评价、聘任（聘用）和评优奖励的首要标准，严格执行“一票否决制”，让“学高为师、身正为范”成为广大教师特别是青年教师的共识和自觉行动。

（2012 年获山东省教育工会优秀论文二等奖）

践行教书育人的天职，做党和人民满意的好老师

习近平总书记在同北京师范大学师生代表座谈时提出了做好老师的共同的、必不可少的特质，即：有理想信念、有道德情操、有扎实学识、有仁爱之心。[①] 习总书记的重要讲话，是教师践行社会主义核心价值观，成为一名称职的好老师的行动指南，意义重大，启人思索。

一　“四有”是做好老师的基本要求

在教师节设立30周年，改革开放36年之际，习总书记提出了做好老师要有理想信念、有道德情操、有扎实学识、有仁爱之心，看似平淡朴实，却有着极强的针对性和指导性。

依法治国是党领导人民治理国家的基本方略，是中国特色社会主义的重要目标。“长期以来，广大教师自觉贯彻党的教育方针，教书育人，呕心沥血，默默奉献，为国家发展和民族振兴作出了巨大贡献，赢得了全社会广泛赞誉和普遍尊重。”1993年《中华人民共和国教师法》颁布以来，教师队伍的建设管理走上了法治化、科学化的轨道，教师队伍整体素质不断优化和提高。重温《中华人民共和国教师法》（以下简称《教师法》），不难发现“有理想信念、有道德情操、有扎实学识、有仁爱之心”在《教师法》规定的教师应当履行的义务中都有体现，可以说是法定义务，是做一名称职的老师、党和人民

---

① 习近平：《在北京大学师生座谈会上的讲话》，人民出版社2018年版，第8页。

满意的好教师的基本要求，是做好老师的底线。

不容否认的是，在充分肯定教师队伍建设成就的同时，一段时间以来极少数教师在履行教师义务方面还存在一些问题，特别是在“四有”方面离党和人民的要求，离《教师法》的规定还有不少差距。有的老师理想信念失位或错位，正像习总书记所说的那样“不能想象一个没有正确理想信念的人能够成为好老师”；有的老师道德失范，情操低俗，出现了学术作假、公开要求学生送礼等恶劣行径；有的老师知识储备不足、视野不够，教学中捉襟见肘，引起学生的不满；有的老师爱心不足，责任心不强，甚至出现了严重体罚伤害学生的现象。这些老师虽是极个别的，但却是害群之马，严重损害了老师队伍的形象，严重危害了神圣的教育事业。做有理想信念、有道德情操、有扎实学识、有仁爱之心的好老师，看似容易，其实不简单，教师队伍建设任重而道远。

二　做好老师要有创新思维

习总书记在提出做“有理想信念、有道德情操、有扎实学识、有仁爱之心”的好老师的同时，还特别指出，做好老师是每一个老师应该认真思考和探索的问题，也是每一个老师的理想和追求。好老师没有统一的模式，可以各有千秋、各显身手。

联系到著名的“钱学森之问”，我觉得做一名高校称职的好老师还应有创新思维，成为创新型老师。《中华人民共和国高等教育法》规定，高等教育的任务是培养具有创新精神和实践能力的高级专门人才，发展科学技术文化，促进社会主义现代化建设。”培养具有创新精神和实践能力的高级专门人才是法定任务，也是我国高等教育亟待解决的重要课题。培养具有创新精神和实践能力的高级专门人才，需要一大批创新型的老师，即富有创新思维、具备创新能力、具有创新成果，能激发学生的创新意识、培养学生的创新能力、养成学生的创新习惯的老师。富有创新思维、具备创新能力、具有创新成果是创新型老师的三个显著标志。

三 好老师需要不断学习与锻炼

习总书记在讲话中指出，“好老师不是天生的，而是在教学管理实践中、在教育改革发展中锻炼成长起来的”。① 一言以蔽之，成为好老师需要不断学习与锻炼。

爱岗敬业是具有普遍意义的职业道德规范。做“四有”好老师、做创新型的好老师，老师自身需要强化爱岗敬业精神，做到干一行、爱一行、钻一行、专一行，在教学、科研和育人方面投入更多的时间和精力，成为具有职业素养的行家里手。学校应把做好老师的宣传教育常态化，努力营造争做好老师的大学文化氛围。关键要有引导、鼓励、支持做好老师的科学政策和有效措施，做到制度化、规范化，形成争做好老师、好老师辈出的长效机制。

（2014 年获鲁东大学征文一等奖）

① 习近平：《做党和人民满意的好老师》，人民出版社 2014 年版，第 12 页。

思想政治理论课教师要作讲政治守纪律的典范

习近平同志在全国教育大会讲话中指出，培养什么人，是教育的根本问题。我国是中国共产党领导的社会主义国家，这就决定了我们的教育必须把培养社会主义建设者和接班人作为根本任务，培养一代又一代拥护中国共产党领导和我国社会主义制度、立志为中国特色社会主义奋斗终生的有用人才。这是教育工作的根本任务，也是教育现代化的方向目标。此外，习总书记还在多种场合对高校教师提出了“三个牢固树立”“四有好老师”“四个引路人”“四个相统一”等要求。马院姓马，要在马学马、懂马、言马、信马，高校的根本任务是人才培养，高校教师要讲政治，马克思主义学院的教师更要作讲政治守纪律的典范。作为马克思主义学院的院长，要从讲政治的高度加强思政课教师队伍的政治建设，确保他们坚定理想信念，践行习总书记的讲话精神，真正成为学生健康成长、顺利成才的引路人。从学院层面要做好如下工作：

一　组织广大教师认真学习习总书记关于高校教师讲政治守纪律的系列讲话精神，统一广大教师的思想和行动

引导思政课教师讲政治守纪律，首要任务就是认真学习领会、全面准确把握习近平总书记关于高校教师讲政治守纪律的重要论述，在此基础上结合学习领会好习近平关于加强和改进思想政治理论课的重

要论述和教育部《新时代高校思想政治理论课教学工作基本要求》《高校思想政治理论课建设标准》等文件精神，深刻领会科学内涵和精神实质，指导改进思想政治理论课教学工作。学院将以“两学一做”学习教育、教研室集体讨论式备课、安排高层次专题讲座、习近平新时代中国特色社会主义思想青年学习会等为主要渠道、基本方式和重要载体，引导思政课教师和广大学生认真学习习近平重要讲话、近期召开的全国教育工作会议精神和在庆祝改革开放40周年大会上的讲话精神，进一步解放思想，更新观念，把思想和行动统一到中央要求和会议精神上来，统一到习近平关于教育改革发展系列新理论新思想新观点上来，统一到培养社会主义事业建设者和接班人的根本任务上来。

二 发挥思政课教师在马克思主义理论教育方面的优势，为学生一生成长奠定科学的思想基础

思想政治理论课承担着对大学生进行系统的马克思主义理论教育的任务，是巩固马克思主义在高校意识形态领域指导地位、坚持社会主义办学方向的重要阵地，是全面贯彻党的教育方针、落实立德树人根本任务的主干渠道和核心课程，是加强和改进高校思想政治工作、实现高等教育内涵式发展的灵魂课程。马克思主义学院要根据思想政治理论课的特点和优势，在发挥思政课程的课程思政功能、用马克思主义理论武装学生方面担负应有的责任。

思想政治理论课是全体大学生的公共必修课，具有覆盖面广、思政性强的特点。《马克思主义基本原理概论》《中国特色社会主义理论体系概论》《中国近现代史纲要》《思想道德修养与法律基础》《形势与政策》五门课程在对大学生进行思想教育、政治教育和理论教育方面具有其他课程所不具备的独特优势。学院将结合贯彻全国教育大会精神，根据教育部《新时代高校思想政治理论课教学工作基本要求》《高校思想政治理论课建设标准》等文件精神，通过教师培训、

集体备课、建立示范课堂、修订培养方案等多种措施提升教师的教书育人意识，落实思政课的价值引导功能，对大学生进行系统的马克思主义理论教育，引导他们树立“四个意识”、增强“四个自信”、明确“四个正确认识”。各门思政课程在传授理论知识的同时，强化育人功能，做到在坚定理想信念上下功夫，引导大学生树立共产主义远大理想和中国特色社会主义共同理想，立志在民族复兴的新时代担当有为；在厚植爱国主义情怀上下功夫，让爱国主义精神在大学生心中牢牢扎根，引导他们热爱和拥护中国共产党，立志听党话、跟党走，立志扎根人民，奉献国家；在加强品德修养上下功夫，教育引导大学生培育和践行社会主义核心价值观，踏踏实实修好品德，成为有大爱大德大情怀的人；在增长知识见识、培养奋斗精神和增强综合素质上下功夫，引导大学生立志高远、潜心学问、提升综合素质与能力。

三　引导广大教师着力提升思政课程讲授的亲和力和针对性，满足学生成长发展的需求和期待

世界观、人生观和价值观是人生的总开关，精神和价值的取向，决定了人会走什么路。思想政治理论课有助于帮助大学生树立正确的世界观、人生观和价值观。学院要坚持问题导向，在改进中加强思想政治理论课。

习近平总书记指出，思想政治理论课要坚持在改进中加强，提升思想政治教育亲和力和针对性，满足学生成长发展需求和期待。这既指出了当前高校思想政治理论课存在的突出问题，也为今后加强和改进思想政治理论课指明了方向。提升思想政治理论课的亲和力与针对性，今后要更加重视加强教学管理、创新教学方法，促进思想政治理论课有虚有实、有棱有角、有情有义、有滋有味，增强学生的获得感。一是教学目标要有“高度”。立德树人、培养社会主义事业建设者和接班人，这是思想政治理论课的目标定位。要按照习近平总书记高度概括的“四个服务”的目标方向和明确要求，从保障“中国特

色社会主义事业后继有人”的政治高度来开展思政课教学。全体教师要围绕这一崇高目标组织教学，引导学生树立“四个正确认识”、坚定“四个自信”、增强“四个意识”。二是教学内容要有“深度”。思想政治理论课的对象是人，重点是思，方向是政，载体是课。马克思主义理论是真理，思想政治理论课要达成教育目的、教学目标，就要把思政课讲深、讲透、讲明白，讲出真理的味道、真理的魅力、真理的力量，这就要求思政课教师在马学马、在马信马、在马研马，以深厚的理论功底和宣教魅力讲深讲透讲明白马克思主义中国化的最新成果和中国特色社会主义的成功实践，用马克思主义基本理论去回应现实问题，用理论的彻底性、科学性去征服学生、赢得学生。三是教学过程要有“温度”。必须“围绕学生、关照学生、服务学生”，把握青年学生的思想特点、发展需求和学习状态，抓住学生的兴趣点、触动点和共鸣点，强化师生互动，用好肢体语言，关心关爱学生，做到以理服人，以情感人，情理交融，春风化雨。四是教学方法要有“效度”。运用包括理论讲授、专题教学、案例研讨、演讲辩论、多媒体教学、MOOC 教学、微电影展示、情景剧教学等多种为学生喜闻乐见的教学方法，变抽象的“基本原理”为具体的“生动道理”，使思政课因生动性而有亲和力，因说服力而有针对性。

四 以“四个相统一”统领思政课教师队伍建设，更好地担负起学生健康成长指导者和引路人的责任

教师是人类灵魂的工程师，思政课教师在引导学生健康成长成才方面尤其担负神圣使命。马克思主义学院将根据学科建设和教学工作需要，围绕习近平同志“四个相统一”的具体要求，加强思政课教师队伍建设。

一是坚持教书和育人相统一。思政课是对大学生进行思想政治教育的主渠道和主阵地，其课程属性和基本要求决定了思政课必须坚持正确政治方向，强化思想政治理论课的价值引领功能。要求教师把教

书与育人有机结合起来，不仅要教给学生马克思主义基本原理和中国化的最新成果，更要教会学生运用理论分析、研究、解决问题的能力和懂得做人的道理，树立正确的世界观、人生观和价值观。二是坚持言传和身教相统一。传道者自己首先要明道、信道。我们在师资引进过程中，坚持政治合格的标准不放松；统筹安排在岗教师参加教育部、省教育工委等组织的各种培训，提高业务能力和政治素质，确保教师“在马言马、在马信马、在马用马”。三是坚持潜心问道和关注社会相统一。以学科建设为龙头，建立科研工作激励机制，以科学研究的高水平促进教学工作的高质量；加强教师的教学研究活动，强化实践教学环节，增强课堂教学的理论阐释力和解释重大社会问题的现实说服力。四是坚持学术自由和学术规范相统一。把在教师中开展政治纪律、课堂纪律教育作为学院的常态性工作、经常性要求常抓不懈，建立集体教育与个别谈话相结合、正面引导与警示教育相结合、随机听课与监督制度相结合的教育管理机制，引导广大教师正确认识和处理言论自由与政治纪律、学术自由与课堂纪律的关系，增强“四个意识”，在大是大非问题上与党中央保持高度一致。

（2018 年发表于《鲁东大学报》第 613 期）

后　记

大学生思想政治教育是吾挚爱的事业。时光荏苒，眨眼之间，年过半百，华发不生。回首往事，1988 年参加工作至今，须臾不曾离开过“象牙塔”，从事过宣传工作、党务事务、思政业务。工作之余，香茗做伴，学思践悟，养成了学习、思考、动笔的习惯。从内容上看，有新闻、散文、小说、论文，涉猎党建、思政、就业、工会等，更多的是理论文章，林林总总发表了 70 余篇论文，出版了 5 部专著，获得了省级科研奖 7 项。扪心想来，三十余年来，工作没有离开过思想政治教育，所写东西大多围绕思想政治教育。由于淡泊明志，佛系人生，我业余写点东西纯粹是玩玩，当然对工作也有帮助。由于想得开，不甚功利，这些年来写的东西大部分保存了，也有的因不重视迭失了。新冠肺炎疫情期间，闲暇时间较多，双眼凝视远方，思绪感慨良多。人生苦短，来日几何，以前的忙碌也该结个尾了，一来回头看看走过的路，二则避免更多的拙作丢失，三是重整行装再出发。

本书是大学生思想政治教育方面的论文集萃。围绕大学生思想政治教育主题，共分思想政治理论课程育人、思想政治教育专题、思想政治教育方法、思想政治教育模式、思想政治教育队伍五部分，是本人近十多年来所公开发表关于大学生思想政治教育方面论文的部分呈现。在文章排序上主要在专题为先的基础上遵从了时间的先后，这样更有利于理解文章写作的时代背景、语境风格、内容涉猎和思路方法。由于大多数是公开发表的文章，所以排版风格上基本保留了发表时的原貌，既省事又见当初编辑们的匠心。本书取名《大学生思想政治教育探赜》，主要考虑探赜是探索奥妙的意思，意味大学生思想政治教育奥妙无穷，其工作及研究永远在路上，需要与时俱进，永续创新；也意味着大学生思想政治教育工作及研究就像无垠深壑的大海，而我只不过是在海边上随意地撷取了几颗小海贝，惬意地玩弄着，乐此不疲。

众人拾柴火焰高，此生有幸贵人助。三十余年来，每每周末和节假日，我就喜欢待在办公室里，甚是慢怠了妻女，她们是此生我最感谢的人，军功章里有我的一半，也有她们的一半。拙作浅薄，如不嫌弃也算是送给她们的特殊礼物。此书诸多文章写作的过程中得到了鲁东大学原党委委员、纪委书记乔万敏同志的指导，出版时得到鲁东大学马克思主义学院郭同峰教授的指点。本书引文出处标记在文章末尾，撰写过程中还借鉴了其他同志的一些成果，囿于篇幅，不作枚举。借此之际，谨向所有为本书的出版付出劳动的朋友们表示衷心的感谢！

三十功名尘与土，八千里路云和月。本书即将付梓出版，自己的心血难免稚拙，但总是要经风雨见彩虹。在本书写作过程中，囿于学识，限于资料，还有诸多不足之处，敬请读者拨冗斧正。

人间三月芳菲始，又是一年花开时。春之季节，谨致谢忱！

作者

2020 年 3 月